本书得到

湖南省洞庭湖生态经济区建设与发展协同创新口
——"农地流转与农业经营方式转变研究"

湖南省重点建设学科（产业经济学）、国家社会
——"三区三州"深度贫困地区再生产及治理研究（18BMZ122）

教育部人文社会科学研究青年基金项目
——洞庭湖区生态环境跨域协同治理机制研究（17YJCZH195）

资助

保险业
非均衡发展
对中国经济增长质量的
影响研究

肖攀／著

中国财经出版传媒集团
经济科学出版社
Economic Science Press

图书在版编目（CIP）数据

保险业非均衡发展对中国经济增长质量的影响研究/
肖攀著 . —北京：经济科学出版社，2018.11

ISBN 978 - 7 - 5141 - 9638 - 2

Ⅰ.①保…　Ⅱ.①肖…　Ⅲ.①保险业 - 经济发展 -
影响 - 经济增长质量 - 研究 - 中国　Ⅳ.①F842②F124.1

中国版本图书馆 CIP 数据核字（2018）第 188190 号

责任编辑：周国强
责任校对：王苗苗
责任印制：邱　天

保险业非均衡发展对中国经济增长质量的影响研究

肖　攀　著

经济科学出版社出版、发行　新华书店经销

社址：北京市海淀区阜成路甲 28 号　邮编：100142

总编部电话：010 - 88191217　发行部电话：010 - 88191522

网址：www. esp. com. cn

电子邮件：esp@ esp. com. cn

天猫网店：经济科学出版社旗舰店

网址：http：//jjkxcbs. tmall. com

固安华明印业有限公司印装

710×1000　16 升　13 印张　210000 字

2018 年 11 月第 1 版　2018 年 11 月第 1 次印刷

ISBN 978 - 7 - 5141 - 9638 - 2　定价：68.00 元

（图书出现印装问题，本社负责调换。电话：010 - 88191510）

（版权所有　侵权必究　打击盗版　举报热线：010 - 88191661

QQ：2242791300　营销中心电话：010 - 88191537

电子邮箱：dbts@ esp. com. cn）

前　言

　　作为现代金融体系的重要组成部分和现代经济社会风险管理的重要手段，保险业发展的经济驱动功效受到社会各界的广泛关注。改革开放以来，随着宏观经济基础的逐步夯实和保险行业机制体制改革的不断深入，我国保险业持续保持强劲发展态势：保险市场主体不断增加，保险业务结构不断优化，保险行业投资渠道不断完善，保险市场效益不断提高。我国保险市场已经从一个起步较晚、水平较低的欠发达市场一跃成为全世界发展最快的新兴保险市场。然而，由于各地区初始资源禀赋与政策战略导向等多方面原因，我国保险总量的大幅增长并未带来各地区保险业的同步发展，区域之间以及各省域之间保险业发展水平与结构的空间非均衡特征逐步凸显。与保险业的快速发展同步，我国经济也始终保持高速发展态势。21 世纪以来，我国经济增长速度持续保持在年均 8% 的高位上运行。并且在 2012 年我国就以高达 51.9 万亿元的 GDP 总量成为仅次于美国的第二大经济体。然而，在庞大的经济体量和快速的增长速度背后，我国严重依赖投资驱动的经济增长模式也日益凸显经济增长质量堪忧的难题，地区之间经济增长质量发展水平差距也呈现进一步扩大的趋势。促进我国经济增长从"速度扩张"向"质量提升"转变是我国未来经济发展的必然。已有的研究表明，保险业对经济发展具有正向影响作用。保险业所特有的风险分散、资金融通、经济补偿与储蓄替代、社会管理等职能以及保险业对其他经济部门的正向溢出效应，对经济发展速度提升、经济结构转型升级具有不同程度的正向促进作用。保险行业已经成为国民经济发展的"助推器"和"稳定剂"。但目前，关注保险业发展对经济增长质量影响的研究还不多见。因此，就保险业发展对经济增长质量的影响进行系统研究，探讨我国保险业非均衡发展对经济增长质量的影响机制、影响效应与影响特征，分析不同保险业发展水平下以及不同"保险—经济"协调发展程度下，保险业发展水平、结构对经济增长质量的影响路径及其差异，对于科学检测与评价我国保险业发展的经济驱动功效，推动我国保险业发展更好地服务于经济增长质量提升具有重要的理论价值与现实意义。

本书在分析归纳国内外保险业发展与经济增长相关研究文献及其成果的基础上，结合我国保险业发展水平研究实际，首先，采用相对保险深度测算了我国保险业发展水平，采用 CR4 指数和 HHI 指数测算了我国保险业发展结构，然后基于 ER 指数、EGR 指数和 LU 指数全面分析了我国保险业发展水平与发展结构空间非均衡的存在性及其特征。研究表明：我国保险业发展水平与发展结构都存在显著的空间非均衡与极化特征，且东部、中部、西部地区内部，整体保险业、财产保险业以及人身保险业发展水平与发展结构的空间非均衡程度与极化程度均存在显著的地区差异，并呈现不同的演进态势。接下来，在进一步明确经济增长质量定义及其外延与内涵的基础上，构建了我国经济增长质量评价指标体系，并采用熵权综合指数法系统地测度了我国各省域的经济增长质量水平，采用 PS 俱乐部收敛模型全面分析了我国省域经济增长质量的收敛性特征、地理布局与动态演进趋势，并利用逻辑选择模型进一步深入探讨了我国经济增长质量收敛俱乐部形成的内在动因。研究表明：考察期间，我国经济增长质量总体上呈现上升趋势，经济增长的资源与环境代价对经济增长质量的平均影响最大，其次是经济增长的结构。经济增长的稳定性对经济增长质量的平均影响最小。我国区域经济增长质量差异显著，东部地区经济增长质量水平最高，其次分别是中部和西部。且东、西区域内部经济增长质量差距呈现进一步扩大趋势，中部区域内部经济增长质量差距呈现进一步缩小趋势。我国 30 个省域经济增长质量水平整体上可以分为 5 个收敛俱乐部和 5 个发散单元，且各俱乐部经济增长质量的变化趋势及其演进路径同样存在显著差异。在此基础上，结合我国保险业发展非均衡与省域经济增长质量发展水平差异的典型现实，基于人身保险的典型功能，对比建立不存在人身保险的经济模型与存在人身保险的经济模型，分析了人身保险业发展对经济增长质量的影响机制；基于财产保险的典型功能，对比建立不考虑风险的经济模型、考虑风险的经济模型以及同时考虑风险和财产保险的模型，分析了财产保险业发展对经济增长质量的影响机制。为了进一步阐释保险业非均衡发展对经济增长质量的影响机制与影响路径，基于拉姆齐－卡斯－库普曼斯动态一般均衡分析框架，构建了保险业非均衡发展对经济增长质量影响的理论模型，从理论上阐释保险业非均衡发展对经济增长质量影响的动态多重均衡机制：由于保险业发展对经济系统的渗透是持续变化的，这使得保险业发展与经济增长质量之间的均衡稳定关系并不唯一，而是可能在特定的阶段和特定的地区存在各不相同的鞍点均衡。在不同的发展阶段，保险业非均衡发展带来的边际产出的差异将导致保险业发展与经济增长质量的相互作用机制存在差异，进而使得保险业发展对经济增长质量的影响存在多重均衡现象。当保险业发展水平跨越某一临界值时，保险业发展的经济驱动功效将有效显现，过低的保险业发展水平将可能导致经济陷入低水平均衡陷阱。为了验证理论命题的正确性，本书采用前沿非线性计量模型——面板平滑转换模型（PSTR）对财产保险业发展规模与结构以及人身保险业发展规模与结构对经济增长质量的影响效应进行了实证分析。研究结果表明，由于发展的非均衡性，我国财产保险业发展规模与结构以及人身保险业发展规模与结构对经济增长质量的影响都是非线性的，存在显著的门槛特征。财产保险业发展规模与结构以及人身保险业发展规模与结构对经济增长质量的影响效应都将随着自身发展水平以及自身与经济协调发展程度的变化而发生平滑的非线性转换，并且这种转换效应在财产保险业与人身保险业之间存在显著差异。为了进一步分析实证模型分析中变量之间可能存在的内生性问题，采用多种方法进行了稳健性检验，相应的检验结果很好地支持了上述结论，验证了理论命题的正确性。最后，在理论分析与实证检验的基础上，本书结合当前国际保险业发展趋势和我国保险业发展现状，就我国保险业发展如何高效助推经济增长质量提升提出了相关政策建议。

目 录
CONTENTS

| 第 1 章 |
绪　　论

1.1　研究背景与意义

金融体系对经济增长的影响效应问题一直是国内外学术界关注的重要议题。保险业作为现代金融体系的重要组成部分和现代经济社会风险管理的重要手段，其存在与发展的经济驱动功效越来越被学术界关注和重视。保险业作为现代金融体系的三大支柱之一，其在经济社会发展中凸显出来的经济补偿、风险管理、资金融通、社会保障等职能，对于一个国家经济、社会实现健康和稳定增长具有十分重要的作用。中国作为世界上最大的发展中国家，自 1980 年恢复国内保险业务以来的 30 多年里，保险业得到了长足发展。特别是 21 世纪以来，随着我国宏观经济基础的逐步夯实和保险行业机制体制改革的不断深入，保险业持续保持强劲发展态势，保险市场主体不断增加，保险市场水平不断扩大，保险投资渠道不断完善，保险市场效益不断提高。迄今为止，已经初步形成了以国有股份制保险公司为主，国有独资、相互保险公司、保险合作社和自保公司相互竞争的多元化保险市场体系和垄断竞争型市场格局。中国保险市场已经从一个起步较晚、水平较低的欠发达市场发展成为全世界发展最快的新兴保险市场，保险业已经成为中国国民经济中发展最快的行业之一。据《中国保险年鉴》统计，中国保险公司总量从 1980 年的 1 家增加到 2014 年的 362 家；保险行业总资产从 1980 年的不足 4 亿元增长到 2014 年的 8.3 万亿元，年均增长超过 33.96%；保险市场保费收入从 1980 年的 4.6 亿元增长到 2014 年的 20234.8 亿元，年均增长 27.98%；保险密度从 1980 的 0.47 元/人增长到 2014 年的 1479 元/人，年均增长 26.73%；保险深度从 1980 年的 0.01% 增长到 2014 年的 3.18%，年均增长 18.48%。然而，由于各地区初始资源禀赋与政策战略导向等多方面原因，我国保险总量的大幅增长并未带来各地区保险业的同步发展，我国保险业发展的空间非均衡特征逐步凸显，省域经济增长质量发展水平的地区差异也非常显著。据《中国保险年鉴》统计，从区际差异来看，2013 年，东部、中部、西部地区平均保费收入分别为 803.66 亿元、460.81 亿元和 277.85 亿元，西部地区平均保费收入分别仅为东部、中部地区的 34.57% 和 60.30%。就保险密度来看，东部、中部、西部地区保险密度的平均值分别为 2084.48 元、916.45 元和 839.90 元，西部地区保险密度的平均值分别是东部、中部地区的 43.96%、91.65%。就省际差异来看，2013 年，保费收入最高的广东（1453.26 亿元）是保费收入最低的西藏（11.43 亿元）的 127.14 倍。保险密度最大的上海（5825.15 元）是保险密度最低的西藏（366.33 元）的 15.90 倍。即使在同一区域内部，省与省之间保险业发展同样存在显著的非均衡性。发展的非均衡抑或区域间差异的存在固然有其客观性、必然性和合理性，但是差异过大势必会导致各个地区间发展失去平衡，进而阻碍发展也是需要引起重视的，因为差异只有在一个合理的范围与限度内才能成为发展的动力。

与保险业快速发展同步，我国经济也持续保持了高速、稳定的发展态势。特别是 21 世纪以来，中国经济持续保持 8% 以上的高增长率，创造了"中国奇迹"。在 2012 年就以高达 51.9 万亿元的 GDP 总量成为仅次于美国的第二大经济体。据统计，中国 GDP 总量从 1980 年的 4545.62 亿元增长到 2014 年的 636463 亿元，年均增长 16.15%。人均 GDP 从 1980 年的 463 元增长到 2014 年的 46531 元，年均增长 14.99%。伴随着 GDP 的快速稳定增长，中国经济增长质量也逐步得到改善。传统的严重依赖于低廉的劳动力成本与激烈的价格竞争的粗放型、投资驱动式经济增长模式正在逐步抑制，片面追求速度而不追求质量的经济发展模式正在逐步得到扭转。经济增长结构中消费严重失衡的现象正在逐步得到改善，消费的贡献率逐步得到提升，环境规制强度正在逐步增强。尽管如此，与庞大的经济体量以及快速的经济增长速度相比，我国经济增长质量发展堪忧的难题依然凸显：经济增长结构依然有待优化，投资率（总资本形成与 GDP 之比）一路攀升的态势还没有得到根本的挟制，投资效率还有待改善，经济货币化比率依然偏高，等等。

那么，中国保险业的快速发展与中国经济的持续稳定增长、经济增长质量的稳步提升到底存在怎样的内在关联？保险业发展在中国经济持续稳定增长和中国经济增长质量提升的过程中到底发挥了怎样的作用？是否如理论与政策期望那样成为中国经济快速增长的"助推器"之一？如果是，其对经济增长质量的影响机制、影响效应以及影响特征如何？保险业非均衡发展对经济增长质量的影响效应是否会因某些因素的干预或影响而呈现不同的结构特征？不同地区由于政策不同或者政策相同但实施效果不同是否会导致保险业发展的经济增长效应存在差异？中国保险业在促进中国经济增长的过程中还存在哪些亟待解决的问题？这些问题存在背后的深层次原因又是哪些？……目前，关于保险业发展与经济增长关系的研究颇为丰硕，但涉及保险业非均衡发展与经济增长质量的关系研究还相对缺乏。因此，就保险业非均衡发展对我国经济增长质量的多重影响机制与影响效应进行系统研究，一方面，能使我们对我国保险业所处的发展趋势、发展阶段与发展潜力进行客观的判断与认识，进而为准确把握我国保险业未来的发展趋势，制定我国未来保险业发展规划和保险业发展政策提供参考；另一方面，对于全面把握我国保险业发展对经济增长质量的影响机制与传导路径，客观评价我国保险业发展的经济增长质量效应及其程度，进而深入挖掘我国保险业促进经济增长质量提升的内在动力机制，推动我国保险业更好地服务于国民经济社会发展，具有重要的理论参考价值与现实指导意义。

1.2　理论基础

1.2.1　均衡理论

均衡理论最早起源于亚当·斯密的"看不见的手"，认为"看不见的手"

将使得市场上一正一反的力量正好相互抵消，作用结果为零，最终实现均衡。19世纪初，该理论的追随者法国经济学家萨伊提出了著名的萨伊定律：由于自由竞争的市场会自动调节供求关系，因而市场中供给和需求总会达到某种均衡。萨伊定律主要说明，在资本主义的经济社会一般不会发生任何生产过剩的危机，更不可能出现就业不足。均衡理论的代表人物马歇尔和瓦尔拉进一步丰富了均衡理论思想，形成了均衡理论的主要观点：市场是完善的，均衡价格的存在使得买卖双方能在市场上进行激烈的竞争交易。因此，供需双方能够自行实现总量相等，不存在社会中的超额需求或超额供给。该理论认为供需双方的行为人能够对价格信号做出灵敏反应，市场的供求均衡也就能够通过价格调整供求双方的竞争并形成均衡价格。价格信号灵敏地反映着供给和需求的变化，并不断自行调整供需双方数量。该理论对经济学的发展产生了深远的影响。

1.2.2　非均衡理论

非均衡理论是相对于均衡理论而言的。1936年凯恩斯《就业、利息与货币通论》的问世是非均衡理论诞生的标志。凯恩斯认为，在资本主义的市场经济中，由于边际消费倾向的原因以及资本边际效率和流动偏好等因素的影响，有效的市场需求往往并不是充足的，因而会导致一些非自愿失业。凯恩斯的追随者进一步研究并丰富了非均衡理论，形成了非均衡理论的主要观点：市场是不完全竞争的，也是不完善的，不完善的市场不会实现供需均衡，因而市场是非均衡的；市场的非均衡性可以通过价格、数量等对经济活动进行调整；市场上的行为人既可以对价格做出反应，也可以对数量信号做出反应，即根据数量信号对投入产出做出调整。非均衡理论认为单靠市场自身的力量很难达到总供给和总需求的平衡，社会经济中出现萧条和失业也就在所难免。这在一定程度上反映了资本主义社会经济发展的客观现实，也是非均衡理论近年来得以较快发展的主要原因。

1.2.3　区域经济非均衡发展理论

区域经济非均衡发展是世界各国经济发展过程中的一种普遍性现象，也是一个复杂的社会经济问题。由于各地区自然资源禀赋的差异性和社会资源配置的非均匀性，经济发展的区域差异是客观存在的。在区域经济发展研究的过程中，区域经济趋同理论和区域经济趋异理论等区域经济非发展理论，对世界各国区域经济的发展和规划起到了重要的指导作用。中国改革至今，区域经济非均衡发展问题日益突出，对区域经济理论的演变和创新进行总结和研究，探究我国区域经济非均衡发展的根本原因，对实现我国区域经济协调发展具有一定的指导意义。

1.2.3.1 区域经济趋同理论

区域经济趋同理论的典型代表是新古典经济增长理论。新古典经济增长理论认为区际差异的非均衡状态，在经济体系运行中是一种暂时现象，出现这种状态的原因是市场体系尚未完善，要素自由流动受限所致。随着市场体系的逐步完善和经济一体化的逐步加强，区际差距将能够通过市场力量自动消除，区域经济增长最终将自动趋向均衡（Harrod，1939；Domar，1946；Solow，1956）。基于新古典区域经济增长理论，在一个完全竞争、水平报酬不变和无交易成本的世界里，区域经济将能够通过区域内部资本积累过程和区域之间要素流动过程来实现区域经济均衡发展。由于区域经济总是向一个均衡增长路径收敛，经济活动最终的状态将是均匀分布的。该理论的政策观点是：区域经济政策的重点应该在于促使劳动力和资本的自由，减少行政障碍或市场进入壁垒等方面的流动限制，使经济活动尽可能符合新古典理论的假设条件。

然而，新古典经济增长理论关于经济收敛的预测的三大假设条件即完全竞争、无交易成本和水平报酬不变是比较苛刻的。事实上，经济活动总是分布在不同的区域和一定的经济区位当中，地理位置和自然条件的差异是从根本上难以消除的。同时，经济主体之间的相互作用必然会产生外部性，要素的流动也必然会产生交易费用，区域市场也可能出现垄断而不是完全竞争。这些都与新古典理论的假设条件存在冲突。因此，近来的研究表明，要实现区域经济均衡发展就应该引入更多造成区域经济非均衡发展的因素，如各地区政府的政策差异、人力资本初始存量差异等。

后来，随着新古典经济增长理论的发展以及关于各国经济增长水平动态演变趋势研究的进展，经济学家提出了多种经济发展趋同假说。例如，β 绝对趋同假说、β 条件趋同假说、σ 趋同假说、俱乐部趋同假说等。β 绝对趋同假说认为初期人均产出水平较低的地区（即贫困地区）往往比初期人均产出较高的地区（即富裕地区）有着更高的增长率。在一个特征完全相同的区域中，经济增长率与其离稳态的距离成反比关系。因此，随着时间的推移，所有的区域都将收敛于相同的人均收入水平，达到均衡稳态。但是绝对 β 趋同假说也存在一个严格的条件：各经济区域彼此孤立、封闭，但投资率、人口增长率、资本折旧率、生产函数以及增长路径都完全相同。β 条件趋同假说突破了各个区域具有完全相同的基本经济特征的严格假设，由于不同的外生变量对不同区域的作用存在差异，不同的区域异质性特征明显，不同区域的增长速度与自身稳态距离成反比，但是每个区域将收敛于各自的稳态。σ 趋同假说认为各国或各地区之间的人均收入随时间的推移而趋于减少。如果国家或区域之间对数形式的人均收入或产出的标准差、基尼系数或泰尔指数持续下降，那么将出现 σ 收敛。俱乐部趋同假说认为结构特征相似、初始收入水平相当的国家或区域，其人均收入在长期中将相互趋同，并最终形成区域经济增长俱乐部趋同现象。

1.2.3.2　区域经济趋异理论

区域经济趋异理论主要从资源稀缺性角度出发指出了发展中国家均衡增长的不可行性，强调应该集中稀缺资源优先发展重点区域和重点部门并以此带动和促进整个区域经济的发展。佩鲁的增长极理论、缪尔达尔的循环累积因果理论、赫希曼的不平衡增长理论、威廉姆逊的倒"U"型理论等都是区域经济趋异理论的典型代表。

（1）增长极理论。增长极理论（growth pole theory）是 20 世纪 50 年代法国经济学家弗朗索瓦·佩鲁（Francois Perroux，1950）提出的，属于一种无时间变量的不平衡增长理论。该理论认为：增长并非同时出现在所有地方，它以不同的强度首先出现于一些增长点或增长极上，然后通过不同的渠道向外扩散，并对整个经济产生不同的终极影响。增长极理论认为经济增长是不均质的，而是根据生产部门、产业门类和地区的不同而具有不同的增长速度，因而常常伴随着区域极化的现象。增长极作为一种具有水平大、增长快、创新能力强的性质与特点的推进型优势经济单元，在推动自身迅速增长与发展的同时通过乘数效应，推动其他相关经济部门的增长与发展。在增长极的推进与发展过程中，主导企业或产业的技术创新与扩散，资本的集中与输出，形成了两种不同的效应，即"极化效应"和"扩散效应"。"极化效应"在经济发展的初级阶段起主要作用，其主要功能是促使各种生产要素向增长极回流和聚集。"扩散效应"在经济发展的高级阶段或成熟阶段起主要作用，其主要功能是促使各种生产要素从增长极向周围不发达区域扩散。当增长极发展到一定程度后，"扩散效应"将逐步替代"极化效应"，进而带来各地区之间差距的逐步缩小甚至消失。增长极理论的政策观点是，应该有意识地培育增长级，利用增长级的推动效应和产业之间的关联效应来带动整体经济的发展。

由于佩鲁的增长极理论在一定程度上忽视了增长极的空间含义。布德维尔在 1957 年和 1972 年进一步提出了增长极的空间含义，将增长极的内涵从抽象空间转换到地理空间中，强调了增长极的空间特征，并提出区域增长极战略的基本思想。他们把经济空间划分为均质区域、极化区域和计划区域三类。把增长极分为自发生成的增长极和支配诱导生成的增长极。前者受市场机制影响，后者受计划机制影响。主张通过最有效地规划配置增长极并通过其推进工业的机制，来促进区域经济的发展。该理论曾一度成为发展中国家和欠发达地区促进区域平衡发展和破解城乡二元经济结构问题的经济战略，但是由于该理论本身是建立在发达市场经济机制的背景之上，加之发展中国家和欠发达地区在经济体制和发展环境等方面客观上存在差异，其推行的增长极战略并没有取得理想的成效。

现有研究表明，基于增长极理论以空间集聚为主要特征，那么，其对区域经济增长的解释就应该涉及经济增长更深层次的供给与需求要素。

（2）循环累积因果理论。在增长极理论的基础上，瑞典著名经济学家缪尔达尔在 1957 年提出了循环累积因果理论。该理论认为在一个动态的社会过程中，某一事物的发展变化必将引起另一事物的发展变化，既产生"初始变化"，然后，后一事物又将反过来强化前一事物的变化，即产生"次级强化"，最后导致社会经济过程沿着最初事务变化的方向发展，即产生进一步强化或减弱的结果，这反过来又影响事物的初始变化，即形成累积性的循环发展关系。该理论认为，经济发展过程中有两种力量在相互作用，一种是回波效应，这一效应导致生产要素从经济不发达的地区流向发达地区，最终造成区域经济发展不平衡；另一种是扩散效应，这一效应导致生产要素从经济发达的地区向经济不发达的地区流动，从而导致区域经济发展的差别缩小。自由的市场经济和市场机制总是偏好于扩大区域之间的差距，即回波效应将总是大于扩散效应，导致区域经济发展的差距不断扩大，区域经济发展不平衡加剧，并且这种差距和不平衡将一直存在下去。经济发展最终将出现落后的地区越来越落后，发达的地区越来越发达的恶性循环。

（3）不平衡增长理论。基于循环积累因果循环理论，美国发展经济学家阿尔伯特·赫希曼（Hirschman，1988）在《经济发展战略》一书中首先提出了区域不平衡增长理论，指出非均衡发展战略是经济发展的最佳方式。他认为经济发展不会在各地同时出现，而一旦出现，巨大的经济增长力将围绕其进一步集中，形成增长点或增长极。增长点或增长极的增长动力来源于核心企业家对经济优势的聚集和"动态增长气氛"的挖掘。区域经济的不平衡增长是伴随着经济增长本身而来的，经济增长的累积集中也是必然的。某一国土上的经济增长必然会成为促进其他部分国土经济增长的动力。与缪尔达尔认为回波效应总是大于扩散效应，从而造成地区差异扩大的观点不同，赫希曼认为，经济增长的累积集中在初期将加大地区间的经济差异，但增长的累积性不会无限地进行下去，从长期看，地理上渗透效应将足以缩小区域之间的差距，最终使区域经济实现非均衡协调发展。该理论的政策主张是政府应当进行适当干预。区域经济发展的非均衡性是政府与市场共同作用的产物，也是经济发展的内在规律。

（4）倒"U"型理论。倒"U"型理论是美国经济学家威廉姆逊1965年提出来的。他认为在一个国家经济发展的早期阶段，一定会出现不同区域之间收入差异的扩大，而在一个国家经济发展的成熟阶段，就会出现不同区域之间收入趋同现象。即一个国家区域经济发展奖将呈现出倒"U"型的变动关系特征。导致经济发展呈倒"U"型变动的因素主要有投资收益率、区域之间的连锁效应、人口迁移成本和国家发展目标四个主要因素。倒"U"型理论的贡献在于说明了经济发展与区域差异之间的相互作用和相互依存关系。但是，该理论也在某种程度上弱化了政府在区域差异缩小过程中的干预作用。

因为客观存在的地区间差异仅仅依靠经济发展的内在规律和市场作用是很难自动消失的。

1.3 相关概念界定

1.3.1 保险的本质属性与功能分析

1.3.1.1 保险的分类

保险的分类有很多种。依据保险标的的不同可以分为人身保险和损害保险两大类，依据保险人承担责任的不同可以分为原保险和再保险，依据经营性质的不同可以分为政策性保险和商业性保险，依据保险实施方式的不同可以分为自愿保险和强制保险，等等。但是目前，大多数国家和地区都是按业务保障对象的不同将保险分为财产保险、人身保险、责任保险和信用保险四个主要类别。其中，财产保险是指以物质财富及其有关的利益为保险标的的险种，主要包括货物运输保险、火灾保险、工程保险、海上保险、航空保险、家庭财产保险、汽车保险、盗窃保险、利润损失保险、农业保险等。人身保险是指以人的身体为保险标的的险种，主要包括人身意外伤害保险、健康保险、人寿保险（包括死亡保险、生存保险和两全保险）等。责任保险是指以被保险人的民事损害赔偿责任为保险标的的险种，主要包括公众责任保险、产品责任保险、职业责任保险、保赔保险等。信用保险是指以第三者对被保险人履约责任为标的的险种，主要包括忠诚保证保险（用来承保雇主因雇员的不法行为所致损失）、履约保险（用来承保合同当事人中一方违约所负的经济责任）等。随着经济社会的发展，新的险种以及新的保险分类还将不断增加。

1.3.1.2 保险的本质属性

关于保险的本质属性，国外有多种学说，比较有说服力的是二重属性解释，即保险同时具有自然属性和社会属性。保险的自然属性可以表述为：保险是一种经济行为，即是集合具有同类风险的众多单位或个人，以合理计算分担金的形式，实现对少数成员因约定风险事故所致经济损失或由此而引起的经济需要进行补偿或给付的行为。保险的社会属性可以表述为：它是多数单位或个人为了保障其经济生活的安定，在参与分担少数成员因偶发的特定危险事故所致损失的补偿过程中形成的互助共济价值形式的分配关系（约翰·马歇尔等，1998）。简而言之，保险的社会属性就是在参与平均分担风险补偿损失的单位与个人之间形成的一种分配关系。保险的自然属性揭示了保险的补偿和保障功能，保险的社会属性反映了保险的互助和（价值与风险）分配机制，这也是保险有别于证券、基金、银行等其他金融工具的本质所在。为了研究的便利，本书主要按照业务保障对象的不同来对保险进行分类，并主要就财产保险与人身保险进行重点分析与研究。

（1）财产保险的本质属性。财产保险是指以各种财产物资和相关利益作为保险标的，以补偿投保人或被保险人经济损失为基本目的的一种社会化经济补偿制度。这就是财产保险的自然属性和社会属性。财产保险属于商业保险范畴，是保险基本职能的最有效体现。

（2）人身保险的本质属性。人身保险是以人的身体为保险标的一种保险，人身保险合同一般是长期合同，其保险期限可以为人生的某个阶段抑或一生。人身保险以融通资金为核心职能，是财富与风险的一种再分配方式，其存在和发展的目的主要是为各类组织和个人管理自身资金风险提供便利。就投保人而言，只需要投入不同数额的保险金就可以获得不同程度的风险保障。就保险人而言，可以通过承保市场上大量而分散的风险标的而积聚起大量的保险基金，进而通过多样化的投资使得资金流入需要的部门，在实现盈利的同时也有效地促进资本的优化配置和资金融通。

1.3.1.3 基于微观视角的保险功能分析

（1）财产保险的功能分析。财产保险与人身保险的本质属性决定了其各自特有的功能。就财产保险来看，其投保人将可能发生损失的概率通过一定的对价方式交付给保险企业；保险企业则给予投保人相应承诺，保证当保险事故发生后为投保人提供保险赔偿或给付。因此，财产保险的核心职能是风险保障。保险人承诺的保险金是对投保人经济状况的保障，可以完全或部分补偿其损失或由损失引起的资金短缺。投保人需要事先支付确定的保费作为获得这种不确定性损失保障的对价。财产保险的这种为意外事故和自然灾害造成的财产损失提供的损失补偿和风险保障，有效地降低了投保人对未来风险发生的不确定性，极大地促进了运输、信贷、贸易等部门的发展。同时，基于自身的金融职能与本质属性，财产保险也可以看作一种利用看跌期权对财富进行套期保值的方式。作为对价的保险费类似于看跌期权中的期权费，投保人交纳了保险费后，如果在约定期限内其财产因意外事故或自然灾害造成的损失而贬值，则其有权按约定价格卖给保险人，这样就规避了自身财产因遭受意外损失而引起的纯粹风险。如果投保人没有遭受意外事故或者自然灾害造成的损失，就损失了保险费，类似于看跌期权的买者在标的价格没有下跌到有利可图时选择不交易而损失的期权费。尽管损失期权费的可能性很大，但是投保人通过看跌期权对资产进行套期保值，锁定了损失的最大值（期权费），更为重要的是当投保人的资产价值朝不利方向变动的时候，其有权获得约定的赔偿，实际上就是转嫁了风险，使自身资产组合的波动性达到最小。

（2）人身保险的功能分析。人身保险的核心职能是融通资金，是财富与风险的一种再分配方式。其存在和发展的目的主要是为各类组织和个人管理自身资金风险提供便利。由于人身保险的合同期限一般都比较长，使得保险人能够有效地管理和投资投保人缴纳的保险费。因此，人身保险市场的存在将降低人们对未来生活的不确定性进而能够有效释放人们手中的预防性储蓄，从而能够有效地促进经济体中生产性资本的积累，使得可用于投资的储蓄量大大提高。同时，人身保险市场的存在提高了金融市场的流动性，流动性的提高必然提高储蓄向投资的转化率与转化水平，同时也将提高社会消费能力与消费水平。因此，人身保险通过发挥自身的资金融通功能，可以以最小的成本在不同投资者之间实现风险的最优分配和资源的最优跨期配置。

财产保险与人身保险风险保障、资金融通、经济补偿功能的发挥，还将多方面产生显著的经济外部性，为经济结构的调整与转型升级、经济增长质量的提升提供强有力的支撑。

1.3.2　保险业非均衡发展

非均衡发展是区域经济发展的一般规律和常态。保险业非均衡发展是经济发展过程中普遍存在的一种社会经济现象，也是各国保险业发展过程中面临的一个普遍性问题。由于各地区自然资源禀赋的原始差异性、要素持有与分配的差异性、社会资源配置的非均匀性，政策导向的非一致性或者政策执行效果的差异性，导致保险业非均衡发展客观存在，保险业发展的地区差异客观存在。地区差异的存在使得保险业发展能够更加有效率地进行，但地区差异或非均衡发展程度的无限扩大，势必影响公平。因此，适度非均衡发展抑或非均衡条件下的协调发展是有利于保险业健康快速发展的。

本书所涉及的保险业非均衡发展，主要指保险业发展的空间非均衡，也即保险业在各省域之间的差异化发展。具体而言，主要指一个省域与其他省域之间保险业水平、结构的发展差异。因此，保险业发展非均衡就是各省域保险业在总量水平、结构等方面各有特色的共同发展。其中，保险业发展水平的非均衡主要是从总量或者均量的角度来描述保险业发展地区差异，本书具体采用各省域保险业发展深度的差异来表示。保险业发展结构的非均衡主要通过 CR4 指数和 HHI 指数的差异来表示。CR4 指数采用各省域保险市场上前四家市场份额最大的保险公司的保费占全省域总保费的比例来表示，HHI 指数采用各省域保险市场上所有保险公司市场份额的平方和来表示。当前，非均衡性已经成为我国保险业发展的典型特征。

1.3.3　经济增长质量

关于经济增长质量的概念界定，目前还没有一个统一的标准。早期，学者们关于经济增长质量的概念界定主要是从狭义上进行的，认为经济增长质量即指经济增长效率（例如，卡马耶夫，1983；刘亚建，2002；沈利生和王恒，2005）。随着对经济增长质量内涵认识的深入，学者们发现经济增长质量是一个具有综合理论经济社会范畴的概念，具有十分丰富的内涵，从而从更广义的视角对经济增长质量有了更为全面的定义。温诺·托马斯等（2001）

分析认为经济增长质量是相对于经济增长数量而言的一个范畴，是经济发展速度的补充，主要是指构成经济增长进程的如机会分配、环境可持续性、风险治理结构及其管理等关键性内容。巴尔罗（Barro，2002）指出，经济增长质量包括社会、政治、宗教等诸多要素，法律和秩序发展的程度、预期寿命、全民受教育水平、居民健康状况以及人均收入水平等都属于经济增长质量范畴的内容。刘树成（2007）分析认为，经济增长质量应该注重经济增长结构的协调性，经济增长方式的可持续性以及经济增长效益的和谐性。李俊霖（2007）分析认为经济增长质量反映的是经济在增长过程中的优劣程度或品质属性，至少包括经济增长的有效性、经济增长的充分性、经济增长的稳定性、经济增长的创造性、经济增长的持续性、经济增长的协调性和经济增长的分享性等七个方面的内容。钞小静和惠康（2009）分析认为经济增长数量和经济增长质量就像一枚硬币的两面，是同一个问题的两个方面。经济增长数量是从整个经济量的变化角度来描述经济增长的，而经济增长质量则从整个经济的内在性质来描述经济增长。由于经济增长内在的性质是动态的，因此经济增长质量需要从过程和结果上来考察。从经济增长的过程来看，经济增长的结构与经济增长的稳定性构成了经济增长质量的主要方面；从经济增长的结果来看，经济增长的福利与成果分配、经济增长的资源环境代价就构成了经济增长质量的主要方面。魏婕和任保平（2012）进一步分析指出，经济增长质量涵盖了经济增长效率、经济增长结构、经济增长稳定性、经济增长的福利变化与成果分配、经济增长的生态环境代价、国民经济素质等六个主要方面。任宝平（2012）分析认为经济增长质量是增长过程中表现出来的国民经济的优劣程度，主要包括经济增长的效率提高、结构优化、稳定性提高、福利分配改善、创新能力提高等。经济增长过程中质与量的统一主要表现为普惠的社会制度、萨缪尔森型社会福利函数、权责明晰的产权制度、促进水平报酬递增的制度或技术创新等方面。王博和邵全权（2015）分析认为可以从经济增长的驱动要素、经济增长的结构、经济增长的稳定性和经济增长的福利效应四个维度来衡量经济增长质量。

　　基于上述分析，经济增长质量与经济增长紧密相连，但是相对于经济增长而言更为复杂。经济增长质量应该充分考虑增长过程与增长结果两个方面。具体而言主要包括以下四个维度：经济增长的结构、经济增长的稳定性、经济增长的福利变化与成果分配、经济增长的资源环境代价。首先，经济增长的结构和经济增长的稳定性是经济增长过程的重要方面。经济增长的结构主要是指经济系统内部各要素之间的联结关系以及要素数量之间的比例关系，包括产业结构、投资结构、区域结构等。其中产业结构将一定程度上决定经济增长方式，产业结构升级与转换的快慢程度，是反映经济增长质量非常重要的方面。经济增长的稳定性主要是指短期经济增长对长期经济增长趋势的偏离应该保持在较小的范围内。经济增长的稳定性并不否认经济增长的自然波动，是一种动态的稳定与均衡，同样是经济增长质量的重要反映。其次，经济增长的福利变化与成果分配、经济增长的资源环境代价是经济增长结果的重要体现。经济增长的福利变化与成果分配状况是经济增长结果的重要表现形式，居民福利水平的改善、人均财富的增加、贫富差距的缩小都是经济增长的最终目的。只有当绝大多数人都能够分享到经济增长的成果时，经济增长才可持续，经济增长质量才能得到体现。经济增长的资源环境代价主要是指经济增长是要付出代价的，如资源的消耗、环境生态的破坏等。如果经济在数量上的增长是建立在资源可持续、环境不遭受破坏的基础之上，则意味着经济增长质量良好。

上述四个维度是一个相互协调、有机统一的整体，它们共同影响并决定经济增长质量的优劣。

1.4 国内外相关研究述评

1.4.1 国外研究述评

作为现代金融业的重要组成部分，保险业发展与经济增长之间存在密切的关联。国外学者关于保险业发展与经济增长关系的研究比较早，现有研究大致分为三类。

第一类是保险业发展与经济增长的因果关系研究。此类理论研究普遍支持保险业发展促进经济增长，经济增长反过来引致保险业发展的结论。但实证研究并没有给予相对一致的经验证据支持。奥特里维勒（Outreville，1996）研究认为地方保险机构是发展中国家经济发展的主要促进因素之一，但是垄断也给地方保险市场发展造成损害，进而影响其经济驱动功效。布朗和金（Browne and Kim，1993）研究了引致人寿保险国际需求的因素。研究发现由于不确定性存在，国民收入和财富的增长是引致保险需求的重要因素。沃德和祖布鲁克（Ward and Zurbruegg，2000）基于经济合作与发展组织中 9 个国家 1961～1996 年的时间序列数据和协整模型研究了保险发展与经济增长之间的短期与长期动态关系。研究发现保险与经济增长之间并不存在绝对的孰因孰果的长期关系，而是因各国特定的国情而存在差异。卡塔兰等（Catalan et al.，2000）基于跨国数据的研究发现寿险对经济增长具有促进作用，但是非寿险与经济增长之间似乎不存在因果关系。韦伯等（Webb et al.，2002）基于索洛增长模型和 55 个国家 1980～1996 年的数据实证分析了银行业和保险业发展对经济增长的影响。研究发现银行业和保险业的交互项对经济增长的正向效应远远大于银行业或者保险深度对经济增长的正向作用。拜克和韦伯（Beck and Webb，2003）分析了保险业发展对居民消费水平影响，研究发现保险业发展显著提升了居民消费水平，进而有利于经济增长。布恩（Boon，2005）实证检验了新加坡银行业、证券业和保险业与经济增长之间的因果关系。分析发现，就长期关系而言，银行贷款与人均实际 GDP 之间的关系要比股票市值价值和保险资金与人均实际 GDP 之间的关系稳定。库格勒和奥弗吉（Kugler and Ofoghi，2005）采用约翰森的协整模型实证检验了英国保险市场水平与经济增长的关系。研究发现英国保险市场水平与经济增长之间存在长期协整关系。阿里纳（Arena，2008）采用 GMM 估计和 1976～2004 年面板数据，实证分析了 55 个工业化国家和发展中国家寿险和非寿险市场发展与经济增长的关系，研究发现寿险和非寿险均对经济增长产生了积极而显著的因果效应。其中，寿险对高收入国家的经济增长产生了显著的推动效应，而非寿险对高收入国家和发展中国家的经济增长均产生了积极的促进作用。海斯和苏梅吉（Haiss and Sumegi，2008）采用欧洲 29 个国家 1992～2005 年的跨国面板数据实证分析发现瑞士、挪威和冰岛等 15 个国家寿险业发展有效促进了 GDP 增长；而对于中欧和东欧中新的欧盟成员国，财险对 GDP 的影响更大。同时研究发现，实际利率与经济发展对保险业增长的影响也是显著的。贾夫利和卡德加（Jafari and Kardgar，2008）采用误差修正模型和 VAR 模型研究了 1960～2004 年伊朗保险业发展与经济增长之间的关系，研究表明保险发展对经济增长存在单向因果关系，具体而言，寿险发展对经济增长存在单向因果关系，汽车保险对经济增长存在单向因果关系，但火灾保险对经济增长不存在单向因果关系。同时，经济增长对意外险存在单向因果关系。亚当斯等（Adams et al.，2009）采用非平稳时间序列模型分析了瑞典商业银行贷款、保险业发展与经济增长的关系。研究表明保险业发展和银行贷款都是经济增长的格兰杰原因，保险业发展是拉动经济增长的重要前提。钦等（Ching et al.，2010）基于约翰逊协整检验和向量误差修正模型（VECM）的格兰杰因果检验分析了马来西亚寿险业发展和经济增长之间的因果关系。研究发现寿险业总资产与实际 GDP 之间同时存在长期与短期的协整关系，马来西亚的寿险业可能是一个有效的金融中介，其通过产生长期储蓄融资的资本投资最终促进该国经济增长。布尔卡等（Burcă et al.，2013）研究了 5 个发达国家保险业与经济增长之间的因果关系，研究表明由于保险市场活动的差异，保险业与经济增长之间的关系因不同国家社会、文化、经济和法律制度的不同而存在显著差异。沙赫巴齐和奇马斯（Shahbazi and Kiumars，2013）采用 ARDL 边界测试方法研究了伊朗 1979～2009 年寿险和非寿险业发展与经济增长之间的关系，研究结果表明，寿险对经济增长的长期与短期影响均不显著，但非寿险对经济增长的长期与短期影响都是显著的，同时经济增长不是寿险和非寿险发展的格兰杰原因。

第二类是保险业发展影响经济增长的机制分析。此类研究主要基于内生增长理论围绕经济增长因素或源泉的分析展开。联合国贸发组织（UNCTAD，1964）研究认为保险和保险市场的不断完善，意味着保险和保险市场"助推器""稳定剂"的功能不断完善。因此，健全的保险和保险市场就是经济增长的一个重要特征。帕加诺（Pagano，1993）分析认为保险业发展将通过促进金融中介功能的完善和资本积累效率的提高进而促进经济增长，金融中介功能的完善与资本积累的效率两者之间呈正相关关系。陶布（Taub，1989）研究认为当处在持续经济增长中的行为人由于缺乏完备的信息而遭受异质性随机生产率冲击时，保险发展的损失补偿功能将有效鼓励投资，促进经济增长。艾亚格里（Aiyagari，1994）探讨了行为人面临未保险的异质性收入冲击和融资约束时总储蓄率的变化，研究表明，若参数（收入方差系数等）足够大，全额保险与无保险时的资本收益率和储蓄率相差很大，说明保险对经济增长产生实质性影响。斯基珀（Skipper，1997）全面分析了保险业在经济发展中的七大作用，即提高金融系统的稳定性、推动商业和贸易发展、提高储蓄率并促进储蓄向投资转化、转移和防范风险、减轻社会成本、鼓励损失分摊、优化资本配置等，这些作用的发挥都将有利于促进经济增长。哈罗德（Harold，1998）从七个方面归纳了保险业对经济发展的作用：提高金融体系的稳定性、部分替代政府的社会保障职能、促进贸易与商业的发展（保险最原始的功能）、提高储蓄的流动性、更有效的管理风险、降低或对冲经济损失以及提高资本的配置效率。霍尔斯博尔（Holsboer，1999）研究了保险业发展与经济增长之间的相互作用机制，研究认为保险和金融部门长期的资本积累和行业竞争程度决定了保险业对经济增长的不同影响机制和影响效应。沃德和祖布鲁克（Ward and Zurbruegg，2000）认为，一方面，风险转移和补偿功能能帮助风险厌恶者的个体购买昂贵的物品，从而增加了被保险部门和与被保险部门相关联部门的购买、利润和雇用，因而具有正的外部性。此外，通过承保创新的风险，保险有利于促进全社会的创新；另一方面，保险作为金融中介的好处，有利于促进资本积累和经济增长。也就是说一国保险市场的发展对该国经济中生产性资本的积累有着很大的影响。卡迈克尔和迪索（Carmichel and Dissou，2000）考察了面临疾病风险冲击的行为人，在健康险介入下通过降低流动性资产持有而提高非流动性资产持有进而促进经济增长的内生机制。科妮奥和马夸特（Corneo and Marquardt，2000）将养老金和失业保险统一纳入世代交叠内生增长模型，分析了养老保险和失业保险影响经济增长的均衡路径。研究发现养老金系统和失业保险系统之间的正外溢性导致了内生经济增长和非自愿失业。鲁尔（Rule，2001）指出，保险公司、互助基金和养老基金是股票、债券和房地产市场最大的机构投资者，而且他们对社会经济发展中老龄化、收入差距拉大和全球化等重大问题产生越来越重要的影响。保险业和其他金融部门之间日趋密切的联系也强化了保险对经济增长可能发挥的作用。韦伯等（Webb et al.，2002）基于修正的索洛－斯旺模型分析了银行业与保险业发展作用于经济增长的机制，研究认为银行业与保险业发展主要通过投资水平和投资质量来驱动产出水平进而作用于经济增长，并且两大产业在驱动经济增长的过程中也严格依赖于技术进步这一关键要素。海斯和斯梅吉（Haiss and Sümegi, 2008）采用经济合作与发展组织中 29 个国家 1992~2004 年的面板数据分析了保险业影响经济增长的作用机制。研究认为保险业发展主要通过风险管理、储蓄替代、促进投资等途径对GDP 产生正向推动作用。分析认为，保险业作为风险转移与损失补偿服务的提供者以及一种有效而活跃的金融中介，不仅能够为微观个体、家庭企业和宏观经济发展提供风险保障，在促进金融稳定、平滑经济波动、降低和对冲经济损失等方面发挥正外部效应以间接促进经济增长，而且能通过发挥金融中介的资金融通功能，转化储蓄实现对生产性投资的资本积累进而直接促进经济增长。

第三类是保险制度的经济增长效应与增长路径分析。此类研究主要围绕世代交叠的 OLG 模型展开。黛蒙德（Diamond, 1965）利用 OLG 模型研究养老保险制度对经济的动态影响，研究结果表明，现收现付养老保险制度在一定程度上阻碍资本积累率的增加，与此同时，也会减缓稳态资本存量，从而影响经济增长路径，减缓经济增长速度。巴罗（Barro, 1974）基于世代交叠模型并考虑到父母对子女的利他动机，对现收现付制的养老保险制度的经济效应和增长路径进行了分析，研究结果表明，现收现付制的养老保险制度并未影响到年轻一代的储蓄和消费行为。因此，认为这种养老保险制度对经济增长的影响只是"中性"的，然而，该研究存在的缺陷就是没有考虑到内生经济增长的其他相关要素。贝克和巴罗（Becker and Barro, 1988）就比较了不同养老保险制度条件下，家庭的教育投入与经济增长关系。他们研究认为，在一个人口快速增长和以 GDP 增长为目标的经济体中，现收现付制的养老保险制度将有利于控制人口增长，促进人力资本形成进而加快实现经济增长。而相比较而言，基金制的养老保险制度将无法产生这样的影响，从而也无法实现经济增长。顺（Soo, 1996）将保险因素纳入个人终生效用最大化的目标下，构建了最优经济增长模型。通过研究发现，寿险保费税的变化对个体财富造成很大影响，而对总体财富的影响不明显，并且年金保险保费税的永久性提高会降低稳态的总消费和总财富水平，不利于经济的增长。而其他寿险保费税的永久性提高对经济增长影响的效果不确定。斯图尔特（Stuart, 1998）基于世代交叠模型和养老保险制度遗产效应的角度研究认为：基金制养老保险制度条件下的强制性储蓄导致这类养老保险制度的遗产效应难以得到发挥，势必导致人均人力资本积累水平和社会平均生育率下降，从而不利于经济长期、稳定增长。而现收现付制养老保险制度条件下强制性税收和转移支付手段，可以将子女的一部分工资收入以养老金的形式转移给当期的父母或者其他老年个体，这将有利于增加家庭的教育投入，促进教育收益率和劳动技术水平的提高，进而有利于经济长期、稳定增长。贝莱蒂尼和切罗尼（Bellettini and Ceroni, 1999）在研究社会保障与经济增长路径过程中，把研究视角重点放到工资指数化对经济增长的影响。研究结果表明：社会保障制度会促使工资指数化，从而有效地刺激劳动者对工作的积极性，进而促进经济增长。普列斯（Pries, 2007）将劳动力作为内生变量，采用生命周期模型探讨了美国传统的现收现付制养老保险体系向完全的个人账户养老保险体系转移时对社会福利和收入分配的影响。研究认为后者主要通过代际间转移来为年轻劳动者提供工作机会和工资收入，以此推动整个经济的代际平滑发展。童（Tong, 2008）将技术进步引入寿险理论增长模型中，重点分析了寿险行业通过将短期储蓄转化为长期储蓄以促进经济增长的路径。研究表明，储蓄增长，投资固然也会增长，投资增长也一定程度上将促进技术进步，从而成为推动经济增长的动力。部分学者集中探讨了养老保险制度、人力资本与经济增长的问题。克鲁兹和伊萨（Cruz and Iza, 2006）从教育投资激励、自愿退休、增长和收入不公平的角度分析现收现付制养老保险制度对经济的影响。研究发现人力资本投资、个体学习能力的差异和养老金制度安排对经济增长存在内生激励。普瓦瓦拉（Poutvaara, 2007）研究了现收现付制的养老保险制度条件、劳动力转移和经济增长的关系。研究发现，现收现付制的养老保险制度能够推动发达国家和不发达国家之间劳动力或者先进技术的自由流动，而这种自由流动有利于推动不发达国家人力资本积累水平的提高，从长远来看，也会推动各国经济的增长。格洛姆和迈克尔（Glomm and Michael, 2003）通过建立代际混合模型研究了养老保险和公共教育体系对不同水平国家经济发展的影响。研究发现在养老保险水平较低的经济落后国家，增加其养老保险投入会促进人力资本投资进而促进经济增长，但在养老保险水平较高的发达国家，情况恰好与此相反。肖文（Shoven, 2008）比较分析了延迟退休状态下医疗保险、社会保障对经济的影响。凯姆尼茨和威格（Kemnitz and Wigger，2000）研究认为现收现付制的养老保险制度实际上是政府部门为了纠正市场失灵的一种政策手段，而人力资本积累对于这种政策手段的实施起到至关重要的作用，该文将人力资本积累的外部性纳入讨论中，研究发现养老保险制度的实施可以促使人力资本水平达到最优，从而促进经济增长。亚历山德拉和卡洛（Alessandra and Carlo，2008）利用引入了异质群体的人力资本投资的一般均衡模型，分析了不同筹资模式下养老保险的收入再分配效应。研究表明，现收现付制有较强的群体间、代际间收入再分配效应，同时养老保险制度也通过对人力资本影响经济增长。杨和张（Yew and Zhang，2009）对人力资本与物质资本之间积累水平的最优化进行了分析，将现收现付制的养老保险制度分析置于内生增长模型中。结果发现，人力资本的外部性导致在投资过程中会降低对人力资本的投资水平，从而也会影响到经济增长的效应。

1.4.2　国内研究述评

改革开放以来，保险业作为我国现代金融体系的重要组成部分和现代经济社会风险管理的重要手段，其发展的经济驱动功效也逐步被学术界关注和重视。国内关于保险业发展与经济增长关系的研究大致分为四类：

第一类是保险发展对经济增长的影响效应与影响机制分析。关于保险业发展对经济增长影响相对系统的理论研究还仅仅开始于最近几年。刘晴辉（2008）基于一个世代交叠的内生经济增长模型分析了保险中介促进经济增长的机制。研究发现，保险中介在跨时平滑行为主体面临的生产率和疾病双重风险冲击的同时，通过减少行为人的流动性资产持有并提高行为人的非流动性资产投资促进了资本和知识的积累，进而形成内生经济增长。蒲成毅和潘小军（2012）通过嵌入保险消费的广义资本推动经济增长动态效应的行为经济学分析，从微观机理视角研究了保险消费对经济增长的多因子协同作用机理。邵全权（2012）在扩展的索洛增长模型的框架基础上从理论上阐述了发展保险业、促进保险业竞争及反垄断可以促进经济增长。采用联立方程模型（3SLS）和系统 GMM 方法的实证分析也有效支持了这一结论。同时研究发现保险业与其他行业的互动、保险业结构与经济结构的相互作用，在影响经济增长的方式方面存在较为明显的区域差异。汪伟（2012）在人口老龄化背景下通过构建一个三期世代交替模型研究了混合养老保障体制下家庭的消费、储蓄和教育投资决策及其对中国经济增长的影响。研究发现从现收现付制向个人与统筹账户相混合的模式转变有助于增加物质资本和人力资本的积累并促进经济增长。在当前寿命延长，养老压力增大的态势下，为了保持经济增长并解决养老账户的财务困境，需要提高人力资本的积累速度和人力资本在生产中的效率。实证研究方面，有学者研究认为保险业发展对经济增长的影响是微乎其微甚至是负面的。刘茂山（2003）指出当保险业水平过小或因急剧扩张而出现偏离保障路径的发展时，其对经济增长的影响效应将是负面的。饶晓辉和钟正生（2005）运用中国实际 GDP 和总保费额的数据考察中国经济增长与保险市场发展的动态关系。结果显示，对中国而言，保险市场的发展并不是经济增长的原因，经济增长才是保险市场发展的原因，并指出现阶段中国保险功能的发挥受到诸多约束条件的限制。胡宏兵（2007）利用 1999~2007 年保费收入和 GDP 的季度数据进行协整分析，研究发现，无论长期还是短期，GDP 都是保险增长的格兰杰原因，这验证了经济增长通过改变保险市场参与主体投资与消费需求进而影响保险发展的假说。但是，保险发展在长期对经济增长不具有格兰杰因果关系，短期内保险发展对经济增长的影响也较弱，认为保险发展不会促进经济增长。尽管如此，大部分学者研究认为保险业发展有效促进了中国经济增长。卓志（1999）利用服务经济统计法，就我国人身保险对经济和金融市场的贡献进行了数量分析，发现人身保险对宏观经济增长存在显著性贡献。梁来存和胡扬赞（2005）通过中国 1980~2004 年的数据，分析认为保险消费对经济增长具有拉动作用，且随着时间的推移其拉动系数呈明显的增长之势。谢利人（2006）基于柯布 - 道格拉斯生产函数建立了保险业发展的经济增长模型，研究发现财产保险市场的发展对经济增长具有负向作用；人身保险市场的发展对经济增长具有正向推动作用。庞楷（2009）利用修正的索罗模型检验了财产保险和人身保险在中国经济增长中发挥的作用，认为财产保险深度对经济增长具有显著的正面影响，而人身保险深度的影响却不显著。此外，与保险和银行的独立影响相比，保险深度和银行贷款占比对经济增长的联合影响更为显著。赵尚梅等（2009）运用两部门模型实证研究发现，保险业发展不仅对经济增长做出贡献，而且对非保险部门还存在溢出效应。保险业增速每提高1%，将带动实际 GDP 增长率提高1.2154%。陈华和王稳（2011）利用中国1998～2007年的省际面板数据完全修正的最小二乘（FMOLS）估计，研究了各省份保险发展与技术创新之间的内在联系。结果表明，保险发展与技术创新的变量均存在着单位根，且保险发展与技术创新之间存在着协整关系。长期中，保险发展与技术创新之间有显著的正关系，且保险深度每增加一个百分点，会使技术创新的水平增加0.136%～0.178%。而在短期中，我国保险发展对于技术创新的影响并不明显。张风科（2011）采用1999年第一季度至2011年第一季度的数据和向量误差修正模型研究了我国保险业发展与消费增长之间的关系。研究表明保险业发展有利于促进消费增长。因此，应通过促进保险业发展来促进消费，进而促进经济增长。袁成和于润（2013）基于保险的多元职能论，利用1982～2011年的面板数据就保险业发展的各个职能作用于经济增长的机制进行了实证检验。研究表明，保险通过发挥其多种职能对经济增长产生正面的积极影响，其中经济补偿职能对经济增长的正向作用最为明显，但在贡献程度和持续效应上不如保险的资金融通职能，后者同样对经济增长具有明显推动作用，且持续稳定增强。

近年来，随着研究的深入，有学者研究发现：在不同的发展阶段，保险业发展对经济增长的影响方式并不是一成不变的，因而其影响效应并不是线性式的，而是存在明显的非线性结构特征。沈坤荣和魏锋（2010）采用 FGLS 估计方法和中国各地区1998～2008年的面板数据研究了中国保险市场发展的非线性增长效应。研究发现：随着经济发展水平的改善，保险市场发展对经济增长的影响程度和显著性都在增强；不同金融发展水平下保险市场发展与经济增长之间存在倒"U"型关系；而且整体保险市场发展和人身险市场对经济增长起显著的促进作用，而财产险市场的发展对经济增长起显著的阻碍作用。吴洪和赵桂芹（2010）采用1996～2008年我国省级区域动态面板数据和动态面板广义矩估计方法，实证分析保险业发展与经济增长的非线性关系。研究发现：保险业在经济中等和较差地区对经济的促进作用较为显著；非寿险则在经济水平较高地区具有显著性。赵进文等（2010）通过建立时间序列的非线性 STR 模型和面板数据的门限效应模型，分别从国家和区域两个层面对我国保险消费的经济增长效应进行了经验分析。结果表明：当期保险消费对经济增长具有显著的拉动作用，这种拉动作用呈现出明显的阶段性和非线性特征；前一期保险消费对经济增长具有一定的抑制作用；区域寿险和非寿险消费对区域经济增长的影响均具有显著的双重门限效应，且区域寿险消费发挥正向经济增长效应的门限明显高于区域非寿险消费。吴永钢和李政（2013）基于金融协同视角，采用 PSTR 模型研究发现不管是整体保险市场还是人身保险或财产保险市场，保险业发展的经济增长效应都不是一成不变的，均存在明显的机制转移特征。保险业发展经济"助推器"功能的发挥依赖于区域金融发展水平。邵全权（2013）构建了保险业发展影响经济增长的理论模型，研究了保险业发展与经济增长之间的门槛效应和多重均衡现象。研究发现，在保险业发达的情形下，经济增长和保险业发展相互促进；在保险业不发达的情形下，经济增长存在低水平陷阱。同时以寿险业为例，运用中国各省份的面板数据进行实证分析，结果显示，寿险业发展可以促进经济增长；并且随着经济发展水平的提高，寿险业发展对经济增长的促进作用将进一步提高。曾智等（2014）基于自回归分布滞后模型和交替条件期望算法和中国 1999～2013 年保险市场数据，考察了保险业发展对经济增长的非线性经济增长效应。研究表明，在不同的发展水平下保险市场发展与经济增长之间存在倒"U"型关系。邵全权（2015）采用 2004～2013 年季度数据，将保险业发展与产寿险结构变量纳入经济增长与城乡收入差距的非线性动力系统模型，研究表明：我国经济增长与城乡收入差距存在长期均衡的非线性关系；寿险业发展会抑制经济增长，并扩大城乡收入差距，而财险业发展可以促进经济增长，同时缩小城乡收入差距；如果扩大财险业相对于寿险业的水平，会缩小城乡收入差距，促进经济增长；引入稳定度的最优控制可以有效缩短控制时间，但也会产生较高控制力度与社会福利损失。

第二类是保险业发展效率及其影响因素分析。研究方法上此类研究主要基于 SFA 和 DEA 方法展开。自 20 世纪 90 年代以韦斯（Weiss，1991）、费克尔（Fecher，1993）、康明斯和韦斯（Cummins and Weiss，1993）为代表的学者将前沿效率分析方法引入保险业以来，这一方法便被学者们广泛运用于保险业效率测算中。该方法根据是否需要估计前沿生产函数中的参数可分为两大类：一类是以随机前沿分析（SFE）为代表的参数法（SFA）。代表性研究主要有：刘志迎等（2007）基于 SFA 方法，结合柯布-道格拉斯成本函数分析了我国 16 家财险公司 1999~2004 年的成本效率及其影响因素。研究表明随着中国保险市场的开放，外资财险公司的成本效率普遍高于中资财险公司，且外资财险公司的成本效率提升幅度明显大于中资公司；公司水平对财险公司的经营效率有显著的负面影响；而车险业务比重对其有显著的正面影响。此外，老财险公司的成本效率要优于新财险公司。黄薇（2006）基于 SFA 方法构建了经过风险调整的成本和利润边界函数，实证测度了 1999~2006 年我国 28 家保险公司的成本效率和利润效率。研究认为，片面的改变保险机构产权结构并不能有效提高效率，公司治理结构、组织形式、营销体系、资产水平、产品多元化程度是影响中国保险业效率的主要因素。甘小丰（2008）利用动态前沿模型分析了我国保险业 1996~2005 年的成本/利润效率及水平效率的演进趋势。研究发现：中资保险公司的成本效率高于外资合资保险公司，但在利润效率上差别不大；外资合资保险公司的水平效率明显高于中资保险公司，而且四大保险公司的水平效率呈现逐年下降趋势。就影响因素来看，经济货币化、金融严格管制、收入不平等、市场过度竞争对保险效率的影响都是负面的。梁平和梁彭勇（2011）采用 SFA 方法研究了我国 29 家保险公司的成本/利润效率状况和演进趋势。研究发现：中国保险公司的成本效率要高于利润效率，且呈现成本效率减速提高与利润效率稳定上升的发展态势。国有保险公司的成本效率和利润效率均低于其他保险公司，但差距呈现缩小趋势；财产保险公司的平均成本效率要高于人寿保险公司，而平均利润效率正好与此相反。

由于 SFA 方法在测算保险机构效率时存在缺陷，即模型本身对函数形式的设定和数据质量有严格的要求。一旦指定的效率方程的函数形式是错误的，将会潜在的将设定误差与效率估计混淆（Gagné and Ouellette，1998），从而在很大程度上影响效率值的准确测算。此外，由于该方法在某些情况下对随机因子的分布假设可能与现实情况不符，且仅适用于大样本，但是我国保险公司数据可得性和透明度等均存在问题，导致大样本数据条件在我国保险机构效率研究中无法得到满足。相比较于 SFA 方法而言，另一类以数据包络分析（DEA）方法为代表的非参数法由于对数据具有较少的要求和限制，21 世纪以来在国内保险业效率测算中应用得更为广泛。姚树洁等（2005）使用 1999~2002 年 22 家保险公司的数据，运用 DEA 方法评估了它们的效率分数，研究发现非人寿保险公司的技术效率平均水平为 0.172，人寿保险公司为 0.167。而公司水平、所有制形式、营销方式和人力资本是影响保险公司效率的重要因素。韩松和王德令（2009）利用 2003～2007 年我国 13 家保险公司数据，对其技术效率、纯技术效率、水平效率以及全要素生产率进行实证分析。研究认为：中国保险业纯技术效率和水平效率均保持较佳水平，而且纯技术效率要略高于水平效率；中国保险公司水平效率有效的仅有一半左右。除 2004 年外，中国保险业的整体全要素生产率是逐年上升的，主要原因是技术进步，而在 2006 年、2007 年由纯技术效率变动引起的技术效率的改进也对中国保险业的全要素生产率的提高做出了积极贡献。但是由于水平效率下滑，一定程度上影响了全要素生产率提升的速度。崔晓东和郑玉华（2011）基于 DEA 方法中 C2R、BC2 的扩展模型——RAM，从保险中介的视角，通过分析偿付能力这一指标的介入对效率的影响研究了偿付能力与保险公司效率之间的关系。研究表明：监管机构施加的偿付能力约束可能会降低中资财险公司的效率，但影响程度并不大；外资财险公司在经营发展中比中资财险公司更重视偿付能力；外资（或合资）财险公司具备的竞争优势将随着中资保险公司对经营绩效和偿付能力的关注与重视而逐渐趋于淡化。陆静等（2012）基于 2004～2009 年的非平衡面板数据和三阶段 DEA 模型分析了我国财产保险市场技术效率、纯技术效率和水平效率的演进趋势。研究表明：我国产险市场技术效率、纯技术效率和水平效率仍处于比较低的水平。从影响产险公司效率的环境因素来看，市场份额对产险公司的各项效率都有显著的负向影响，而分公司数对产险公司效率有正向的影响。研究同时发现中国保险行业的宏观环境、微观环境因素对产险公司的经营来说还没有起到足够的正面推动作用，环境的波动性在一定程度上限制了产险公司效率的提升。黄薇（2009）把环境等外生因素纳入中国保险业效率研究的框架中，在多阶段 DEA 模型框架下，对我国保险机构 1999～2006 年的技术效率、纯技术效率以及水平效率进行了系统测算。研究表明：外部环境等因素对效率估计产生了重要影响，中国保险业整体效率水平较调整前出现了明显下降，而且效率损失主要来源于纯技术无效，随着保险业市场化进程的不断深入，国有保险机构因依靠相对有利的外部环境使其效率水平被严重高估。张春海（2011）运用经过改进的能够调整环境变量与随机干扰等因素的三阶段 DEA 模型对我国46家财险公司的经营效率进行了实证分析。研究认为，内外资财险公司的经营效率差距较大，我国大部分财险公司处于水平报酬递增阶段，需适度扩大水平来提升水平效率；纯技术效率处于较低水平，需不断提升公司的管理决策水平。肖攀等（2014）首次采用能容纳负值数据的 Meta - RDM 模型测度了我国36家财产保险公司2007～2010年的全要素生产率增长及其成分，并对影响产险公司全要素生产率的宏观经济因素进行实证分析。结果表明：我国财产保险公司全要素生产率在2007～2010年基本保持稳定，但外资公司整体上趋于提升，技术进步是推动其全要素生产率进步的主要动力；中资公司整体上趋于下降，主要原因是技术退步较大。扩大市场份额和增加第三产业比重对产险业全要素生产率的影响为正但不显著；经济、金融发展水平的提高对财产保险公司全要素生产率的提升具有显著的正向效应，而政府监管中核心资本充足率的保障对财产保险公司全要素生产率的影响是负面的。此外，郑军和朱甜甜（2014）基于财政补贴效率理论，采用生产函数模型和经济效率与社会效率指标评价和衡量了农业保险财政补贴的产出弹性与农业保险的财政补贴效率，并对其影响因素进行实证分析。研究表明，农民的保费支出以及农作物的播种面积对农业保险效率值没有显著影响，而政府财政补贴额是影响农业保险补贴效率的重要因素；当各地区政府对农业保险的补贴额占当地农业产出的比率为8.25%时，财政补贴效率最大。

第三类是社会保障服务对社会经济行为的影响研究。此类研究主要围绕养老保险与医疗保险展开，探讨关于养老保险与医疗保险影响经济增长的间接效应及其途径。姜百臣等（2010）基于生命周期假说和消费选择理论，构建协整模型和误差修正模型，研究发现，社会保障对农村居民消费支出的弹性为0.1702，且长期影响相对较大，短期影响相对较弱，证实了中国社会保障对农村居民消费行为以引致效应为主。段景辉和黄丙志（2011）建立社会保障与居民消费需求之间的个体固定效应变截距模型，研究发现，社会保障对居民消费需求存在显著的挤入效应，有助于扩大居民消费需求。张治觉和吴定玉（2010）研究发现社会保障与居民消费之间的关系具有明显的阶段性，1978～1998年社会保障促进了居民消费，而1999～2007年社会保障挤出了居民消费。认为农村社会保障水平低是农村居民边际消费倾向低于城镇居民边际消费倾向的一个重要原因。沈毅和穆怀中（2013）基于中国2011

年的截面数据消费模型实证分析发现，在其他条件不变时，农村养老保险基金支出平均每增加 1 亿元，将拉动农村居民生活消费支出 18 亿元左右。纪江明和赵毅（2013）实证分析了我国区域间农村社会保障对居民消费影响的差异，研究发现东部、中部、西部和东北部地区农村社会保障每增加 1%，将分别促进居民消费支出增加 0.262%、0.237%、0.087% 和 0.145%。马双等（2010）基于预防性储蓄理论分析了新型农村合作医疗保险对农村居民食物消费的影响，发现新型农村合作医疗保险将显著增加居民热量、碳水化合物以及蛋白质等营养摄入量；以货币计算，2004 年新型农村合作医疗保险将使居民食品消费支出人均增加约 81 元，相当于 2004 年人均财政投入的 3.06 倍。陈池波和张攀峰（2012）检验了新型社会保障、收入类型对农村居民消费的影响。研究显示，新型农村合作医疗对农村居民消费影响最大。农户家庭的主动性收入对消费有促进作用，但未发现转移性收入对消费有显著的影响。肖攀等（2015）基于 1998～2012 年的省级面板数据采用 PSTR 模型研究了我国农村社会保障整体水平及其个体保障项目对农村居民消费影响的门槛效应和区域异质性。研究发现，农村社会保障能显著促进农村居民消费增长并且在人均社保水平高于 499.080 元的地区对居民消费的促进作用更强；政府财政救济项目和新农合保障项目对居民消费的激励效应存在门槛约束，在政府财政救济跨越门槛值 109.489 元、新农合跨越门槛值 323.389 元之后，才能对农村居民消费产生显著的促进和拉动作用；农村社会保障对农村居民消费的影响存在显著的区域异质性，经济发展相对落后地区政府财政救济对居民消费的激励效应相对明显，而经济相对发达地区新农合、农村整体社会保障对居民消费的激励效应相对明显。白重恩等（2012）研究认为由于家庭可能面临信贷约束和存在目标储蓄的动机，使得当期养老金缴费可能会减少当期可支配收入，进而抑制消费，并可能提高储蓄率。同时实证研究发现：在 2006 年之前，尽管增加养老保险覆盖率本身有助于刺激消费，在给定缴费前的收入水平以及养老保险覆盖状态时，提高养老金缴费率会显著抑制缴费家庭的消费。此外，养老保险缴费负担对总消费的影响主要也是负面的。因而，保险通过提振消费来促进经济增长的作用是有限的。李时宇和冯俊新（2014）通过一个多阶段世代交叠的可计算一般均衡模型，对城乡居民社会养老保险制度的经济增长效应进行了量化分析。研究发现：城乡居民社会养老保险中的社会统筹机制降低了参保人群的养老储蓄需求，对调整宏观经济中的消费和投资不平衡有一定积极意义，使社会总消费在短期内上升 0.4%，而长期资本存量降低 0.7%。同时，城乡居民社会养老保险制度由于实现了非参保人群（城镇就业人员）向参保人群（农村居民和城镇非就业人员）的转移，使得参保人群和非参保人群之间的收入差距将下降 7%，社会总福利短期和长期将分别提高 0.5% 和 0.4%。殷俊和李媛媛（2013）在世代交叠一般均衡模型框架下分析了现收现付制与部分积累制改革模式下的经济及长期均衡状况，发现养老保险制度改革对资本积累、经济增长、储蓄、产出、劳动力参与率、工资收入、利率、个人福利与收入分配等方面都会产生重要影响。并基于此提出了提高养老保险制度运行效率的政策建议。曲丹（2014）研究认为养老金制度改革必然通过影响个体劳动力供给行为和退休决策，进而影响劳动力市场和社会经济发展。马光荣和周广肃（2014）考察了新型农村社会养老保险对家庭储蓄和消费的影响。研究认为新型农村社会养老保险并没有通过财富替代和降低风险的渠道显著影响 60 岁以下参保居民的储蓄率，但是显著著降低了 60 岁以上居民的储蓄率。潘杰等（2013）基于2007~2010 年国务院城镇居民基本医疗保险试点评估入户调查数据和相关模型估计了城镇居民基本医疗保险对城镇居民健康的影响。研究显示，医疗保险有利于促进参保个人的健康，且对社会经济状态较差的人群影响更大。另外，基于影响机制的分析也证实了城镇居民基本医疗保险提高了人们卫生服务利用但并未增加个人的经济负担。张川川和陈斌开（2014）采用断点回归和双重差分识别策略分析了新型农村社会养老保险对农村老年人收入、贫困、消费、主观福利和劳动供给的影响。研究表明，新型农村社会养老保险养老金收入显著提高了农村老年人的收入水平、减少了贫困的发生、提高了其主观福利，并在一定程度上促进了家庭消费和减少了老年人劳动供给。王新军和郑超（2014）采用中国老年健康长寿影响因素调查（CLHLS）2008~2011 年的面板数据和赫克曼模型、面板 Logit 模型等在系统控制老年人医疗支出的内生性和样本选择偏误的基础上，实证检验了我国医疗保险对老年人医疗服务需求与健康的影响。研究表明，医疗保险显著降低了老年人的家庭医疗负担，对老年人的健康状况具有明显的促进作用，但是医疗保险对老年人的医疗服务利用尚存在显著的城乡和地区差异。聂思痕（2015）通过动态可计算一般均衡理论建立医疗保险各方主体行为模型，并通过对比医疗保险覆盖面扩大前后的模拟结果，发现医疗保险覆盖面扩大后经济效率确实有所改善，但也出现了资本积累率下降和劳动力供给的扭曲，经济产出不增反减，社会代际福利的总体水平也有所降低。因此，应该在扩大医疗保险覆盖面的同时采取有力措施积极应对其对经济发展和社会福利的负面冲击。

国内外学者的研究给予本书很好的参考和借鉴。通过对国内外相关研究的分类与对比可以发现，和金融业与经济增长领域研究的蓬勃发展相比，保险业发展与经济增长之间关系的研究凸显薄弱，现有研究也存在进一步改进的地方。第一，现有关于保险业发展对经济增长影响的研究集中于探讨保险业发展对经济增长水平（或数量）的影响，关注保险业发展对经济增长质量影响的研究还非常缺乏。事实上，保险业发展水平与结构的调整和演变不仅影响经济增长水平（或数量），同时也影响经济增长质量，系统研究保险业发展对经济增长质量的影响将更加具有现实参考价值和理论指导意义。第二，现有关注保险业发展对经济增长影响的研究中，很少考虑到保险业发展非均衡以及保险业与宏观经济，或者与其他行业的关联与协调发展程度对经济增长质量的影响。事实上，保险业发展依赖于一定的宏观经济环境以及整体金融行业发展环境。保险业发展的经济增长效应很可能因宏观经济运行以及整体金融行业发展的变化而变化。同时，由于经济发展水平、保险业与宏观经济的匹配程度以及保险业与其他金融行业的匹配程度在不同的时间和地区存在差异，保险业发展对经济增长的影响效应的大小、方向、程度等很有可能随着自身与整体宏观经济或者其他金融行业的匹配程度的变化而变化。因此，量化其经济增长效应就不应该将其孤立于自身所处的经济环境。第三，现有关于保险业发展对经济增长影响机制、影响特征的理论研究相对薄弱，在统一框架下探讨保险业发展非均衡对经济增长质量的影响机制的理论模型构建与实证模型检验相衔接的系统研究更是相对缺乏。第四，理论界对于经济增长质量的衡量指标还没有给予足够的关注和重视，衡量经济增长质量（或程度）的指标还没有一个相对统一的标准。同时，就保险业发展水平指标而言，也普遍采用保险深度或保险密度作为衡量指标。而这两个目前被广泛应用的指标还存在明显欠缺，无法反映一个地区（或国家）保险业的相对发展水平。事实上，探讨保险业的发展水平不能置身于经济发展水平之外，比较保险业的区域发展程度也只有建立在"相对于经济发展的保险业发展水平之上"，才具有可比性。指标选取以及衡量标准的不一致，加之研究中理论基础、切入点、样本选取等方面的差异，使得研究结论很不一致。第五，实证研究以线性研究范式为主，集中于探讨保险发展对经济增长的线性影响关系，即使少量实证研究对保险业发展的非线性经济增长效应进行了尝试性探索，但是其考察非线性效应的方法存在局限性。同时，基于非线性框架研究保险与经济增长关系的相关研究到目前为止还没有一个相对统一的或者比较权威的微观基础，也就是缺乏采用非线性模型进行实证研究的理论依据。

为此，本书以期在以下几个方面有所突破：第一，主要考察保险业发展水平与结构的非均衡对经济增长质量的影响。在理论方面，分别建立财产保险业、人身保险业对经济增长质量影响的理论模型，系统分析财产保险业、人身保险业发展对经济增长质量的影响机制。在此基础上，为了系统阐释保险业非均衡发展对经济增长质量的影响机制、影响路径与影响特征，基于拉姆齐－卡斯－库普曼（Ramsey－Cass－Koopmans）动态均衡模型框架，拓展一个关于保险业非均衡发展对经济增长质量影响的动态均衡模型，从理论上解读保险业非均衡发展对经济增长质量的影响。在实证方面，首先结合国内外研究成果，建立经济增长质量的评价指标体系，并采用前沿计量模型系统测度我国各省（市、自治区）域经济增长质量水平，深入剖析我国各省域经济增长质量在时空上的分布特征及其内在动因。在此基础上，基于中国 30 个省域 1998～2012 年的省级面板数据和前沿计量模型，对我国整体保险业、财产保险业与人身保险业发展水平与结构对经济增长质量影响的多重动态均衡机制进行实证检验，深入揭示中国保险业发展对经济增长质量的影响效应、影响程度与影响特征。第二，基于比较分析框架，对比分析财产保险业、人身保险业发展水平、结构对我国经济增长质量的影响及其地区差异。通过上述研究，一方面，为科学评价保险业发展对经济增长的贡献、准确把脉保险业在提升经济增长质量过程中可能的实现路径与存在的问题，进而为未来保险业更加高效地促进经济增长质量提升提供理论与现实指导；另一方面，有助于解释对于处在转型时期的发展中国家而言，保险业发展是怎样为经济增长质量提升做出贡献的，为规制和引导保险资源流向，挖掘保险业向纵深转型的内在动力机制以及形成保险业助推经济增长质量的新模式提供理论和现实依据，为中国目前正在进行的保险市场改革提供理论指导和政策参考，进而提高相关决策的科学性。

1.5　研　究　内　容

本书围绕研究主体，在分析归纳国内外保险业发展与经济增长相关研究文献及其成果的基础上，从现状出发，首先采用相对保险深度测算了我国保险业发展水平，采用 CR4 指数和 HHI 指数测算了我国保险业发展结构，然后基于 ER 指数、EGR 指数和 LU 指数全面分析了我国保险业发展水平与发展结构空间非均衡的存在性及其特征。其次，在进一步明确经济增长质量定义及其外延与内涵的基础上，构建了我国经济增长质量评价指标体系，并采用熵权综合指数法系统测度了我国各省域的经济增长质量水平，采用 PS 俱乐部收敛模型全面分析了我国省域经济增长质量的收敛性特征、地理布局与动态演进趋势，并利用逻辑选择模型进一步深入探讨了我国经济增长质量收敛俱乐部形成的内在动因。在此基础上，结合我国保险业发展空间非均衡与省域经济增长质量发展水平差异的典型现实，分别建立财产保险业、人身保险业发展对经济增长质量影响的理论模型，系统研究了财产保险业与人身保险业对经济增长质量影响的机制。为了进一步阐释保险业非均衡发展对经济增长质量的影响机制、影响路径与影响特征，基于拉姆齐－卡斯－库普曼斯动态一般均衡分析框架，构建了保险业非均衡发展对经济增长质量影响的理论模型，从理论上阐释保险业非均衡发展对经济增长质量影响的动态多重均衡机制。在此基础上，借助非线性 PSTR 模型研究了我国财产保险业、人身保险业发展水平对经济增长质量的影响效应与影响特征，以及我国财产保险业、人身保险业发展结构对经济增长质量的影响效应与影响特征。最后，结合国外典型国家保险业发展与经济增长质量之间关系的实践与经验，就我国保险业非均衡协调发展，以及保险业促进经济增长质量提升的政策优化及其实现路径提出了相关建议。

本书共分为 7 章，各章主要研究内容如下：

第1章，绪论。介绍本书的选题背景和意义，界定本书涉及的相关核心概念，就国内外学者对保险业发展与经济增长关系的相关研究成果进行梳理与简要评述，并简述本书的研究内容、思路、方法与创新点。

第2章，我国保险业发展的空间非均衡研究。本章采用保险基准深度比测算了我国保险业发展水平，采用 CR4 指数和 HHI 指数测算了我国保险业发展结构。在此基础上，基于基尼系数分解的 ER 指数、EGR 指数和 LU 指数全面分析了我国保险业发展水平、结构空间非均衡的存在性及其特征。

第3章，我国经济增长质量测度与评价。本章在进一步明确经济增长质量定义及其外延与内涵的基础上，构建我国经济增长质量评价指标体系，并采用熵权综合指数法全面测度我国各省域的经济增长质量水平。在此基础上，采用 PS 收敛模型全面分析了我国省域经济增长质量水平的收敛性特征、地理布局与动态演进趋势，并进一步借助逻辑选择模型系统分析了我国经济增长质量收敛俱乐部形成的因素。

第4章，保险业非均衡发展作用于经济增长质量的机制分析。本章分别建立人身保险、财产保险对经济增长质量影响的理论模型来系统阐释人身保险和财产保险对经济增长质量影响的机制与路径。在此基础上，基于拉姆齐－卡斯－库普曼动态一般均衡分析框架，构建了保险业非均衡发展对经济增长质量影响的理论模型，从理论上阐释保险业非均衡发展对经济增长质量影响的动态多重均衡机制。

第5章，保险业水平非均衡发展对我国经济增长质量影响的实证分析。本章利用面板平滑转换模型（PSTR），采用中国 30 个省域 2000～2012 年的面板数据就整体保险业、财产保险业以及人身保险业发展水平（数量的视角）非均衡对经济增长质量影响的多重均衡机制进行实证检验。

第6章，保险业结构非均衡发展对我国经济增长质量影响的实证分析。本章借助面板平滑转换模型（PSTR），分别就财产保险业、人身保险业市场集中结构与市场竞争结构对经济增长质量的影响效应与影响特征进行实证研究。

第7章，结语。本章就促进我国保险业发展以及保险与经济的协调发展进而促进我国经济增长质量提升提出了相关政策建议。

1.6 研究思路与研究方法

1.6.1 研究思路

本书研究的基本思路遵循了实践—理论—实证—对策的应用经济学研究路线，本书的技术路线如图 1.1 所示。

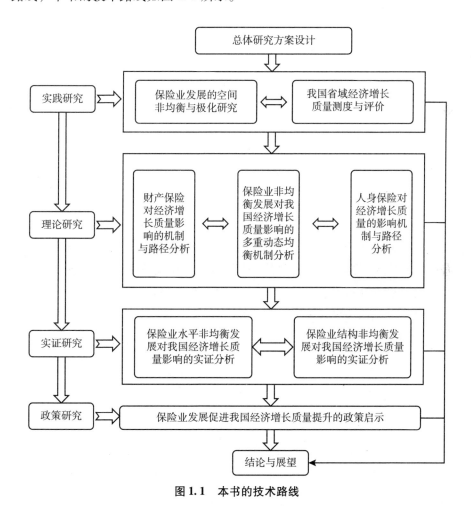

图 1.1 本书的技术路线

1.6.2　研究方法

本书主要采用理论研究与实践分析相结合、定性分析与定量分析相结合以及比较分析的方法进行研究。具体而言，主要体现在以下几个方面：

（1）理论研究与实证分析相结合。本书结合我国保险业非均衡发展和省域经济增长质量非均衡发展的现状与实践，构建了财产保险业、人身保险业对经济增长质量影响的理论分析框架，从理论上系统阐释了财产保险业、人身保险业对经济增长质量影响的机制与路径，在此基础上，深入分析了保险业发展非均衡作用于经济增长质量的多重均衡机制。并建立相应的实证模型对理论模型进行了实证检验。

（2）定性分析与定量分析相结合。在对我国保险业非均衡发展现状、省域经济增长质量现状进行定性分析的基础上，进一步采用基尼系数分解法分析了我国保险业发展水平与结构空间非均衡及极化特征；采用熵权综合指数测算了我国各省域经济增长质量水平；利用 PS 收敛模型、逻辑排序选择模型分析了省域经济增长质量的收敛性；采用 PSTR 模型实证分析了保险业发展水平与质量对经济增长质量的影响效应与影响特征。

（3）比较分析方法。本书在统一的比较分析框架下，就财产保险业与人身保险业对经济增长质量的影响机制与影响效应进行比较分析，就保险业发展水平、保险业发展结构对经济增长质量的影响机制与影响效应进行比较分析。此外，就各区域乃至各省域保险业发展和经济增长质量进行比较分析，进一步增强本书研究的系统性与科学性。

1.7　研究的创新点

（1）基于三阶段世代交叠模型框架分别建立不存在人身保险市场和存在人身保险市场的经济模型，并对比分析不存在保险市场和存在保险市场两种稳态情形下的储蓄－投资结构，从而得出人身保险业发展对经济增长质量的影响机制与影响路径：由于稳态下个体非流动性资产持有与个体人均产出的增长率成正比，人身保险构成了人们对储蓄的替代，从而人身保险市场的存在改变了储蓄－投资结构，提高了个体行为人的非流动性资产投资水平，提高了资本积累率进而促进了资本形成，而经济总体资本存量水平的提高将产生正外溢性，从而能够显著提高稳态下的经济增长率，形成内生经济增长。这显然有利于改善经济体中资源的配置状况，降低经济增长过程中的中间消耗，在提高经济增长效率的同时，提高经济增长质量。

（2）以经典的不包含风险的经济模型为基础，分别建立包含风险的经济模型和包含风险、保险的经济模型。通过比较包含风险的经济模型与包含风险、保险的经济模型的稳态情形分析了财产保险业发展对经济增长质量的影响机制与影响路径：由于包含风险的经济模型稳态下的单位有效劳动资本要低于包含风险与保险的经济模型稳态下的单位有效劳动资本，如果技术和劳动力不变，包含风险、保险的经济模型的社会资本存量将稳定在更高的水平，单位有效劳动产出和社会总产出也将随之提高。因此，在存在风险的经济体中，财产保险介入将对经济增长质量产生明显的促进作用。若技术和劳动力保持不变，财产保险的存在降低了风险折旧的不确定性从而提高了稳定条件下的资本存量，进而提高了稳态条件下的产出水平。原因是保险介入缓解了个体可能面临风险损失的悲观情绪，使得个体对预防性储蓄的依赖度下降。考虑到风险发生后也会得到一定的经济补偿，个体即使在明确感知风险存在的情况下也不会骤然降低资本存量，而是倾向于适当增加资本积累，这显然有利于抑制经济增长的大幅波动，维护了经济增长的稳定性，提高单位有效劳动产出和社会总产出，进而提升经济增长质量。

（3）基于拉姆齐－卡斯－库普曼动态均衡理论模型框架构建了我国保险业发展非均衡对经济增长质量影响的动态多重均衡模型，从理论上阐释保险业非均衡发展对经济增长质量影响的动态多重均衡机制：由于非均衡的存在，保险业发展对经济系统的渗透是持续变化的。这使保险业发展与经济增长质量之间的均衡稳定关系并不唯一，而是可能在特定的阶段和特定的地区存在各不相同的鞍点均衡。在不同的发展阶段，保险业非均衡发展带来的边际产出的差异将导致保险业发展与经济增长质量的相互作用机制存在差异，进而使保险业发展对经济增长质量的影响路径与影响效应存在门槛特征与多重均衡现象。在保险业不发达的情况下，保险业发展与经济增长质量提升之间存在一定的矛盾，促进保险业发展不一定会带来经济增长质量的提高，即过低的保险业发展水平有可能使经济增长质量陷入低水平均衡陷阱。在保险业发达的情况下，保险业发展与经济增长将实现良性互动，促进保险业发展将带来经济增长质量水平的提升。

（4）采用前沿非线性面板平滑转换模型，就我国保险业发展水平、结构的非均衡对经济增长质量的影响进行了实证分析与稳健性检验，得出了我国保险业发展水平、结构非均衡发展对经济增长质量的影响效应都存在显著的门槛效应，以及其对经济增长质量的影响都将随着自身发展水平以及自身与经济协调发展程度的变化而变化的分析结论，实现了在统一框架下探讨保险业发展非均衡对经济增长质量的影响机制的理论模型构建与实证模型检验的完美衔接。为此方面的研究提供了一种新的研究思路与研究方法。

（5）基于经济增长的结构、经济增长的稳定性、经济增长的福利变化与成果分配、经济增长的资源环境代价四个维度构建了我国经济增长质量评价指标体系，并采用熵权综合指数法全面测度了我国各省域经济增长质量水平。在此基础上，基于 PS 收敛模型系统分析了我国省域经济增长质量的俱乐部收敛特征与动态演进趋势，采用逻辑排序模型深入剖析了我国经济增长质量收敛俱乐部形成的原因。进一步丰富了经济增长质量方面的研究成果。

第 2 章

我国保险业发展的空间非均衡研究

　　自 1980 年恢复国内保险业务以来的 30 多年里，我国保险业得到了长足发展。特别是 21 世纪以来，随着宏观经济基础的不断夯实和保险业机制体制改革的不断深入，国内保险业持续保持强劲发展态势，保险市场主体不断增加，保险市场水平不断扩大，保险投资渠道不断完善，保险市场效益不断提高。保险业已经成为我国国民经济中发展最快的行业之一，我国保险市场已经从一个起步较晚、水平较小的欠发达市场发展成为全世界发展最快的新兴保险市场。然而，由于各地区初始资源禀赋与政策战略导向等多方面原因，保险业发展的地区差异凸显。

　　根据《中国保险年鉴》数据，从区际差异来看，2013 年，东部、中部、西部各省域平均保费收入分别为 803.66 亿元、460.81 亿元和 277.85 亿元，西部各省域平均保费收入分别仅为东部、中部各省域的 34.57% 和 60.30%。就保险密度来看，东部、中部、西部各省域保险密度的平均值分别为 2084.48 元、916.45 元和 839.90 元，西部各省域保险密度的平均值分别是东部、中部各省域的 40.29%、91.65%。就省际差异来看，2013 年，保费收入最高的是广东省，为 1453.26 亿元，保费收入最低的是西藏自治区，为 11.43 亿元；广东省为西藏自治区的 127.14 倍。保险密度最大的是上海市，为 5825.15 元，保险密度最低的是西藏自治区，仅为 366.33 元，上海市为西藏自治区的 15.90 倍。进一步比较发现，同为东部地区，江苏省的保费收入（1446.08 亿元）是海南省（72.61 亿元）的 19.92 倍；上海市的保险密度（5825.15 元）是海南省（810.98 元）的 7.18 倍。换而言之，即使在同一区域内部，省与省之间保险业发展同样存在显著的非均衡性。

那么，整体而言，我国保险业发展的空间非均衡程度怎样，其地域分布特征具体是怎样的？近年来，我国保险业发展的空间非均衡程度是扩大还是缩小？是否存在极化现象？纵观现有相关研究，第一，涉及保险业发展的空间非均衡与极化研究的文献还有待进一步丰富和拓展，已有的研究文献主要是侧重于从感知静态层面对保险业发展的非均衡性进行探讨，鲜有研究对保险业发展水平、发展结构的空间非均衡性及其动态演变特征与内在来源进行深入考究。第二，极化作为空间非均衡的一种特殊形式，还鲜有文献对保险业发展进行极化效应测度，测度保险业发展的极化效应有助于把保险业发展空间非均衡研究推向一个新的高度。第三，衡量保险业发展的指标也普遍采用保险密度或保险深度来衡量。保险密度只能衡量保险业发展的绝对水平，无法反映保险业发展"相对于经济发展水平的发展水平"。保险深度虽然一定程度上能够反映保险业"相对于经济发展水平的发展水平"，但是不能体现"不同经济发展阶段具有不同的保险深度"这一规律。指标选择的科学性与准确性将直接影响到结论的正确性和可靠性。鉴于此，本章首先计算我国各省域的相对保险深度，就我国保险业发展水平进行科学测度，在此基础上，拟基于动态视角，深入探究我国保险业发展水平、结构空间非均衡性的动态演变特征及其来源，以期能客观谨慎地揭示我国保险业发展的空间格局及其演变规律，为后面的研究打下坚实的基础。

2.1 研究方法

2.1.1 空间非均衡及其分解

本章借鉴穆克吉和夏洛克斯（Mookherjee and Shorrocks，1982）提出的一种衡量空间非均衡程度的基尼系数方法和分解思路，来客观揭示我国保险业发展的空间非均衡特征及其来源。总体基尼系数的测算公式可以表示为：

$$G = \frac{\sum_{i=1}^{N} \sum_{j=1}^{N} |y_i - y_j|}{2\mu N^2} \tag{2.1}$$

其中，y_i 和 y_j 是 j 地区和 h 地区保险业发展水平，μ 表示我国保险业发展平均水平，N 表示省域总个数。若任意子集 k 的区域范围与其他任意子集不重叠，则有：

$$G = \sum_{k=1}^{n} p_k^2 \lambda_k G_k + \frac{1}{2} \sum_{k=1}^{n} \sum_{h=1}^{n} \times p_k \times p_h |\lambda_k - \lambda_h| \tag{2.2}$$

其中，n 是我国区域划分个数，本书划分为东部、中部、西部三个区域，因此 $n = 3$。G_k 表示第 k 基尼系数；λ_k 为第 k 组保险业平均发展水平；λ_h 为保险业总体发展水平；p_k 表示第 k 组样本数；p_n 表示总体样本数。如果任意子集之间存在重叠时，式（2.2）转变为式（2.3）。

$$G = \sum_{k=1}^{n} p_k^2 \lambda_k G_k + \frac{1}{2} \sum_{k=1}^{n} \sum_{h=1}^{n} \times p_k \times p_h |\lambda_k - \lambda_h| + R \tag{2.3}$$

其中，R 表示剩余项，反映同子集保险业发展水平之间重叠的频率和幅度。

2.1.2 空间极化测度

空间非均衡强调的是区域类成员围绕样本局部平均值成聚类式的分布，同类成员之间具有非常相似的特征，但不同类成员之间的特征也很不相同。一般而言，区域类成员在空间分布上表现出显著的非均衡特征的同时，亦可能表征出某种极化特征。极化不考虑是否有围绕局部平均值的聚类分布存在，它强调的是区域成员偏离全局均值的分布情况，反映的是群组成员之间的对抗与分裂程度，极化现象的存在意味着不同组群之间的冲突更加紧张。一般来说，群组之间的差异性越小，组群内部的差异性越大，那么极化程度越严重。极化现象的存在将对区域类成员发展的经济效应产生重要影响。区域类成员之间差异的存在有其客观性、必然性和合理性，但是差异过大势必会导致各个地区间发展失去平衡从而阻碍发展也是需要引起重视的，因为差异只有在一个合理的范围与限度内才能提供发展的动力。目前较为常见的极化程度指数有两类，即 W 型极化指数和 ER 型极化指数，ER 型极化程度指数就包括了 ER 指数、EGR 指数、LU 指数。由于 W 型指数主要用于衡量两极分化现象，而 ER 型指数侧重于衡量多极分化现象。借鉴大多数学者的研究，因此本书主要采用 ER 型指数来测度我国保险业发展的空间极化程度。

2.1.2.1　ER 指数

基于埃斯特班和瑞（Esteban and Ray，1994）的研究，构造如下测度保险业发展的极化 ER 指数：

$$ER = K \sum_{i=1}^{n} \sum_{j=1}^{n} p_i^{1+\alpha} p_j |x_i - x_j| \tag{2.4}$$

其中，$K > 0$，该值是一个起到标准化作用的参数，在分析过程中，可以根据实际需要对 K 进行调整，以确保 ER 指数控制在 $0 \sim 1$；x_i，x_j 分别表示第 i，j 组样本的保险业发展平均水平；n 为分组的个数；p 表示权重，为某组样本容量与总体样本容量的比值；p_i，p_j 分别表示第 i，j 组样本容量占总体样本容量的份额；$\alpha \in [0, 1.6]$，α 越接近 1.6，ER 指数与标准的基尼系数相差越大。在实际研究过程中，为了更好地反映极化程度的变化趋势，一般取 $\alpha = 1.5$。ER 指数越大，说明保险业发展的极化程度越高；反之，则说明保险业发展的极化程度越低。

2.1.2.2　EGR 指数

由于 ER 指数存在一定的缺陷，埃斯特班在 ER 指数的基础上对其进行了改进，引入了一个误差项，从而得到 EGR 指数，根据 EGR 指数，构造了保险业发展空间分布的极化 EGR 指数，公式如下：

$$EGR = K \sum_{i=1}^{n} \sum_{j=1}^{n} p_i^{1+\alpha} p_j |x_i - x_j| - \beta(G - G_{间}) \tag{2.5}$$

可以看出，EGR 指数由两项构成。其中右边的第一项为 ER 极化指数，第二项为组内差距，也即误差项；G 为总体基尼系数；$G_{间}$ 为组间基尼系数；$K > 0$，是一个起到标准化作用的参数；$\beta > 0$，是衡量组内聚合程度的敏感性参数。在实际测算过程中，需要对 K，β 的值进行调整，以保证 $EGR \in (0, 1)$，测算过程中，取 $K = 10$，$\beta = 0.5$。从式（2.5）可以看出，当组内差距越大时，极化程度反而越小。EGR 极化指数越小，表明保险业发展的极化程度越低；反之，当组内差距越小时，EGR 极化指数越大，表明保险业发展的极化程度越高。

2.1.2.3 *LU* 指数

由于 *EGR* 指数在各组成员中保险业发展水平存在重叠情况时将不能很好地反映地区之间保险业发展的极化程度。为了克服这一不足，勒索和乌鲁提亚（Lasso and Urrutia，2006）在此基础上，提出了一种新的 *LU* 极化指数，其公式如下：

$$LU = K \sum_{i=1}^{n} \sum_{j=1}^{n} p_i^{1+\alpha} p_j (1 - G_i)^{\beta} |x_i - x_j| \qquad (2.6)$$

其中，G_i 表示第 i 组保险业发展的基尼系数。与 *ER* 指数、*EGR* 指数类似，在实际测算过程中，也需要对 K，β 的值进行调整，以保证 $LU \in (0, 1)$。测算过程中，取 $K = 10$，$\beta = 0.5$。*LU* 指数越大，表示保险业发展的极化程度越高，反之表示保险业发展的极化程度越低。由式（2.6）可知，*LU* 极化指数通过认同函数 $p_i^{1+\alpha}$ 来体现组内差异的影响，从而解决了 *EGR* 极化指数在分组样本数据存在重叠时的缺陷，并使得其正好满足组内差异越大认同度越低的假设。

2.2 指标数据与区域划分

2.2.1 指标与数据

本书分别从保险业发展水平、保险业发展结构两个方面来分析保险业发展的空间非均衡特征。就保险业发展水平而言，现有研究中衡量保险业发展水平的常用指标是保险密度（即人均保费收入）与保险深度（即保费与 GDP 的比例）。但是这两个指标都不能体现"不同经济发展阶段具有不同的保险深度"这一规律。为此，本书采用相对保险深度来衡量保险水平。相对保险深度又称保险基准深度比，反映的是一个地区的保险深度与相应经济发展阶段（一般指相同人均 GDP 水平阶段）上世界平均保险深度的相对关系。与传统的保险深度相比，相对保险深度能够更加客观地反映出保险业发展与经济增长的协同与匹配程度。根据郑伟和刘永东（2008）、邵全权（2012）的研究，相对保险深度（d）的计算方法为：

$$d = \frac{c_1}{1 + \exp\left[-c_2 \times (PGDP - c_3) \right]} + \varepsilon$$

其中，$PGDP$ 表示人均 GDP；c_1、c_2、c_3 分别为模型的三个参数。为了得到参数 c_1、c_2、c_3，我们采用 75 个国家和地区 1980～2006 年共 27 年的数据作为观测样本。各国 GDP、人口数等数据来源于联合国 *National Accounts Main Aggregates* 数据库，总保费收入、财险保费收入、寿险保费收入、财险深度、寿险深度等数据来自瑞士再保险 *Sigma* 世界保费数据库。人均 GDP 数据按照 2000 年可比价格以美元计价。考虑到财险业和寿险业各自不同的特点，我们分别估计整体保险业增长模型（包含财险与寿险）、财险业增长模型和寿险业增长模型，得到参数 c_1、c_2 和 c_3 的值，在此基础上，进一步根据相对保险深度计算公式得到中国各省域相对保险深度值。表 2.1 给出 2000～2012 年我国各省域整体保险、财产保险与人身保险相对深度的平均值。

表 2.1　　　　　　2000～2012 年我国各省域整体保险、财产
保险与人身保险相对深度的平均值

省域	整体保险相对深度	财产保险相对深度	人身保险相对深度	省域	整体保险相对深度	财产保险相对深度	人身保险相对深度
北京	0.8736	0.3543	1.5562	河南	0.5784	0.2575	0.8714
天津	0.3828	0.1950	0.6189	湖北	0.5379	0.2771	0.7844
河北	0.5199	0.2851	0.7572	湖南	0.5390	0.2892	0.7624
山西	0.7685	0.4671	1.0570	广东	0.4446	0.2596	0.6690
内蒙古	0.3739	0.2712	0.4758	广西	0.5360	0.4189	0.6376
辽宁	0.4434	0.2685	0.6399	海南	0.4661	0.3540	0.5495
吉林	0.5238	0.2793	0.7595	重庆	0.6508	0.3889	0.9119
黑龙江	0.5101	0.2272	0.7863	四川	0.7920	0.5258	1.0328
上海	0.5824	0.2546	1.0169	贵州	0.7754	0.7338	0.8134
江苏	0.4232	0.1973	0.6814	云南	0.7874	1.2067	0.8408
浙江	0.4261	0.2633	0.6084	陕西	0.7132	0.4341	0.9671

续表

省域	整体保险相对深度	财产保险相对深度	人身保险相对深度	省域	整体保险相对深度	财产保险相对深度	人身保险相对深度
安徽	0.7139	0.4448	0.9469	甘肃	0.8838	0.6166	1.1084
福建	0.4220	0.2365	0.6295	青海	2.7977	0.4687	0.4677
江西	0.5873	0.3531	0.7915	宁夏	0.6965	0.4886	0.8844
山东	0.3916	0.2167	0.5776	新疆	0.7219	0.5299	0.9061

资料来源:《中国保险年鉴》。

就保险业发展结构指标而言,本书采用已有研究的通常做法,选择 CR4 指数和 HHI 指数来分别衡量保险业发展结构。其中,CR4 用来衡量市场结构的集中特征,描述的是分地区保险市场上市场份额最大的 4 家公司份额之和占整个市场的比重。该指标越大,说明保险业的集中度越高,市场结构越趋向于垄断。HHI 用来衡量市场结构的竞争特征,HHI 指数描述的是分地区保险市场所有公司市场份额的平方和。该指数能同时反映市场内大企业的市场份额和大企业之外的市场结构。该指标越大,说明保险业的竞争程度越低,市场结构越趋向于垄断。CR4 指数和 HHI 指数根据相关各年《中国保险年鉴》地方版中的数据计算得到。

由于我国 1999 年以后的《中国保险年鉴》才列入了分省保险业发展相关数据,为此,本书的研究时段从 2000 年开始一直到 2012 年,由于西藏数据存在大量的缺失,本书的样本选择为剔除了西藏和港澳台地区之外的 30 个省域。

2.2.2 区域划分

由于地区之间的经济、文化、生态等发展水平存在巨大差异,分地区进行探讨更加具有实际意义。本书根据传统的区域划分标准,将我国划分为东部、中部、西部三大区域。其中东部地区包括北京、天津、河北、辽宁、上海、江苏、浙江、福建、山东、广东、海南共 11 个省域;中部地区包括山西、内蒙古、吉林、黑龙江、安徽、江西、河南、湖北、湖南共 9 个省域;

西部地区包括广西、云南、四川、重庆、贵州、陕西、甘肃、青海、宁夏和新疆共 10 个省域。

2.3　我保险业发展水平的空间非均衡分析

2.3.1　整体保险业发展水平的空间非均衡分析

基于式（2.3）基尼系数的计算及分解方法，得到采用相对保险深度测算的我国整体保险业发展水平的空间非均衡相关数值如表 2.2 所示。从表 2.2 可以看出，考察期间，全国总体层面以及三大区域保险业发展水平的空间非均衡程度均呈现不平稳的波动特征。其中，全国整体以及东部地区基尼系数的波动主要发生在 2002 年、2005 年和 2010 年；但其空间非均衡程度整体上呈现下降趋势。表明尽管变化是不平稳的，但全国整体以及东部地区保险业发展水平的区内差异在逐步缩小。中部地区基尼系数的最大波动发生在 2003 年，西部地区基尼系数的波动主要发生在 2005 年和 2010 年，但波动幅度都比较小，但整体上，中部、西部地区保险业发展水平的空间非均衡程度呈现上升趋势。表明中部、西部地区保险业发展水平的区内差异在逐步扩大。整体上看，东部地区保险业发展水平的空间非均衡程度最高，区域内部差距最大，其基尼系数均值为 0.1940；其次是西部地区，其基尼系数均值为 0.1085；中部地区保险业发展水平的空间非均衡程度最低，区域内部差距最小，其基尼系数均值为 0.1002。而全国各地区保险业发展水平的空间非均衡程度要低于东部地区而高于中部和西部地区，其基尼系数均值为 0.1524。从三大区域保险业发展水平基尼系数的演变过程与演变幅度来看（如图 2.1 所示），东部地区各年份保险业发展水平的基尼系数演变过程主要经历了三次"上升－下降"的交替变化过程，整体上由 2000 年的 0.2177 下降到 2012 年的 0.1761，下降幅度为 19.11%。中部地区除 2003 年外。其他年份保险业发展水平的基尼系数演变态势相对比较平稳，整体上由 2000 年的 0.0805 上升到 2012 年的 0.1106，上升幅度为 37.39%。西部地区保险业发展水平的基尼系数大体上经历了先上升后下降的变化历程。由 2000 年的 0.0596 上升到 2008 年的 0.1504，自 2008 年年末开始至 2012 年呈现持续下降趋势，其基尼系数值由 0.1504 下降到 0.1114。

表 2.2　　　　　　　　　整体保险业发展水平的基尼系数及其分解结果

年份	基尼系数						贡献率（%）		
	总体	东部	中部	西部	组内	组间	剩余项	组间	组内	剩余项
2000	0.1523	0.2177	0.0805	0.0596	0.0448	0.0541	0.0534	35.52	29.39	35.09
2001	0.1599	0.2225	0.0774	0.0687	0.0477	0.0756	0.0366	47.28	29.86	22.86
2002	0.1715	0.2377	0.0913	0.0989	0.0546	0.0694	0.0475	40.47	31.82	27.72
2003	0.1620	0.1992	0.1309	0.0996	0.0517	0.0623	0.0480	38.46	31.91	29.63
2004	0.1474	0.1987	0.0922	0.1022	0.0483	0.0484	0.0507	32.84	32.76	34.40
2005	0.1576	0.2294	0.0914	0.0925	0.0520	0.0515	0.0541	32.68	32.98	34.35
2006	0.1411	0.1720	0.0998	0.1039	0.0447	0.0393	0.0571	27.85	31.69	40.45
2007	0.1457	0.1697	0.0939	0.1269	0.0464	0.0417	0.0576	28.62	31.88	39.50
2008	0.1437	0.1576	0.0958	0.1504	0.0469	0.0198	0.0770	13.78	32.66	53.56
2009	0.1512	0.1789	0.1159	0.1355	0.0499	0.0154	0.0859	10.19	33.01	56.80
2010	0.1586	0.1954	0.1115	0.1321	0.0521	0.0379	0.0686	23.90	32.86	43.24
2011	0.1460	0.1672	0.1118	0.1287	0.0474	0.0292	0.0694	20.00	32.48	47.52
2012	0.1446	0.1761	0.1106	0.1114	0.0470	0.0400	0.0576	27.66	32.47	39.86

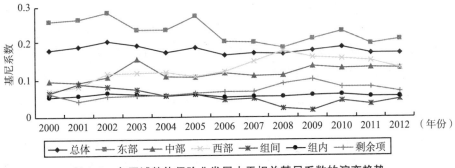

图 2.1　各区域整体保险业发展水平相关基尼系数的演变趋势

其次，三大区域组内保险业发展水平的基尼系数整体上呈现上升态势，组间基尼系数整体上呈现下降态势（如图2.1所示）。在反复经历了几次"上升－下降"的交替变化后，组内基尼系数整体上由2000年的0.0448上升到2012年的0.0470，组间基尼系数整体上由2000年的0.0541下降到2012年的0.0400。从贡献率的演变过程来看，组内差距的贡献率大部分年份都维持在31%～33%，整体上表现为上升趋势。组间差距的贡献率整体上呈现下降态势，但各年份波动较大。考察期内，最大值为47.28%，出现在2001年，最小值为10.19%，出现在2009年。组内差异的平均贡献率为31.98%，组间差异的平均贡献率为29.17%。

最后，同样从三大区域分解的剩余项来看，其数值整体上呈现"下降－上升－下降"的趋势，上升阶段在2008年和2009年表现最为明显，表明三大区域之间保险业发展水平的聚合现象在此期间进一步加剧，省际保险业发展水平在三大区域之间的交错程度在此期间进一步加深。考察期内，剩余项的平均贡献率为38.84%，且整体上仍呈现上升趋势。表明三大区域之间保险业水平交错发展的省份数量有所增加，省级之间保险业水平发展的交替程度有所增大，意味着上一级保险业水平较大地区中，部分省份保险业水平相对下降与下一级保险业水平较小地区中部分省份保险业水平相对上升，进而加大了上一级保险业发展水平较高地区与下一级保险业发展水平较低地区之间的交错程度。区域之间保险业发展水平存在聚合与极化现象交替的态势。这也从另外一个方面反映了我国三大区域保险业发展水平极化态势相对减弱的可能性。

进一步比较组内差距、组间差距和剩余项的贡献率及其变化态势（如图2.2所示），可以发现，剩余项的贡献率最大，其次分别是组内差距和组间差距。因此，在现有三大区域设定分组条件下，剩余项差距缩小是我国整体保险业发展水平空间非均衡程度下降的主要动因。而组间差距与剩余项差距变动态势反向运动，即组间差距先升后降与剩余项差距先降后升构成了我国整体保险业发展水平空间极化程度降低的内在动因。

进一步根据式（2.4）、式（2.5）和式（2.6），基于相对保险深度计算出我国整体保险产业发展的极化 ER 指数、EGR 指数、LU 指数，结果如表2.3所示。为了更加直观地描述每个指数的变化程度和趋势，我们以2000

年为基期作为对比（其他极化指数图也按照初始年份做了类似处理，不再赘述）计算出了各指数的相对指数，并在此基础上绘制了图 2.3 来直观地描述我国整体保险产业发展的极化程度变动趋势。从图 2.3 可知，考察期间，基于整体保险相对深度测算的 *ER* 指数、*EGR* 指数、*LU* 指数的变化趋势基本保持一致，整体上呈下降趋势。从具体演变过程来看，*ER* 指数、*EGR* 指数、*LU* 指数都经历了"上升 - 下降 - 上升 - 下降 - 上升"的变化历程，尤其以如下两个阶段的变化特征最为明显：第一阶段为 2000 ~ 2003 年，此阶段中，三种极化指数均呈现出稳步上升趋势，并且在 2003 年达到最大值。其中，*ER* 指数由 0.3400 上升至 0.7100；*ERG* 指数由 0.2909 上升至 0.6602；*LU* 指数由 0.3200 上升至 0.6500。表明这一阶段我国三大区域整体保险深度发展的极化程度进一步增强，在 2003 年极化程度达到最大。第二阶段是 2003 ~ 2009 年，在此阶段中，除了 2007 年极化指数呈现小幅上升态势之外，其他年份均呈下降趋势，并且在 2009 年达到最小。此时，*ER* 指数、*EGR* 指数、*LU* 指数分别为 0.1800、0.1121 和 0.1700。表明这一阶段我国三大区域整体保险深度发展的极化程度有所下降。2009 ~ 2012 年，尽管三种极化指数在 2010 年均出现小幅回落，尽管此阶段极化指数整体上升的幅度要大于下降的幅度，但是并没有超越 2003 年的峰值。

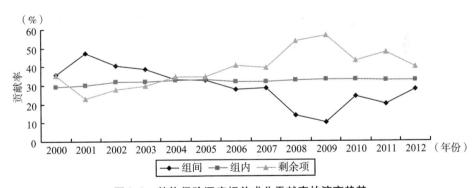

图 2.2　整体保险深度相关成分贡献率的演变趋势

表2.3　　　　　　　　　整体保险业发展水平的极化程度指数

年份	总体	ER 指数	EGR 指数	LU 指数	2000 年为基期（ =100）		
					ER 指数	EGR 指数	LU 指数
2000	0.1523	0.3400	0.2909	0.3200	100.0000	100.0000	100.0000
2001	0.1599	0.5700	0.5279	0.5300	167.6471	181.4541	165.6250
2002	0.1715	0.7000	0.6490	0.6400	205.8824	223.0835	200.0000
2003	0.1620	0.7100	0.6602	0.6500	208.8235	226.9337	203.1250
2004	0.1474	0.5100	0.4605	0.4700	150.0000	158.3018	146.8750
2005	0.1576	0.5000	0.4470	0.4600	147.0588	153.6439	143.7500
2006	0.1411	0.3700	0.3191	0.3500	108.8235	109.6941	109.3750
2007	0.1457	0.4100	0.3580	0.3800	120.5882	123.0663	118.7500
2008	0.1437	0.2300	0.1681	0.2100	67.6471	57.7690	65.6250
2009	0.1512	0.1800	0.1121	0.1700	52.9412	38.5356	53.1250
2010	0.1586	0.4500	0.3897	0.4100	132.3529	133.9464	128.1250
2011	0.1460	0.3000	0.2416	0.2800	88.2353	83.0526	87.5000
2012	0.1446	0.4000	0.3477	0.3700	117.6471	119.5256	115.6250

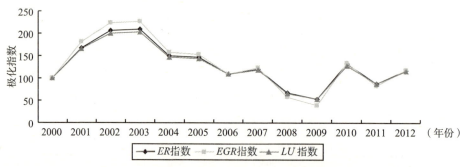

图2.3　整体保险业发展水平极化指数的演变趋势

　　综上所述，我国东部地区保险业发展水平的空间非均衡程度最高，其次依次是西部和中部地区。全国整体以及东部地区保险业发展水平的空间非均衡程度呈现下降趋势，而中部、西部地区保险业发展水平的空间非均衡程度呈现上升趋势。三大区域组内保险业发展水平的空间非均衡程度整体上呈现上升态势，组间保险业发展水平的基尼系数整体上呈现下降态势。剩余项差距缩小是我国整体保险业发展水平空间非均衡程度下降的主要动因。考察期间，我国整体保险业发展水平的极化程度呈下降趋势，整体保险业发展水平的空间极化程度逐步减弱。

2.3.2 财产保险业发展水平的空间非均衡分析

表 2.4 是采用财产保险相对深度测算的我国财产保险业发展水平的空间非均衡相关数值。从中可知，东部、中部、西部地区财产保险业发展水平的空间非均衡程度依次减小，其基尼系数均值依次为 0.1684、0.1238 和 0.0879；西部地区财产保险业发展水平的空间非均衡程度最低，区域内部差距最小。而全国各地区财产保险业发展水平的空间非均衡程度要低于东部地区而高于中部、西部地区，其基尼系数均值为 0.1574。图 2.4 给出了我国财产保险业发展水平的空间非均衡相关基尼系数及其演变趋势。考察期间，全国整体以及三大区域财产保险业发展水平的空间非均衡程度均呈现不平稳的波动特征。其中，全国整体以及东部、中部地区基尼系数的上升主要发生在 2004 年和 2007 年；但其空间非均衡程度整体上呈现下降趋势。也表明全国整体以及东部、中部地区财产保险业发展水平的地区差距在不断缩小。西部地区财产保险业发展水平的空间非均衡程度的变动比较平稳，但是由于 2001～2005 年的下降幅度要小于 2005～2012 年的上升幅度，其空间非均衡程度整体上呈现上升趋势，财产保险业发展水平的地区差距呈现进一步扩大趋势。

表 2.4 财产保险业发展水平的基尼系数及其分解结果

年份	基尼系数							贡献率（%）		
	总体	东部	中部	西部	组内	组间	剩余项	组间	组内	剩余项
2000	0.1660	0.1860	0.1284	0.0761	0.0446	0.0824	0.0390	49.64	26.86	23.50
2001	0.1664	0.1757	0.1221	0.0929	0.0453	0.0820	0.0391	49.28	27.24	23.48
2002	0.1548	0.1479	0.1194	0.0938	0.0411	0.0811	0.0326	52.39	26.53	21.08
2003	0.1841	0.2139	0.1663	0.0871	0.0521	0.0749	0.0571	40.68	28.28	31.03
2004	0.2156	0.2701	0.1669	0.0726	0.0589	0.0862	0.0705	39.98	27.32	32.70

续表

年份	基尼系数							贡献率（%）		
	总体	东部	中部	西部	组内	组间	剩余项	组间	组内	剩余项
2005	0.1439	0.1366	0.1312	0.0624	0.0365	0.0726	0.0348	50.45	25.36	24.19
2006	0.1388	0.1384	0.1184	0.0694	0.0372	0.0620	0.0396	44.67	26.77	28.56
2007	0.1653	0.1903	0.1086	0.0860	0.0416	0.0773	0.0464	46.76	25.14	28.09
2008	0.1436	0.1417	0.1262	0.0988	0.0415	0.0597	0.0424	41.57	28.87	29.55
2009	0.1358	0.1395	0.1013	0.0952	0.0387	0.0611	0.0360	44.99	28.48	26.52
2010	0.1429	0.1447	0.1075	0.1097	0.0419	0.0586	0.0424	41.01	29.31	29.69
2011	0.1472	0.1564	0.1128	0.0986	0.0427	0.0574	0.0471	38.99	29.01	32.00
2012	0.1423	0.1484	0.0999	0.1006	0.0408	0.0563	0.0452	39.56	28.66	31.77

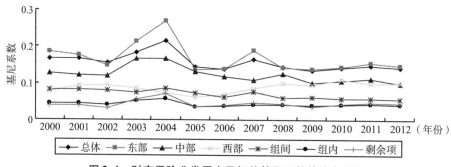

图2.4　财产保险业发展水平相关基尼系数的演变趋势

其次，三大区域组间与组内财产保险业发展水平的空间基尼系数均值分别为0.0701、0.0433，且整体上变动均呈下降态势，但组内空间基尼系数的下降幅度并不明显。就我国财产保险业发展水平空间非均衡的主导来源看，组间差异平均贡献率为44.61%，组内差异平均贡献率为27.53%。因此，组间差异同样是我国财产保险业发展水平空间非均衡的主要来源。

最后，从三大区域分解的剩余项来看，其基尼系数的平均值为0.0440，且整体上呈小幅上升趋势。表明三大区域之间财产保险业发展水平的聚合现象呈加剧趋势，省际财产保险业发展水平的交错程度也有上升的趋势。就贡献率来看，剩余项的平均贡献率为 27.86%，超过了组内差异的平均贡献率 27.53%。表明省际财产保险业发展水平在三大区域之间的交错程度比较高，交错涉及的省份比较多。进一步比较可以发现（如图 2.5 所示），在现有三大区域设定分组条件下，组间差距与剩余项差距基本完全反向运动，但由于组间差距始终位于剩余项差距的上方，导致我国财产保险业发展水平的空间非均衡程度整体上呈现下降趋势。

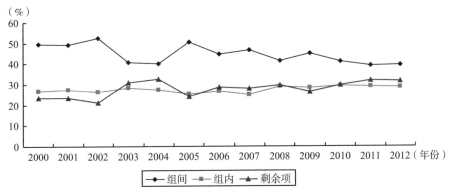

图 2.5　财产保险业发展水平相关基尼系数贡献率的演变趋势

表 2.5 是基于财产保险相对深度计算得到的极化 ER 指数、EGR 指数、LU 指数计算结果。图 2.6 用来直观地描述我国财产保险业发展水平极化程度的变动趋势。结合表 2.5 和图 2.6 可知，三种极化指数基本保持了相对一致的演变趋势，2000~2003 年，极化指数基本保持稳定，在 2006 年和 2007 年呈现出大幅波动态势，由 2006 年极化程度的最小值转变到 2007 年极化程度的最大值，随后极化程度逐渐下降。与 2000 年比较而言，整体上三种极化指数所测度的我国财产保险发展业水平的极化程度呈微幅下降趋势。具体而言，ER 指数由 0.6000 下降到 0.5700，年均下降 4.27%；EGR 指数由 0.5582 下降到 0.5270，年均下降 4.78%；LU 指数由 0.5700 下降到 0.5400，年均下降 4.52%。表明我国三大区域财产保险业发展水平的空间极化程度出现小幅下降，三大区域财产保险业发展水平向均衡性演变。

表 2.5 财产保险业发展水平的极化程度指数

年份	总体	ER 指数	EGR 指数	LU 指数	2000 年为基期（=100）		
					ER 指数	EGR 指数	LU 指数
2000	0.1660	0.6000	0.5582	0.5700	100.0000	100.0000	100.0000
2001	0.1664	0.6000	0.5578	0.5700	100.0000	99.9283	100.0000
2002	0.1548	0.6000	0.5632	0.5700	100.0000	100.8868	100.0000
2003	0.1841	0.5700	0.5154	0.5400	95.0000	92.3325	94.7368
2004	0.2156	0.6600	0.5953	0.6000	110.0000	106.6464	105.2632
2005	0.1439	0.5100	0.4744	0.4800	85.0000	84.9785	84.2105
2006	0.1388	0.4500	0.4116	0.4200	75.0000	73.7370	73.6842
2007	0.1653	0.6900	0.6460	0.6300	115.0000	115.7291	110.5263
2008	0.1436	0.4800	0.4381	0.4500	80.0000	78.4755	78.9474
2009	0.1358	0.5400	0.5027	0.5100	90.0000	90.0484	89.4737
2010	0.1429	0.6000	0.5579	0.5700	100.0000	99.9373	100.0000
2011	0.1472	0.5700	0.5251	0.5400	95.0000	94.0702	94.7368
2012	0.1423	0.5700	0.5270	0.5400	95.0000	94.4106	94.7368

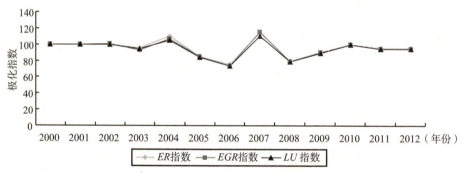

图 2.6 财产保险业发展水平极化指数的演变趋势

本节采用穆克吉（Mookherjee）和夏洛克斯（Shorrocks）基尼系数及其分解方法在三区域分组设定下对我国财产保险业发展水平的空间非均衡程度进行测度与分解，在此基础上利用三类空间极化指数就我国财产保险业发展水平的空间极化水平进行测度。研究结果表明：全国整体以及东部地区财产保险业发展水平的空间非均衡程度均呈现下降趋势，中部地区整体上呈现下降趋势，西部地区整体上呈现上升趋势。组间差异是我国财产保险业发展水平空间非均衡的主要来源，但这种贡献率呈现缩小态势。我国三大区域财产保险业发展水平的空间极化程度呈现小幅减弱趋势。

2.3.3 人身保险业发展水平的空间非均衡分析

表 2.6 和图 2.7 给出了我国人身保险业发展水平的空间非均衡相关基尼系数及其演变趋势。从中可知，东部地区人身保险业发展水平的空间非均衡程度最高，其基尼系数均值为 0.2226。其次是西部地区，其基尼系数均值为 0.1419。中部地区人身保险业发展水平的空间非均衡程度最低，区域内部差距最小，其基尼系数均值为 0.1102。全国总体人身保险业发展水平的空间非均衡程度要低于东部地区而高于中西部地区，其基尼系数均值为 0.1770。考察期间，全国整体以及东部地区人身保险业发展水平的空间非均衡程度均呈现不平稳的波动特征，主要表现在 2002 年、2005 年和 2007 年的剧烈上升态势，但其整体上依然呈现下降趋势，且全国整体与东部地区人身保险业发展水平的空间非均衡程度的变化态势比较一致。中部、西部地区人身保险业发展水平空间非均衡程度的变动相对比较平稳，整体上呈现上升态势。具体而言，中部地区人身保险业发展水平的空间非均衡程度的演变过程大致可以分为三个阶段：第一个阶段 2000~2003 年，由 0.0644 上升到 0.1282，达到最大值；第二阶段是 2003~2004 年，呈现快速下降态势；第三阶段是 2005~2012 年，呈逐渐上升趋势。西部地区由 2000 年的 0.0707 上升到 2008 年的 0.1904，此时达到最大值，随后出现小幅度下降并一直持续到 2012 年。由于 2008~2012 年的下降幅度要小于 2000~2008 年的上升幅度，其空间非均衡程度整体上呈现上升趋势。西部地区人身保险业发展水平的地区差距呈现进一步扩大趋势。

表 2.6　　　　　　人身保险业发展水平的基尼系数及其分解结果

年份	基尼系数							贡献率（%）		
	总体	东部	中部	西部	组内	组间	剩余项	组间	组内	剩余项
2000	0.1561	0.2380	0.0644	0.0707	0.0486	0.0574	0.0501	36.77	31.13	32.10
2001	0.1751	0.2499	0.0726	0.0908	0.0550	0.0821	0.0380	46.89	31.43	21.68

续表

年份	基尼系数							贡献率（%）		
	总体	东部	中部	西部	组内	组间	剩余项	组间	组内	剩余项
2002	0.2006	0.2763	0.1040	0.1258	0.0652	0.0752	0.0602	37.49	32.51	30.00
2003	0.1754	0.2074	0.1282	0.1152	0.0551	0.0799	0.0404	45.55	31.40	23.04
2004	0.1604	0.2108	0.0906	0.1292	0.0527	0.0582	0.0495	36.28	32.83	30.88
2005	0.1867	0.2691	0.0991	0.1240	0.0623	0.0631	0.0613	33.80	33.39	32.81
2006	0.1622	0.2031	0.1029	0.1335	0.0526	0.0394	0.0702	24.29	32.45	43.26
2007	0.1880	0.2436	0.1035	0.1658	0.0618	0.0323	0.0939	17.18	32.85	49.97
2008	0.1681	0.1797	0.1068	0.1904	0.0550	0.0206	0.0925	12.25	32.71	55.04
2009	0.1814	0.2046	0.1307	0.1818	0.0595	0.0209	0.1010	11.52	32.82	55.66
2010	0.1946	0.2283	0.1410	0.1799	0.0644	0.0375	0.0927	19.27	33.11	47.62
2011	0.1779	0.1828	0.1480	0.1843	0.0586	0.0174	0.1019	9.78	32.96	57.26
2012	0.1744	0.1999	0.1407	0.1531	0.0575	0.0350	0.0819	20.07	32.95	46.98

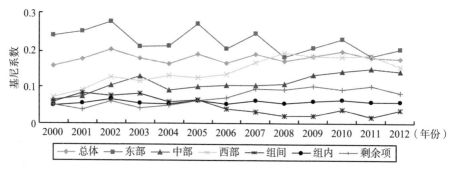

图 2.7　人身保险发展水平基尼系数及其分解结果的演变趋势

从组内、组间和剩余项来看，在样本考察期内，我国人身保险业发展水平的组间基尼系数整体上呈下降态势，与 2000 年相比，年均下降 4.04%；组内基尼系数整体上保持相对稳定，剩余项基尼系数整体上呈上升态势，与 2000 年相比，年均增长 4.03%。从贡献率来看，人身保险业发展水平组间差距的贡献率最小，平均占 27.01%，且整体上呈下降趋势；剩余项差距的贡献率最大，平均占 40.48%，且整体上呈上升趋势。表明剩余项差距是我国人身保险业发展水平空间非均衡程度加剧的主要来源。组内差距的贡献率平均占 32.50%，尽管整体上也呈缓慢上升趋势，但上升的幅度非常有限。

表 2.7 是基于人身保险相对深度计算得到的极化 ER 指数、EGR 指数、LU 指数计算结果。图 2.8 用来直观地描述我国人身保险业发展水平极化程度的变动趋势。结合表 2.7 和图 2.8 可知，三类极化指数基本保持了相对一致的演变趋势，从 2000～2003 年，极化指数基本保持稳定增长态势；2003～2009 年，极化指数呈现稳步下降态势，在 2010 年经历了一次小幅反弹后，2011 年继续滑落并达到最低点。尽管 2012 年再次小幅反弹，但是由于下降的幅度总体上大于增长的幅度，与 2000 年比较而言，三类极化指数所测度的我国人身保险业发展水平的极化程度整体上呈下降趋势。表明我国三大区域人身保险业发展水平的发展空间极化程度呈下降趋势，三大区域人身保险业发展水平整体上向均衡性演变。

表 2.7 人身保险业发展水平的极化程度指数

年份	总体	ER 指数	EGR 指数	LU 指数	2000 年为基期（=100）		
					ER 指数	EGR 指数	LU 指数
2000	0.1561	0.2300	0.1807	0.2100	100.0000	100.0000	100.0000
2001	0.1751	0.4200	0.3735	0.3800	182.6087	206.7534	180.9524
2002	0.2006	0.5700	0.5073	0.5100	247.8261	280.8193	242.8571
2003	0.1754	0.7100	0.6623	0.6500	308.6957	366.5929	309.5238
2004	0.1604	0.4500	0.3989	0.4100	195.6522	220.8137	195.2381
2005	0.1867	0.4600	0.3982	0.4100	200.0000	220.4262	195.2381
2006	0.1622	0.2800	0.2186	0.2500	121.7391	121.0075	119.0476
2007	0.1880	0.2300	0.1522	0.2000	100.0000	84.2236	95.2381
2008	0.1681	0.1800	0.1063	0.1600	78.2609	58.8154	76.1905
2009	0.1814	0.1800	0.0998	0.1600	78.2609	55.2173	76.1905
2010	0.1946	0.3200	0.2415	0.2800	139.1304	133.6562	133.3333
2011	0.1779	0.1200	0.0398	0.1100	52.1739	22.0039	52.3810
2012	0.1744	0.2400	0.1703	0.2100	104.3478	94.2707	100.0000

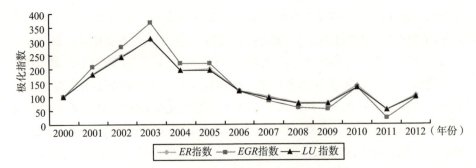

图2.8　人身保险业发展水平极化指数的演变趋势

综上所述，全国整体以及东部地区人身保险业发展水平的空间非均衡程度整体上均呈现下降趋势；中部与西部地区整体上呈现上升趋势。剩余项差距是我国人身保险业发展水平空间非均衡的主要来源，并且这种贡献率呈现上升态势。人身保险业发展水平的空间极化程度整体上呈现进一步减弱趋势。

2.4　我国保险业发展结构的空间非均衡分析

2.4.1　财产保险业发展结构的空间非均衡分析

2.4.1.1　财产保险业发展结构的空间极化分析

本节分别以 CR4 指数和 HHI 指数为保险业发展结构的衡量指标，来分析我国财产保险业发展结构的空间非均衡特征。

（1）基于 CR4 指数的分析。表2.8 是采用 CR4 指数测算的我国财产保险集中结构的空间非均衡相关数值。图2.9 直观地描述了我国财产保险集中结构空间非均衡程度的演变态势。从表2.8 可知，三大区域中，东部地区财产保险集中结构的空间非均衡程度最高，区域内部差距最大，其基尼系数均值为 0.0548；其次是西部地区，其基尼系数均值为 0.0525；中部地区财产保险集中结构的空间非均衡程度最低，区域内部差距最小，其基尼系数均值为

0.0362。而全国整体层面财产保险集中结构的空间非均衡程度要低于东部地区而高于中部、西部地区，其基尼系数均值为 0.0546。考察期间，全国整体以及东部、中部、西部地区财产保险集中结构的空间非均衡程度整体上呈现上升趋势，且其演变趋势比较一致。具体而言，2000～2006 年均呈现稳步上升趋势，在 2007 年发生剧烈波动并经历了一个快速上升的过程，并于该年达到最大值。此后的 2008～2011 年基本稳定在同一水平上（如图 2.9 所示）。就变动幅度来看，2000～2012 年，东部地区财产保险集中结构空间非均衡程度的基尼系数由 0.0097 增长到 0.0746，年均增长 18.53%；中部地区由 0.0015 增长到 0.0354，年均增长 30.14%；西部地区由 0.0023 增长到 0.0681，年均增长 32.62%；全国整体层面由 0.0051 增长到 0.0671，年均增长 23.95%。

表 2.8　　　　　　　　财产保险集中结构的基尼系数及其分解结果

年份	基尼系数							贡献率（%）		
	总体	东部	中部	西部	组内	组间	剩余项	组间	组内	剩余项
2000	0.0051	0.0097	0.0015	0.0023	0.0017	0.0015	0.0019	33.15	29.41	37.44
2001	0.0055	0.0134	0.0032	0.0048	0.0018	0.0036	0.0001	33.01	65.45	1.53
2002	0.0085	0.0176	0.0023	0.0024	0.0028	0.0055	0.0002	33.11	64.71	2.18
2003	0.0195	0.0341	0.0030	0.0109	0.0060	0.0109	0.0026	30.57	55.90	13.54
2004	0.0561	0.0786	0.0127	0.0590	0.0181	0.0108	0.0272	32.32	19.25	48.43
2005	0.0488	0.0514	0.0324	0.0400	0.0141	0.0222	0.0125	28.94	45.49	25.57
2006	0.0576	0.0551	0.0407	0.0567	0.0173	0.0229	0.0174	30.08	39.76	30.16
2007	0.2043	0.1544	0.2250	0.1770	0.0603	0.0645	0.0795	29.52	31.57	38.91
2008	0.0584	0.0564	0.0235	0.0656	0.0170	0.0262	0.0152	29.07	44.86	26.07
2009	0.0589	0.0557	0.0241	0.0663	0.0171	0.0267	0.0151	28.96	45.33	25.71
2010	0.0592	0.0558	0.0298	0.0662	0.0176	0.0252	0.0164	29.77	42.57	27.66
2011	0.0604	0.0558	0.0366	0.0634	0.0179	0.0278	0.0147	29.63	46.03	24.35
2012	0.0671	0.0746	0.0354	0.0681	0.0208	0.0203	0.0260	30.99	30.25	38.76

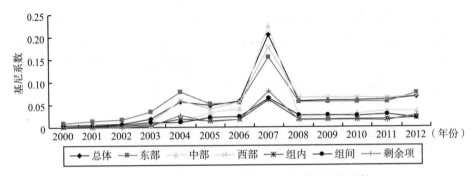

图2.9 财产保险集中结构相关基尼系数的演变趋势

进一步比较可知，样本考察期内，我国财产保险集中结构的组间、组内以及剩余项差距整体上也呈现上升趋势。其演变态势与东部、中部、西部区域内部财产保险集中结构的演变态势基本保持一致，只是变动幅度要小于东部、中部、西部地区。就贡献率来看，考察期间，组间差距的贡献率最大，平均占43.12%；其次是组内差距，平均占30.70%；剩余项差距的贡献率最小，平均占26.18%。我国财产保险集中结构组间差距和剩余项差距的贡献率均呈上升趋势，组内差距的贡献率呈下降趋势。组间差距是我国财产保险集中结构空间非均衡的主要来源，意味着我国省际财产保险集中结构在组间的交错程度有所上升。

（2）基于 HHI 指数的分析。表2.9 和图2.10 给出了我国财产保险竞争结构的空间非均衡相关基尼系数及其演变趋势。从中可知，分区域西部地区财产保险竞争结构的空间非均衡程度最高，其基尼系数均值为0.1634。其次是东部地区，其基尼系数均值为0.1536。中部地区财产保险竞争结构的空间非均衡程度最低，区域内部差距最小，其基尼系数均值为0.1221，分别比西部地区低4.13个百分点，比东部地区低3.15个百分点。全国总体地区财产保险竞争结构的空间非均衡程度要高于东部、中部、西部地区，其基尼系数均值为0.1777。考察期间，全国整体以及东部、中部、西部地区财产保险竞争结构的空间非均衡程度均呈现上升趋势，但是上升的幅度都比较小。且其演变过程基本保持一致。具体而言可以分为三个阶段：第一个阶段2000～2006 年，其空间非均衡程度基本维持稳定；第二阶段是2006～2008 年，其空间非均衡程度急速上升后又迅速回落到第一阶段时的水平；第三阶段是

2008～2012年，其空间非均衡程度再次维持稳定。

表2.9　　　　　　　　财产保险竞争结构的基尼系数及其分解结果

年份	基尼系数							贡献率（%）		
	总体	东部	中部	西部	组内	组间	剩余项	组间	组内	剩余项
2000	0.1367	0.1114	0.0848	0.122	0.0354	0.0786	0.0227	25.89	57.50	16.61
2001	0.135	0.1185	0.0771	0.1193	0.0350	0.0794	0.0206	25.94	58.81	15.24
2002	0.1414	0.1241	0.0718	0.122	0.0352	0.0883	0.0178	24.91	62.45	12.64
2003	0.1419	0.1477	0.0697	0.1257	0.0381	0.0812	0.0226	26.86	57.22	15.91
2004	0.1744	0.1919	0.0829	0.1681	0.0491	0.0856	0.0397	28.17	49.08	22.75
2005	0.1859	0.1638	0.1012	0.1751	0.0490	0.0973	0.0396	26.35	52.34	21.31
2006	0.1822	0.151	0.1016	0.1845	0.0495	0.0899	0.0428	27.17	49.34	23.49
2007	0.4203	0.3018	0.4973	0.3125	0.1164	0.1478	0.1561	27.70	35.17	37.14
2008	0.1573	0.1341	0.0847	0.156	0.0429	0.0847	0.0297	27.26	53.85	18.89
2009	0.1515	0.124	0.0972	0.1489	0.0422	0.082	0.0273	27.85	54.13	18.03
2010	0.1604	0.1389	0.1104	0.163	0.0470	0.0741	0.0393	29.33	46.20	24.48
2011	0.1549	0.122	0.1042	0.159	0.0442	0.0807	0.0300	28.53	52.10	19.37
2012	0.1688	0.168	0.1042	0.1679	0.0508	0.0660	0.0520	30.09	39.10	30.81

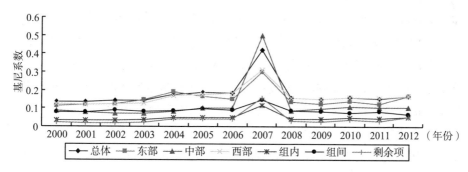

图2.10　财产保险竞争结构相关基尼系数的演变趋势

进一步比较可知，样本考察期内，我国财产保险竞争结构的组间和剩余项差距整体上呈现上升趋势，组内差距整体上呈现下降趋势。其演变态势与东部、中部、西部区域内部财产保险竞争结构的演变态势基本保持一致，只是变动幅度要小于东部、中部、西部地区。就贡献率来看，考察期间，组内差距的贡献率最大，平均占51.33%，但其贡献率整体上呈小幅下降趋势；其次是组间差距，平均占27.39%，且其贡献率整体上呈小幅上升趋势；剩余项差距的贡献率最小，平均占21.28%，但其贡献率整体上均呈小幅上升趋势。因此，在现有区域分组条件下，组内差距是我国财产保险竞争结构空间非均衡的主要来源。从演变过程来看，相比较而言，组间差距贡献率的变化最为平稳，基本维持在24.91%~30.09%，整个考察期内变动不大。组间差距的贡献率与剩余项差距的贡献率波动相对较大，考察期内，整体上两者表现为反向运动态势：以2007年为分界点，组间差距的贡献率表现为先下降再上升，而剩余项差距的贡献率表现为先上升再下降。

2.4.1.2 财产保险业发展结构的空间极化分析

本节分别以 $CR4$ 指数和 HHI 指数为财产保险业结构的衡量指标，来分析我国财产保险业发展结构的空间极化特征。

（1）基于 $CR4$ 指数的分析。表2.10是我国财产保险集中结构的极化 ER 指数、EGR 指数、LU 指数计算结果。图2.11用来直观地描述我国财产保险集中结构极化程度的变动趋势。结合表2.10和图2.11可知，三类极化指数基本保持了相对一致的演变趋势，大体上经历了"先上升再下降"的变化过程。具体而言，2000~2007年为上升时期，并且在2007年极化程度达到最大值。随后极化指数呈现稳步下降态势，尽管2010年经历了一次小幅反弹，但是并没有超越2007年的峰值。由于三类极化指数增长的幅度总体上大于下降的幅度，因此，与2000年比较而言，三类极化指数所测度的我国财产保险集中结构极化程度整体上呈上升趋势。表明我国三大区域财产保险集中结构的空间极化程度进一步加剧，三大区域财产保险集中结构进一步向非均衡性演变。从三类极化指数演变的幅度来看，ER 指数由2000年的0.0580上升至2007年的0.9362，随后回落到2012年的0.6138；ERG 指数由2000年的0.0544上升至2007年的0.7964，随后回落到2012年的0.5670；LU 指数由2000年的0.0578上升至2007年的0.9148，随后回落到2012年的0.5937。三类极化指数年均增长率也基本相当，分别为21.73%、21.57%、21.42%。

表 2.10 财产保险集中结构的空间极化程度指数

年份	总体	ER 指数	EGR 指数	LU 指数	2000 年为基期（=100）		
					ER 指数	EGR 指数	LU 指数
2000	0.0051	0.0580	0.0544	0.0578	100.0000	100.0000	100.0000
2001	0.0055	0.1428	0.1409	0.1423	246.3516	259.1687	246.1719
2002	0.0085	0.2166	0.2136	0.2155	373.6760	392.9005	372.9259
2003	0.0195	0.4215	0.4129	0.4170	727.0485	759.3710	721.5599
2004	0.0561	0.4167	0.3714	0.4040	718.7856	683.0605	698.9809
2005	0.0488	0.7882	0.7616	0.7705	1359.7378	1400.8461	1333.0623
2006	0.0576	0.7615	0.7268	0.7411	1313.6622	1336.8218	1282.2811
2007	0.2043	0.9362	0.7964	0.9148	1614.9733	1464.7784	1582.7811
2008	0.0584	0.8165	0.7843	0.7945	1408.5561	1442.5970	1374.5523
2009	0.0589	0.8150	0.7828	0.7928	1405.8134	1439.6726	1371.6802
2010	0.0592	0.7657	0.7317	0.7442	1320.7694	1345.6870	1287.5928
2011	0.0604	0.8476	0.8150	0.8238	1462.0666	1498.9148	1425.3335
2012	0.0671	0.6138	0.5670	0.5937	1058.7890	1042.8177	1027.2852

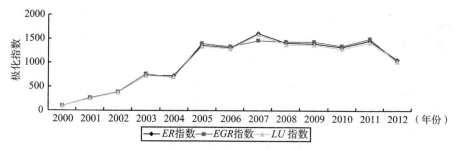

图 2.11 财产保险集中结构空间极化指数的演变趋势

（2）基于 *HHI* 指数的分析。表 2.11 是我国财产保险竞争结构的极化 *ER* 指数、*EGR* 指数、*LU* 指数计算结果。图 2.12 用来直观地描述我国财产保险竞争结构空间极化程度的变动趋势。结合表 2.11 和图 2.12 可知，除 2007 年出现小幅偏离外，三类极化指数基本保持了相对一致的演变趋势，整体上均呈现稳步下降态势，在考察期末达到最低点。表明我国三大区域财产保险竞争结构的空间极化程度呈现逐步缓解趋势，三大区域财产保险竞争结构逐步向均衡性演变。从三类极化指数演变的幅度与历程来看，大致可以分为两个阶段：第一阶段 2000～2002 年，ER 指数、EGR 指数、LU 指数分别由 0.2100、0.2042、0.2000 上升至 0.2200、0.2147、0.2001，但上升幅度都比较有限，均在 3% 以下。第二阶段是 2002～2012 年，在此阶段中，三种极化指数基本保持了持续下降趋势，ER 指数、EGR 指数、LU 指数分别由 2002 年下降到 2012 年的最小值 0.0577、0.0474、0.0530，此时极化程度最小。此阶段中，三类指数下降的幅度分别为 12.53%、14.03%、12.44%。由于在第一阶段上升的幅度远远不及在第二阶段下降的幅度，整体上三大区域财产保险竞争结构的空间极化程度呈现下降趋势。

表 2.11 　　　　　　　　　　　财产保险竞争结构的空间极化程度指数

年份	总体	ER 指数	EGR 指数	LU 指数	2000 年为基期（＝100）		
					ER 指数	EGR 指数	LU 指数
2000	0.1367	0.2100	0.2042	0.2000	100.0000	100.0000	100.0000
2001	0.1350	0.2000	0.1944	0.1900	95.2381	95.2250	95.0000
2002	0.1414	0.2200	0.2147	0.2001	104.7619	105.1423	100.0000
2003	0.1419	0.1900	0.1839	0.1800	90.4762	90.0779	90.0000
2004	0.1744	0.1700	0.1611	0.1600	80.9524	78.9069	80.0000
2005	0.1859	0.1600	0.1511	0.1500	76.1905	74.0193	75.0000
2006	0.1822	0.1200	0.1108	0.1100	57.1429	54.2485	55.0000
2007	0.4203	0.1100	0.0828	0.0910	52.3810	40.5260	45.5215
2008	0.1573	0.0910	0.0838	0.0848	43.3476	41.0255	42.3995
2009	0.1515	0.0809	0.0739	0.0755	38.5114	36.2035	37.7575
2010	0.1604	0.0699	0.0613	0.0647	33.2810	30.0015	32.3480
2011	0.1549	0.0725	0.0651	0.0675	34.5200	31.8684	33.7255
2012	0.1688	0.0577	0.0474	0.0530	27.4876	23.2352	26.5160

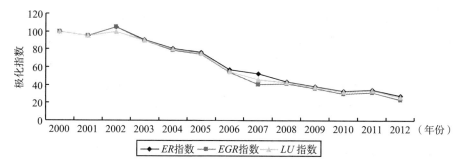

图 2.12　财产保险竞争结构空间极化指数的演变趋势

综上所述，全国整体以及东部、中部、西部地区财产保险集中结构与财产保险竞争结构的空间非均衡程度整体上均呈现上升趋势，且财产保险集中结构空间非均衡程度的上升幅度要大于财产保险竞争结构；组间差距是我国财产保险集中结构空间非均衡的主要来源，并且其贡献率呈上升趋势；组内差距是我国财产保险竞争结构空间非均衡的主要来源，但是其贡献率呈小幅下降趋势。在现有区域分组条件下，我国财产保险集中结构的空间极化程度整体上呈上升趋势，财产保险竞争结构的空间极化程度整体呈下降趋势。

2.4.2　人身保险业发展结构的空间非均衡与极化分析

2.4.2.1　人身保险业发展结构的空间非均衡分析

本节分别以 CR4 指数和 HHI 指数为保险业发展结构的衡量指标，来分析我国人身保险业发展结构的空间非均衡特征。

（1）基于 CR4 指数的分析。表 2.12 是采用 CR4 指数测算的我国人身保险集中结构的空间非均衡相关数值。图 2.13 直观地描述了我国人身保险集中结构空间非均衡程度的演变态势。从表 2.12 可知，三大区域中，东部地区人身保险集中结构的空间非均衡程度最高，区域内部差距最大，其基尼系数均值为 0.0551；其次是西部地区，其基尼系数均值为 0.0382；中部地区人身保险集中结构的空间非均衡程度最低，区域内部差距最小，其基尼系数均值为 0.0276。而全国整体层面人身保险集中结构的空间非均衡程度要低于东部地区而高于中部、西部地区，其基尼系数均值为 0.0474。考察期间，全国整体以及东部、中部、西部地区人身保险集中结构的空间非均衡程度整体上均呈现上升趋势，但其演变趋势存在差异。具体而言，考察期内全国整体以及东部、中部地区人身保险集中结构空间非均衡程度的演变态势呈现出"上升－下降－上升"的态势。其中，2000~2007 年为稳步上升阶段，2007~2009 年为稳步下降阶段，2009~2012 年为缓慢回升阶段。西部地区人身保险集中结构空间非均衡程度的演变态势始终保持稳步上升趋势，其基尼系数由 2000 年的最小值 0.0090 稳步增长到 2012 年的最大值 0.0743，年均增长率为 19.23%。

表 2.12　　　　　　　　人身保险集中结构的基尼系数及其分解结果

年份	基尼系数							贡献率（%）		
	总体	东部	中部	西部	组内	组间	剩余项	组间	组内	剩余项
2000	0.0020	0.0039	0.0015	0.0090	0.0008	0.0010	0.0002	37.92	50.00	12.08
2001	0.0070	0.0125	0.0018	0.0018	0.0020	0.0041	0.0009	28.94	58.57	12.48
2002	0.0151	0.0244	0.0047	0.0059	0.0043	0.0087	0.0021	28.45	57.62	13.93
2003	0.0236	0.0325	0.0110	0.0121	0.0066	0.0130	0.0040	27.97	55.08	16.95
2004	0.0355	0.0480	0.0146	0.0206	0.0098	0.0192	0.0065	27.72	54.08	18.20
2005	0.0398	0.0526	0.0216	0.0251	0.0116	0.0192	0.0090	29.16	48.24	22.60
2006	0.0503	0.0693	0.0246	0.0310	0.0146	0.0252	0.0105	29.02	50.10	20.88
2007	0.0841	0.1131	0.0555	0.0498	0.0249	0.0399	0.0193	29.59	47.44	22.96
2008	0.0723	0.0751	0.0425	0.0618	0.0205	0.0365	0.0153	28.38	50.48	21.14
2009	0.0646	0.0640	0.0364	0.0677	0.0194	0.0267	0.0185	30.06	41.33	28.61
2010	0.0687	0.0669	0.0436	0.0630	0.0198	0.0349	0.0140	28.84	50.80	20.36
2011	0.0735	0.0684	0.0497	0.0750	0.0220	0.0310	0.0205	29.95	42.18	27.88
2012	0.0802	0.0862	0.0507	0.0743	0.0242	0.0348	0.0212	30.22	43.39	26.39

　　进一步比较可知，样本考察期内在现有区域分组条件下，我国人身保险集中结构的组间、组内以及剩余项差距整体上也呈现上升趋势。其演变态势与东部、中部、西部地区内部人身保险集中结构的演变态势基本保持一致，只是变动幅度要小于东部、中部、西部地区。考察期间，各年份组间基尼系

数均值最大，为 0. 0226，其平均贡献率为 29. 71%，并且随着时间的推移其贡献率基本保持稳定。其次是组内基尼系数，其均值为 0. 0139，但其贡献率最大，为 49. 95%，并且其贡献率随着时间的推移呈下降趋势，但是下降的幅度不大。剩余项基尼系数的均值与贡献率均最小，分别为 0. 0109、20. 34%，并且随着时间的推移其贡献率呈上升趋势。因此，组内差距是我国人身保险集中结构空间非均衡的主要来源，但是其贡献率呈下降趋势。

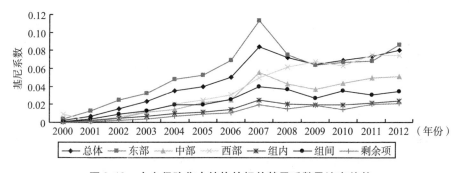

图 2.13　人身保险集中结构的相关基尼系数及演变趋势

（2）基于 *HHI* 指数的分析。表 2. 13 和图 2. 14 给出了我国人身保险竞争结构的空间非均衡相关基尼系数及其演变趋势。从中可知，分区域东部、中部、西部地区人身保险竞争结构的空间非均衡程度依次下降，其基尼系数均值分别为 0. 1589、0. 1201、0. 1162。全国总体各地区人身保险竞争结构的空间非均衡程度要低于东部地区而高于中部、西部地区，其基尼系数均值为 0. 1557。考察期间，全国整体以及东部、中部、西部地区人身保险竞争结构的空间非均衡程度均呈现上升趋势。2000 年与 2012 年相比较而言，东部地区人身保险竞争结构的空间非均衡程度从 0. 1281 增长到 0. 1791，年均增长率为 2. 83%；西部地区从 0. 0724 增长到 0. 1420，年均增长率为 5. 77%。从各区域人身保险竞争结构空间非均衡程度的演变过程来看，全国整体以及东部地区的演变趋势基本保持一致。大体分为三个阶段：第一个阶段是 2000 ~ 2007 年，为空间非均衡程度的进一步加剧期；第二阶段是 2007 ~ 2009 年，为空间非均衡程度的加速缓解期；第三个阶段是 2009 ~ 2012 年，为空间非均衡程度的小幅反弹期。中部地区人身保险竞争结构空间非均衡程度的演变过程在 2008 年以前与东部地区大体类似，与此不同的是，2008～2012 年其人身保险竞争结构的空间非均衡程度出现稳步回落。西部地区人身保险竞争结构的空间非均衡程度始终保持低速上升趋势，各年份波动程度不大，保持相对稳定。

表 2.13　　　　　　　　　人身保险竞争结构的基尼系数及其分解结果

年份	基尼系数							贡献率（%）		
	总体	东部	中部	西部	组内	组间	剩余项	组间	组内	剩余项
2000	0.1348	0.1281	0.1086	0.0724	0.0340	0.0833	0.0175	25.21	61.80	13.00
2001	0.1345	0.1198	0.1030	0.0783	0.0330	0.0860	0.0155	24.56	63.94	11.50
2002	0.1457	0.1308	0.1029	0.0932	0.0358	0.0904	0.0195	24.56	62.05	13.39
2003	0.1584	0.1255	0.1229	0.1145	0.0399	0.0927	0.0258	25.19	58.52	16.28
2004	0.1578	0.1661	0.1011	0.1201	0.0426	0.0913	0.0239	26.98	57.86	15.16
2005	0.1499	0.1606	0.1235	0.1153	0.0442	0.0683	0.0374	29.50	45.56	24.94
2006	0.1602	0.1860	0.1200	0.1134	0.0462	0.0786	0.0354	28.82	49.06	22.11
2007	0.2054	0.2452	0.1914	0.1314	0.0618	0.0757	0.0679	30.10	36.85	33.05
2008	0.1658	0.1855	0.1201	0.1328	0.0486	0.0687	0.0485	29.32	41.44	29.25
2009	0.1466	0.1423	0.1281	0.1302	0.0447	0.0570	0.0449	30.46	38.88	30.66
2010	0.1515	0.1429	0.1167	0.1253	0.0428	0.0775	0.0312	28.27	51.16	20.58
2011	0.1562	0.1536	0.1191	0.1412	0.0464	0.0687	0.0411	29.73	43.98	26.28
2012	0.1570	0.1791	0.1041	0.1420	0.0482	0.0659	0.0429	30.70	41.97	27.33

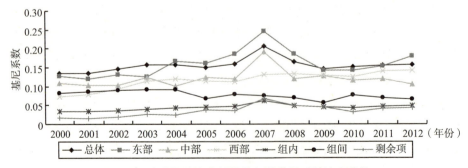

图 2.14　人身保险竞争结构的相关基尼系数演变趋势

进一步比较可知，样本考察期内，我国人身保险竞争结构的组内和剩余项差距整体上呈现上升趋势，组间差距整体呈现下降趋势。考察期间，组内差距的贡献率最大，各年份平均贡献率为 50.24%，但其贡献率整体呈下降趋势；其次是组间差距，各年份平均贡献率为 27.95%，且其贡献率整体呈上升趋势；剩余项差距的贡献率最小，各年份平均贡献率为 21.81%，但其贡献率整体呈小幅上升趋势。因此，在现有区域分组条件下，组内差距是我国人身保险竞争结构空间非均衡的主要来源，其次是组间差距。从贡献率的演变过程来看（如图 2.15 所示），相比较而言，组间差距贡献率的变化最为平稳，基本维持在 24.56% ~ 30.70%，整个考察期内变动不大。组间差距的贡献率与剩余项差距的贡献率波动相对较大，考察期内，整体上两者表现为反向运动态势：分别以 2007 年和 2010 年为分界点，组间差距贡献率的变动态势表现为"下降 - 上升 - 下降"，而剩余项差距贡献率的变动态势表现为"上升 - 下降 - 上升"。

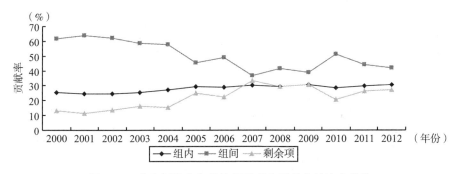

图 2.15　人身保险竞争结构相关成分贡献率的演变趋势

2.4.2.2　人身保险业发展结构的空间极化分析

本节分别以 CR4 指数和 HHI 指数为保险业发展结构的衡量指标，来分析我国人身保险业发展结构的空间极化特征。

（1）基于 CR4 指数的分析。表 2.14 是采用 CR4 指数测算的我国人身保险集中结构的空间极化相关数值。图 2.16 直观地描述了我国人身保险集中结构空间极化程度的演变态势。从中可知，ER 指数最大、LU 指数其次、EGR 指数最小。并且 ER 指数、EGR 指数、LU 指数整体上都呈现出上升趋势，且其变动过程基本保持一致。具体而言，2000～2007年为稳步增长阶段，2007～2009年为加速下降阶段，2010年出现小幅反弹，但2011年又出现小幅滑落，尽管2012年再次出现小幅反弹，但是依然没有能够超越2007年的峰值。表明在现有区域分组条件下，我国人身保险集中结构的区域空间极化程度呈现进一步加剧趋势，区域人身保险集中结构逐步向非均衡性演变。

表2.14　　　　　　　　　人身保险集中结构的空间极化程度指数

年份	总体	ER指数	EGR指数	LU指数	2000年为基期（=100）		
					ER指数	EGR指数	LU指数
2000	0.0020	0.0246	0.0216	0.0246	100.0000	100.0000	100.0000
2001	0.0070	0.0983	0.0896	0.0980	399.3908	414.5671	398.2828
2002	0.0151	0.2057	0.1865	0.2041	835.4532	862.5694	829.6663
2003	0.0236	0.3009	0.2691	0.2974	1221.8324	1244.2841	1209.0936
2004	0.0355	0.4320	0.3831	0.4246	1754.3129	1771.5594	1725.9977
2005	0.0398	0.4259	0.3641	0.4177	1729.6296	1683.7958	1697.9949
2006	0.0503	0.5491	0.4738	0.5353	2230.0682	2191.2320	2176.3587
2007	0.0841	0.7800	0.6474	0.7800	3167.6413	2993.8957	3171.0411
2008	0.0723	0.7200	0.6126	0.6600	2923.9766	2832.9634	2683.1886
2009	0.0646	0.4971	0.3834	0.4819	2018.6647	1772.9190	1959.0448
2010	0.0687	0.6600	0.5586	0.6000	2680.3119	2583.2408	2439.2624
2011	0.0735	0.5456	0.4181	0.5269	2215.6433	1933.4073	2142.0382
2012	0.0802	0.5921	0.4559	0.5695	2404.4591	2108.1853	2315.1771

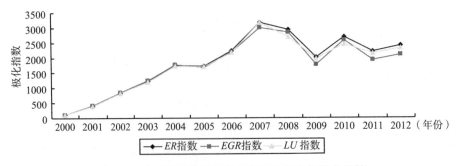

图2.16　人身保险集中结构空间极化指数的演变趋势

（2）基于 *HHI* 指数的分析。表 2.15 是采用 *HHI* 指数测算的我国人身保险竞争结构的空间极化相关数值。图 2.17 直观地描述了我国人身保险竞争结构空间极化程度的演变态势。从中可知，*ER* 指数最大、*LU* 指数其次、*EGR* 指数最小。并且 *ER* 指数、*EGR* 指数、*LU* 指数整体上都呈现出下降趋势，且其变动过程基本保持一致。考察期间始终保持稳步下降趋势，从 2000 年的最大值下降到 2012 年的最小值。表明在现有区域分组条件下，我国人身保险竞争结构的区域空间极化程度呈现缓解趋势，区域人身保险竞争结构逐步向均衡性演变。

表 2.15　　　　　　　　　　　人身保险竞争结构的空间极化程度指数

年份	总体	ER 指数	EGR 指数	LU 指数	2000 年为基期（=100）		
					ER 指数	EGR 指数	LU 指数
2000	0.1348	0.1900	0.1643	0.1800	100.0000	100.0000	100.0000
2001	0.1345	0.1800	0.1558	0.1700	94.7368	94.8250	94.4444
2002	0.1457	0.1800	0.1524	0.1700	94.7368	92.7549	94.4444
2003	0.1584	0.1700	0.1372	0.1600	89.4737	83.5008	88.8889
2004	0.1578	0.1600	0.1268	0.1500	84.2105	77.1689	83.3333
2005	0.1499	0.1100	0.0692	0.1100	57.8947	42.1309	61.1111
2006	0.1602	0.1200	0.0792	0.1100	63.1579	48.2192	61.1111
2007	0.2054	0.0953	0.0305	0.0850	50.1705	18.5534	47.2050
2008	0.1658	0.0779	0.0294	0.0714	41.0179	17.8898	39.6889
2009	0.1466	0.0555	0.0107	0.0516	29.2158	6.5205	28.6722
2010	0.1515	0.0706	0.0336	0.0657	37.1374	20.4329	36.5183
2011	0.1562	0.0582	0.0145	0.0539	30.6332	8.7994	29.9389
2012	0.1570	0.0526	0.0070	0.0484	27.6584	4.2624	26.8917

综上所述，考察期间，全国整体以及东部、中部、西部地区人身保险集中结构与竞争结构的空间非均衡程度整体均呈现上升趋势，但其演变趋势存在差异。组内差距是我国人身保险集中结构与竞争结构空间非均衡的主要来源，但是其贡献率均呈下降趋势。表明在现有区域分组条件下，我国人身保

险集中结构的区域空间极化程度整体呈上升趋势，人身保险竞争结构的区域空间极化程度整体呈下降趋势。

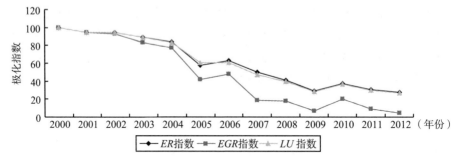

图 2.17　人身保险竞争结构空间极化指数的演变趋势

2.5　本章小结

本章测算了我国各省域相对保险深度，基于相对保险深度和基尼系数分解法系统分析了我国整体保险业、财产保险业和人身保险业发展水平的空间非均衡与极化特征。基于衡量保险业发展结构的 *CR4* 指数、*HHI* 指数和基尼系数分解法分析了我国财产保险业、人身保险业竞争结构与集中结构的空间非均衡与极化特征。分析结果表明：我国保险业发展水平与发展结构都存在显著的空间非均衡与极化特征。不论是整体保险业、财产保险业还是人身保险业，其发展水平的空间非均衡程度均呈现下降趋势，且东部、中部、西部地区内部，不论是整体保险业、财产保险业，还是人身保险业发展水平的空间非均衡程度与空间极化程度均存在显著的地区差异。组间差异是我国财产保险发展水平空间非均衡的主要来源，但其贡献率呈现缩小态势。剩余项差异是我国人身保险发展水平空间非均衡的主要来源，且前者的贡献率呈现缩小态势，后者的贡献率呈现上升趋势。整体保险业、财产保险业与人身保险业发展水平的空间极化程度均呈现进一步减弱趋势。在现有区域分组条件下，我国财产保险集中结构与竞争结构的空间非均衡程度均呈现上升趋势。组间差距是我国财产保险集中结构空间非均衡的主要来源，且其贡献率呈上升趋势；组内差距是我国财产保险竞争结构、人身保险集中结构以及人身保险竞争结构空间非均衡的主要来源，但其贡献率呈下降趋势。人身保险集中结构的区域空间极化程度整体上呈上升趋势，人身保险竞争结构的区域空间极化程度整体呈下降趋势。

| 第 3 章 |
我国经济增长质量测度与评价

经济增长质量测度是经济增长质量研究中的重要内容，是定量分析经济增长质量问题的基础与前提。本书第 1 章已经就经济增长质量的概念及其外延与内涵进行了分析与界定。但是，现有关于经济增长质量的测度还存在一定的局限。首先，对经济增长质量的研究以定性分析为主，在统一模型框架下定量研究经济增长质量的文献还比较少。其次，在统一明确的标准之下全面量化我国各省域经济增长质量水平，并阐释我国各省域经济增长质量水平特征与收敛趋势的研究还比较缺乏。为此，本章在对经济增长质量的内涵进行理论推导的基础上，构建我国经济增长质量评价指标体系，并采用熵权综合指数法全面测度我国各省域的经济增长质量水平。最后，采用 PS 收敛模型全面分析了我国省域经济增长质量水平的收敛性特征、地理布局与动态演进，并借助逻辑选择模型分析了收敛性形成的因素。

3.1　经济增长质量内涵的理论推导

第 1 章的分析已经表明，经济增长质量的考察维度包括经济增长的结构、稳定性、福利变化与成果分配以及资源环境代价四个方面。为此，经济增长质量可用函数表示为：

$$G = G(Jie, \ Wen, \ Ful, \ Ziy) \tag{3.1}$$

其中，G 表示经济增长质量水平，Jie 表示经济增长结构，Wen 表示经济增长的稳定性，*Ful* 表示福利分配，*Ziy* 表示资源消耗与生态环境代价。

根据斯托基（Stokey，1998）研究，我们假设函数（3.1）满足以下条件：

$$\frac{\partial G}{\partial Jie} > 0 \quad \frac{\partial^2 G}{\partial^2 Jie} < 0$$

$$\frac{\partial G}{\partial Wen} > 0 \quad \frac{\partial^2 G}{\partial^2 Wen} < 0$$

$$\frac{\partial G}{\partial Ful} > 0 \quad \frac{\partial^2 G}{\partial^2 Ful} < 0$$

$$\frac{\partial G}{\partial Ziy} > 0 \quad \frac{\partial^2 G}{\partial^2 Ziy} < 0$$

进一步，我们对函数（3.1）进行全微分，得到如下式子：

$$dG = \frac{\partial G}{\partial Jie} \times dJie + \frac{\partial G}{\partial Wen} \times dWen + \frac{\partial G}{\partial Ful} \times dFul + \frac{\partial G}{\partial Ziy} \times dZiy \quad (3.2)$$

对式（3.2）两边同时乘以 $\frac{1}{G}$，且对等式右边各项分别乘以 $\frac{Jie}{Jie}$，$\frac{Wen}{Wen}$，$\frac{Ful}{Ful}$，$\frac{Ziy}{Ziy}$

$$g = \varepsilon_1 g_1 + \varepsilon_2 g_2 + \varepsilon_3 g_3 + \varepsilon_4 g_4 \quad (3.3)$$

其中，$g = \frac{dG}{G}$，$\varepsilon_1 = \frac{\partial G}{\partial Jie} \times \frac{Jie}{G}$，$\varepsilon_2 = \frac{\partial G}{\partial Wen} \times \frac{Wen}{G}$，$\varepsilon_3 = \frac{\partial G}{\partial Ful} \times \frac{Ful}{G}$，$\varepsilon_4 = \frac{\partial G}{\partial Ziy} \times \frac{Ziy}{G}$，分别表示各位维度的产出弹性。$g_1 = \frac{dJie}{Jie}$，$g_2 = \frac{dWen}{Wen}$，$g_3 = \frac{dFul}{Ful}$，$g_4 = \frac{dZiy}{Ziy}$，分别表示各个维度的增长率。

由式（3.3）可见，经济增长质量的提高来自各个维度改善所带来的贡献，这一方面依赖于各维度改善程度的增长率，另一方面依赖于各维度的产出弹性。假定在一定时期内各个维度的产出弹性是不变的。据此，我们提出如下理论推论：

推论 1：随着经济增长的结构逐步改善，经济增长质量将得到提高。

经济增长结构的优化有利于资源配置状况的改善，经济增长中间消耗的降低和经济增长效率的提升，从而有利于促进经济增长质量的提升。

推论 2：随着经济增长稳定性的增强，经济增长的质量将得到提高。

经济增长稳定性的增强意味着经济增长各要素之间的冲突和矛盾弱化，

相互之间发展的协调程度增强，使得经济增长的可持续性增强，进而有利于促进经济增长质量提高。此外经济增长稳定性的增强也有利于带来经济增长结构的优化，进而有利于促进经济增长质量提高。

推论3：当经济增长带来居民整体福利水平上升或成果分配改善时，经济增长质量将得到提高。

经济增长的意义在于促进社会整体居民福利水平的上升，经济增长的成果能够被全民所分享。这才是一种高质量的经济增长。

推论4：随着经济增长资源、环境代价的降低，经济增长质量将得到提高。

经济增长的资源与环境代价是从成本的角度来反映经济增长质量的。经济增长资源代价的降低意味着资源利用效率的提高，各种生产要素转化为产出的有效性增强。其主要表现之一就是技术进步。技术进步必将带来经济增长的收益递增，从而带来经济增长质量提高。生态环境代价的降低意味着经济增长方式从粗放型向集约型转变。在经济增长过程中，实现自主创新能力的提高以及消耗、投入与排放的降低与减少，无疑将有利于经济增长效率提高，促进经济增长质量提升。

3.2 我国经济增长质量评价指标体系的构建

3.2.1 经济增长质量各维度评价指标的选取

本节分别从经济增长的结构、经济增长的稳定性、经济增长的福利变化与成果分配以及经济增长的资源环境代价四个维度来探讨各维度相关指标的选取。

3.2.1.1 经济增长结构维度相关指标的选取

参照大多数学者的研究，经济增长的结构指标主要从产业结构、储蓄－投资结构、消费结构以及国际收支结构等四个方面入手。其中，产业结构选取工业化率、第一产业比较劳动生产率、第二产业比较劳动生产率、第三产业比较劳动生产率以及二元对比系数五个指标来衡量。具体而言,工业化率采用非农产业就业比重来衡量;三类产业比较劳动生产率采用产业产值比重与产业就业比重的比例来衡量;二元对比系数采用农业比较劳动生产率与第二、第三产业比较劳动生产率的比例来衡量。储蓄 – 投资结构主要选取投资率与储蓄率来衡量。其中,投资率采用全社会固定投资总额与 GDP 的比重来衡量;储蓄率选取居民存款总额与 GDP 的比重来衡量。消费结构采用消费率的表示,具体采用全社会最终消费支出总额与 GDP 的比重来衡量。国际收支结构采用进出口总额与 GDP 的比重来衡量。

3.2.1.2 经济增长稳定性维度相关指标的选取

在经济增长稳定性维度指标选取中,本书主要采用产出波动、价格波动以及就业波动三个方面的指标来衡量。其中,产出波动采用真实 GDP 增长率的波动来衡量,而价格波动采用通货膨胀率进行衡量,通货膨胀率采用居民消费价格指数来表示。为了进一步体现经济增长中社会就业的稳定性,本书采用城镇登记失业率来衡量就业波动。

3.2.1.3 经济增长福利变化与成果分配维度相关指标的选取

在经济增长的福利变化与成果分配维度指标选取中,本书主要基于福利变化与成果分配两个层面进行。其中,福利变化层面主要采用人均收入、人口死亡率、人均住房面积、人均受教育年限、研发强度共五个指标来衡量。人均收入采用人均实际 GDP 表示;人口死亡率采用某一地区一段时间内的死亡人数占该时期平均总人数的比率来表示;人均住房面积采用人均住房建筑面积表示;人均受教育年限采用样本中(小学文化程度人口数 ×6 + 初中文化程度人口数 ×9 + 高中文化程度人口数 ×12 + 大专及以上文化程度人口数 ×16)/六岁以上抽样总人口来表示;研发强度采用研究与开发内部科研经费支出与 GDP 的比重来表示。成果分配方面,本书采用城乡收入比和基尼系数两个指标来衡量。城乡收入比的度量,本书采用王少平和欧阳志刚(2008)的方法计算得到。而基尼系数采用了穆克吉和夏洛克斯(Mookherjee and Shorrocks, 1982)的计算方法得到,详细过程可以参考本书的第 2 章。

3.2.1.4 经济增长资源环境代价相关指标的选取

在经济增长的资源环境代价维度指标的选取中，本书从资源利用与生态环境两个层面进行选取，主要包括 7 个指标。资源利用方面采用全要素生产率增长率、资本生产率和劳动生产率 3 个指标来衡量。全要素生产率增长率指标测算本书采用了经典的索洛残差法进行了估算。在资本生产率的计算中最重要的是对资本存量的估算，当前学者一般采用"永续盘存法"来估计每年的实际资本存量，计算方法为：$K_t = I_t + (1 - \delta_t) K_{t-1}$，其中 K_t 表示第 t 年的资本存量，I_t 表示第 t 年的投资，δ_t 表示第 t 年的固定资产折旧。本书借鉴单豪杰（2008）的相关数据，并根据其方法将时间延长到 2012 年。为了研究的可比性，将历年的资本存量按照 2000 年的可比价格进行了折算。劳动生产率采用国内生产总值与就业人口的比值来表示；生态环境方面本书采用单位产出能耗比、单位产出工业废气污染程度、单位产出工业废水污染程度、单位产出工业固废污染程度共 4 个指标来衡量；单位产出能耗比采用工业综合能耗与工业总产值的比重来表示；单位产出工业废气污染程度采用工业废气排放量与 GDP 的比重来表示；单位产出工业废水污染程度采用工业废水排放量与 GDP 的比重来表示；单位产出工业固废污染程度采用工业固废产生量与 GDP 的比重来表示量。

3.2.2 我国经济增长质量评价指标体系

基于以上四个维度的指标选择，构建我国经济增长质量的评价指标体系如表 3.1 所示。

表 3.1　　　　　　　　　　我国经济增长质量的评价指标体系

维度	类别	指标符号	指标名称	计量单位	指标方向
经济增长的结构	产业结构	X1	工业化率	%	正
		X2	第一产业比较劳动生产率	—	正
		X3	第二产业比较劳动生产率	—	正

续表

维度	类别	指标符号	指标名称	计量单位	指标方向
经济增长的结构	产业结构	$X4$	第三产业比较劳动生产率	—	正
		$X5$	二元对比系数（$X1/X2$）	—	正
		$X6$	二元对比系数（$X1/X3$）	—	正
	投资储蓄结构	$X7$	投资率	%	正
		$X8$	存款率	%	正
	消费结构	$X9$	消费率	%	正
	国际收支结构	$X10$	进出口总额/GDP	%	正
经济增长的稳定性	产业波动	$X11$	经济波动率	%	负
	价格波动	$X12$	通货膨胀率	%	负
	就业波动	$X13$	失业率	%	负
经济增长的福利变化与成果分配	福利变化	$X14$	人均收入	万元	正
		$X15$	人口死亡率	‰	负
		$X16$	人均受教育年限	年/人	正
		$X17$	人均住房面积	平方米/人	正
	成果分配	$X18$	研发强度	倍数	正
		$X19$	城乡收入比	—	负
		$X20$	基尼系数	—	负
经济增长的资源利用和生态环境代价	资源利用	$X21$	全要素生产率增长率	%	正
		$X22$	资本生产率	万元/人	正
		$X23$	劳动生产率	万元/人	正
	生态环境	$X24$	单位产出能耗比	%	负
		$X25$	单位产出工业废气污染程度	倍数	负
		$X26$	单位产出工业废水污染程度	倍数	负
		$X27$	单位产出工业固废污染程度	倍数	负

3.3 我国经济增长质量水平测度

3.3.1 经济增长质量测度方法

熵权法的基本原理是根据各指标数据集合所提供的某种信息量的大小，客观地为指标体系中各个指标赋权的方法。它能够有效克服指标权重赋权中的主观性问题。综合指数法是将指标体系中不同性质与计量单位的指标统一转化为同度量的个体指数的数据处理方法，它能够通过降维处理将指标统一转化成为一个无量纲的综合指数。综合指数法中采用熵权法对各指标的权重赋权，将使得测算结果更加客观合理。在综合评价领域，这种方法就称为熵权综合指数法。本书采用熵权综合指数法来测度经济增长质量。其理论建模如下：

3.3.1.1 建立决策矩阵

假设参与评价对象集合为 $M = (M_1, M_2, \cdots, M_m)$，指标集合为 $D = (D_1, D_2, \cdots, D_n)$，评价对象 M_i 中指标 D_i 的样本值为 x_{ij}，其中 $i = 1, 2, \cdots, m$，$j = 1, 2, \cdots, n$。则初始决策矩阵可以表示为：

$$I = \begin{bmatrix} x_{11} & x_{12} & \cdots & x_{1n} \\ x_{21} & x_{22} & \cdots & x_{2n} \\ \vdots & \vdots & & \vdots \\ x_{m1} & x_{m2} & \cdots & x_{mn} \end{bmatrix} \tag{3.4}$$

3.3.1.2 决策矩阵标准化

由于初始决策矩阵中各评价指标对总体指标体系影响的指向存在差异，因此，需要对初始决策矩阵中的数据进行标准化处理。一般而言，将与总体指标体系指向相同的指标（越大越好）定义为效益型指标，并遵照式（3.5）将其进行标准化处理；将与总体指标体系指向相反的指标（越小越好）定义为成本型指标，并遵照式（3.6）将其进行标准化处理：

$$x'_{ij} = \frac{x_{ij} - \min(x_j)}{\max(x_j) - \min(x_j)} \tag{3.5}$$

$$x'_{ij} = \frac{\max(x_j) - x_{ij}}{\max(x_j) - \min(x_j)} \tag{3.6}$$

指标标准化处理后，就可将式（3.4）转化为标准化矩阵，记为：

$$x' = (x'_{ij})_{m \times n} \tag{3.7}$$

3.3.1.3 计算特征比重和信息熵值

第 j 个指标下的第 i 个评价对象的特征比重通过下式计算得到：

$$p_{ij} = \frac{x'_{ij}}{\sum\limits_{i=1}^{m} x'_{ij}}, \; 0 \leqslant p_{ij} \leqslant 1 \tag{3.8}$$

同时，进一步通过斯梯林公式得到第 j 个指标的信息熵值，即：

$$e_j = \frac{1}{\ln(m)} \sum_{i=1}^{m} p_{ij} \ln(p_{ij}), \; \text{当} \; p_{ij} = 0 \; \text{或者} \; 1 \; \text{时定义} \; p_{ij}\ln(p_{ij}) = 0 \tag{3.9}$$

一般而言，信息熵值越小，意味着 x'_{ij} 值之间的差异越大，能够提供给被评价对象的信息也就越多。

3.3.1.4 定义差异系数与确定熵权

得到熵值后，将差异系数定义为 $d_j = 1 - e_j$。因此，d_j 越大，其在指标体系中的重要性也就越高，熵权也就越大。用 w 表示熵权，则第 j 项指标的权重可以通过式（3.10）得到：

$$w_j = \frac{d_j}{\sum\limits_{k=1}^{n} d_k}, \; j = 1, 2, \cdots, n \tag{3.10}$$

3.3.1.5 计算综合指数

利用指标权重 w_j 和各指标的标准化数据 x'_{ij}，得到各对象指标的标准化数据加权值 g_{ij}，即：

$$g_{ij} = w_j \times x'_{ij}, \; 1 \leqslant i \leqslant m, \; 1 \leqslant j \leqslant n \tag{3.11}$$

再将各层级各对象所对应的相应指标 g_{ij} 通过式（3.12）逐层加总，即可得到评价指标体系的综合指数：

$$G_{ij} = \sum_{j=n}^{n} g_{ij} \qquad (3.12)$$

3.3.2 我国经济增长质量测度结果及其总体评价

表3.2是根据熵权综合指数法计算得到的2000~2012年各省域经济增长质量综合指数的平均值。从中可知，考察期间我国经济增长质量指数总体呈现上升趋势。其综合指数值从2000年的0.4079上升到2012年的0.4499。四个考察维度中，经济增长的资源与环境代价对经济增长质量的平均影响最大，其次是经济增长的结构。其指数平均值分别为0.1674和0.1114。经济增长的稳定性对经济增长质量的平均影响最小，其次是经济增长的福利变化与成果分配，其指数平均值分别为0.0847和0.0629。因此，我国经济增长质量综合指数是经济增长结构、经济增长的稳定性、经济增长的福利变化与成果分配以及经济增长的资源利用和生态环境代价四个维度因素综合作用的结果。其中，经济增长的资源环境代价维度对经济增长质量的影响占据主导地位，其次是经济增长结构维度，经济增长的稳定性维度对经济增长质量的影响最小。因此要提升我国经济增长质量应该重点抓好低效率、高消耗的资源使用方式对资源环境的透支问题，采取措施促使经济由资源耗费型、环境污染型增长模式向资源节约型、环境友好型增长方式转变，由低成本粗放式扩张型向效率提高型转变。同时，应该进一步优化包括消费结构、投资结构、服务业结构等在内的经济增长结构，巩固消费投资协调拉动的经济增长格局，加快提升经济增长质量。

表3.2　　　　2000~2012年我国经济增长质量综合指数平均值

年份	各维度增长质量指数均值				综合指数
	经济增长的结构	经济增长的稳定性	经济增长的福利变化与成果分配	经济增长的资源环境代价	经济增长质量指数
2000	0.0989	0.0602	0.0891	0.1597	0.4079
2001	0.0990	0.0714	0.0882	0.1587	0.4172

续表

年份	各维度增长质量指数均值				综合指数
	经济增长的结构	经济增长的稳定性	经济增长的福利变化与成果分配	经济增长的资源环境代价	经济增长质量指数
2002	0.0982	0.0778	0.0870	0.1639	0.4269
2003	0.0995	0.0682	0.0869	0.1685	0.4231
2004	0.1031	0.0587	0.0857	0.1650	0.4124
2005	0.1003	0.0720	0.0848	0.1688	0.4260
2006	0.1085	0.0707	0.0840	0.1631	0.4263
2007	0.1130	0.0503	0.0854	0.1608	0.4095
2008	0.1120	0.0666	0.0848	0.1657	0.4291
2009	0.1270	0.0498	0.0843	0.1685	0.4296
2010	0.1296	0.0577	0.0808	0.1760	0.4441
2011	0.1298	0.0521	0.0817	0.1786	0.4422
2012	0.1294	0.0621	0.0790	0.1794	0.4499
平均值	0.1114	0.0629	0.0847	0.1674	0.4265

从各维度经济增长质量指数的变化趋势来看（如图 3.1 所示），考察期间，经济增长的结构指数与经济增长的资源环境代价指数总体呈现上升趋势，其指数值分别从 2000 年的 0.0989、0.1597 上升到 2012 年的 0.1294、0.1794。其中，经济增长结构指数的增长在两个阶段表现得特别明显：2005年至 2008 年的稳步增长阶段和 2008 年至 2012 年的加速增长阶段。经济增长的资源环境代价指数主要经历了"上升－下降－上升"的演变过程。经济增长的稳定性指数与经济增长的福利与成果分配指数主要呈现出下降趋势。其中，经济增长的稳定性指数呈现出比较明显的周期性与阶段性波动下降态势，2008 年以前其波动态势与经济增长质量综合指数的波动态势基本保持一致；而经济增长的福利与成果分配指数主要呈现出逐年稳步下降的态势，其波动程度很小，下降的幅度也比较小。因此，我国总体经济增长质量的提高主要来自经济增长结构和经济增长资源环境代价的改善。经济增长的不稳定是导致经济增长质量在提高过程中出现波动的重要原因。

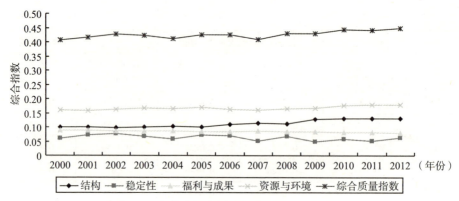

图 3.1   各维度经济增长质量指数的变化趋势

表 3.3 进一步给出了相关年份我国各省域经济增长质量指数值及其排序。从表 3.3 可知，我国经济增长质量综合指数平均值排名前五的省域依次是北京、上海、天津、广东、浙江。表明这些省域经济增长质量水平相对较高，且以北京居首。而贵州、青海、云南、山西、宁夏的经济增长质量综合指数平均值处于全国排名的最后五位。表明这些省域经济增长质量水平相对较低，尤其以贵州为最低。经济增长质量水平最高的北京其综合指数值是经济增长质量水平最低的贵州的 3.10 倍，地区差异凸显。就经济增长质量综合指数值的变动态势来看，北京、天津、辽宁、上海、江苏、浙江、山东、广东、山西、内蒙古、江西、河南、湖南、重庆、陕西、宁夏等 16 个省域经济增长质量综合指数总体呈现上升趋势。表明考察期间这些省域的经济增长质量水平得到不断提升。河北、吉林、黑龙江、安徽、福建、湖北、广西、海南、四川、甘肃、青海、新疆、贵州、云南等 14 个省域的经济增长质量综合指数总体呈现下降趋势。表明考察期间这些省域的经济增长质量水平没有得到改善。

表 3.3   2000～2012 年我国各省域经济增长质量综合指数及其排序

地区		2000 年	2002 年	2004 年	2006 年	2008 年	2010 年	2012 年	平均值	排名
东部	北京	0.7060	0.7629	0.7661	0.7791	0.8012	0.7816	0.7507	0.7638	1
	天津	0.5701	0.5764	0.5766	0.5897	0.5664	0.5598	0.5702	0.5715	3
	河北	0.3700	0.3742	0.3135	0.3348	0.3527	0.3482	0.3406	0.3409	22

续表

地区		2000 年	2002 年	2004 年	2006 年	2008 年	2010 年	2012 年	平均值	排名
东部	辽宁	0.4153	0.4380	0.4146	0.4118	0.4323	0.4407	0.4353	0.4246	10
	上海	0.6854	0.7067	0.7155	0.7390	0.7361	0.7483	0.7281	0.7248	2
	江苏	0.4258	0.4283	0.4292	0.4531	0.4871	0.4665	0.4690	0.4502	6
	浙江	0.4290	0.4450	0.4550	0.4869	0.4966	0.4553	0.4985	0.4660	5
	福建	0.4457	0.4536	0.4139	0.4284	0.4313	0.4191	0.4071	0.4243	11
	山东	0.3954	0.4067	0.3850	0.4268	0.4238	0.4199	0.3999	0.4061	12
	广东	0.5053	0.5548	0.5363	0.5317	0.5492	0.5264	0.5083	0.5334	4
	海南	0.4539	0.4649	0.4529	0.4416	0.4406	0.4010	0.4249	0.4460	7
中部	山西	0.2784	0.2833	0.2810	0.3017	0.3051	0.3114	0.3337	0.2969	27
	内蒙古	0.3403	0.3510	0.3118	0.3135	0.3485	0.3804	0.3984	0.3433	21
	吉林	0.4392	0.4557	0.4217	0.4282	0.4616	0.4244	0.4227	0.4336	8
	黑龙江	0.4371	0.4547	0.4254	0.4262	0.4385	0.4148	0.3955	0.4261	9
	安徽	0.3767	0.4020	0.3555	0.3609	0.3523	0.3770	0.3657	0.3634	16
	江西	0.3734	0.3684	0.3536	0.3721	0.3922	0.3790	0.4015	0.3797	14
	河南	0.3488	0.3578	0.3127	0.3658	0.3695	0.3667	0.3542	0.3507	18
	湖北	0.3905	0.3843	0.3674	0.3764	0.3874	0.3926	0.3579	0.3729	15
	湖南	0.3389	0.3758	0.3196	0.3581	0.3576	0.3524	0.3592	0.3478	19
西部	广西	0.3451	0.3211	0.2797	0.3130	0.3037	0.3179	0.2867	0.3070	24
	重庆	0.3518	0.3521	0.3361	0.3252	0.3820	0.3704	0.3806	0.3514	17
	四川	0.3446	0.3530	0.3311	0.3108	0.3407	0.3386	0.3360	0.3337	23
	贵州	0.2442	0.2867	0.2551	0.2336	0.2439	0.2630	0.2253	0.2467	30
	云南	0.3260	0.2906	0.2637	0.2756	0.2840	0.2805	0.2657	0.2830	28
	陕西	0.3576	0.3556	0.3299	0.3342	0.3435	0.3562	0.3703	0.3472	20
	甘肃	0.3224	0.3157	0.3078	0.3018	0.3044	0.3111	0.3043	0.3023	25
	青海	0.3269	0.2997	0.3161	0.2726	0.2303	0.2231	0.2295	0.2705	29
	宁夏	0.3005	0.3403	0.3291	0.2883	0.2933	0.2660	0.3242	0.2992	26
	新疆	0.3818	0.4277	0.4175	0.4041	0.3874	0.3487	0.3469	0.3893	13

资料来源:《中国经济增长质量报告:中国经济增长指数及省区排名(2012)》。

　　分区域来看，东部、中部、西部省域经济增长质量水平最高的是东部，其次分别是中部和西部，其经济增长质量综合指数平均值分别为 0.5047、0.3683、0.3130。经济增长质量全国排名前 10 位的省域中有 8 个省域位于东部，除河北排名第 22 位外，东部其余 10 个省域的经济增长质量水平全部位于全国排名的前 12 位范围之内。且考察期间经济增长质量水平出现增长的16 个省域中有 8 个位于东部地区。表明东部各省域经济增长质量整体水平比较高，且整体发展态势良好。图 3.2 直观地描述了东部各省域经济增长质量水平的变动趋势与变动幅度。随着时间的推移，浙江、江苏、北京、上海、辽宁、广东的经济增长质量稳步提升，且提升的幅度明显。其中，2000～2012 年，浙江、江苏、北京、上海的经济增长质量综合指数分别从 0.4289、0.4257、0.7060、0.6853 增长到 0.4985、0.4690、0.7507、0.7281，年均增长分别为 1.26%、0.81%、0.51%、0.51%。天津、山东的经济增长质量虽然整体上也呈上升趋势，但是提升的幅度不明显。河北和山东的经济质量指数在东部地区处于最低位置，并且整体上呈下降趋势。由于区域内部经济增长质量排名前 2 位的北京和上海其经济增长质量水平呈现逐步增长趋势，而经济增长质量排名最后 2 位的河北和山东其经济增长质量水平呈现进一步下降趋势。因此，东部区域内部经济增长质量差距将进一步扩大。

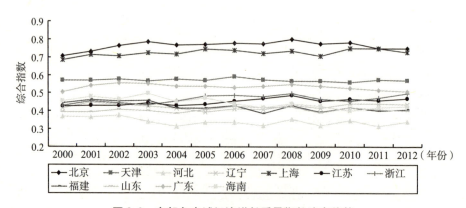

图 3.2　东部各省域经济增长质量指数演变趋势

　　中部地区经济增长质量平均水平最高的省域为吉林，其经济增长质量综合指数平均值为 0.4336，全国排名第 8 位；经济增长质量平均水平最低的省域为山西，其经济增长质量综合指数平均值为 0.2969，全国排名第 27 位；除山西、内蒙古之外，中部其余 7 个省域的经济增长质量平均水平都位于第 8 ~ 20 名。中部地区经济增长质量整体水平仅次于东部。图 3.3 直观地显示了中部各省域经济增长质量指数的演变趋势。总体上来看，中部各省域的经济增长质量指数大部分维持在 0.35 ~ 0.40，并且在 2007 年、2010 年均经历了一次快速上涨的过程。考察期间，山西、内蒙古、江西、河南、湖南 5 个省域经济增长质量指数整体呈现波动上升趋势，黑龙江、湖北、吉林、安徽 4 个省域经济增长质量指数整体呈现波动下降趋势。其中，2000 ~ 2012 年，山西、内蒙古、江西 3 个省域经济增长质量综合指数分别从 0.2784、0.3403、0.3734 增长到 0.3387、0.3983、0.4015，年均分别增长 1.53%、1.32%、0.61%。而河南、湖南经济增长质量综合指数增长幅度相对较小。黑龙江、湖北经济增长质量综合指数分别从 0.4371、0.3905 下降到 0.3955、0.3579，年均分别下降 0.83%、0.73%。由于区域内部经济增长质量综合指数排名靠后的省域（如山西、内蒙古、湖南）经济增长质量整体呈现上升趋势，而排名靠前的省域（如吉林、黑龙江）经济增长质量整体呈现下降趋势，因此，整体上区域内部经济增长质量差距呈现进一步缩小趋势。

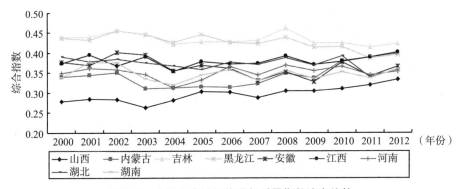

图 3.3 中部各省域经济增长质量指数演变趋势

西部地区经济增长质量平均水平最高的省域为新疆，其次是重庆，其经济增长质量综合指数平均值分别为 0.3893、0.3514，全国排名分别为第 13 位和第 17 位。经济增长质量平均水平最低的省域为贵州，其次是青海。其经济增长质量综合指数平均值分别为 0.2467、0.2705，全国排名最末两位。区域内部除新疆、重庆外，其余7个省域的经济增长质量水平排名也都在第20位之后。图3.4直观地描述了西部各省域经济增长质量指数的演变趋势。考察期间，西部地区经济增长质量整体呈现下降趋势。其中，重庆、陕西、宁夏3个省域经济增长质量整体呈现上升趋势，其经济增长质量指数分别从2000年的0.3518、0.3576、0.300上升到2012年的0.3806、0.3703、0.3242，年均分别增长0.66%、0.27%、0.64%。除此之外，其余各省域经济增长质量均呈现下降趋势，且以青海、云南、广西3个省域的下降趋势最为明显，其经济增长质量指数分别从2000年的0.3269、0.3260、0.3451下降到2012年的0.2295、0.2657、0.2867，年均分别下降2.90%、1.69%、1.53%。新疆经济增长质量指数总体呈现先快速上升（2001~2002年）再快速下降（2002~2010年）的变动态势，尽管在2011年再次经历了一次小幅回升，但是整体上升的幅度依然远远不及下降的幅度。陕西、四川、宁夏、重庆的经济增长质量指数整体表现出"先降后升"的变动态势，贵州、广西的经济增长质量指数整体经历了反复的"下降－上升"的演变历程，且波动的幅度比较大。贵州和青海的经济增长质量水平大部分年份都处于整个区域的最低水平，而新疆的经济增长质量水平绝大部分年份都处于整个区域的最高水平。大部分省域的经济增长质量水平在2004年和2009年均经历了一次明显的下降过程，而在2002年、2007年和2010年均经历了一次明显的上升过程，且2007年和2010年的上升态势最为明显。总体上看，区域内部各省域经济增长质量呈现进一步扩大趋势。

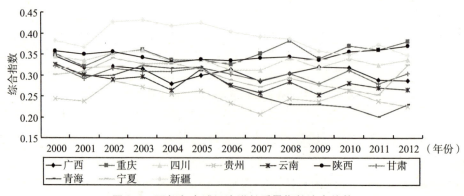

图3.4 西部各省域经济增长质量指数演变趋势

3.3.3 影响我国经济增长质量的基本因素分析

根据所得基础指标的权重求得经济增长质量各维度指数值，并对各省域相关维度指数值进行排序，所得结果如表 3.4 所示。从表 3.4 可知，经济增长的结构指数排名前 5 位的依次是北京、上海、宁夏、天津、广东。排在后 5 位的依次是河南、湖北、湖南、黑龙江、河北。经济增长的稳定性指数排名前 5 位的依次是北京、广东、山东、上海、福建。排在后 5 位的依次是宁夏、内蒙古、青海、四川、湖北。经济增长的福利与成果分配指数排名前 5 位的依次是北京、上海、天津、广东、辽宁。排在后 5 位的依次是贵州、云南、甘肃、青海、广西。经济增长的资源环境代价指数排名前 5 位的依次是上海、北京、天津、广东、江苏。排在后 5 位的依次是宁夏、山西、贵州、青海、广西。

表 3.4　2000～2012 年我国省域各维度经济增长质量指数平均值及其排序

地区		经济增长的结构		经济增长的稳定性		经济增长的福利与成果分配		经济增长的资源环境代价	
		指数值	排名	指数值	排名	指数值	排名	指数值	排名
东部	北京	0.2394	1	0.0954	1	0.2151	1	0.2404	2
	天津	0.1377	4	0.0618	17	0.1591	3	0.2395	3
	河北	0.0848	26	0.0650	12	0.0761	18	0.1415	22
	辽宁	0.1061	15	0.0598	22	0.1105	5	0.1748	14
	上海	0.2146	2	0.0708	4	0.1941	2	0.2717	1
	江苏	0.1140	9	0.0657	11	0.0918	10	0.2053	5
	浙江	0.1149	8	0.0694	7	0.1055	6	0.2026	6
	福建	0.0888	24	0.0701	5	0.0926	9	0.1993	9
	山东	0.0865	25	0.0713	3	0.0834	14	0.1914	10
	广东	0.1271	5	0.0817	2	0.1138	4	0.2373	4
	海南	0.1134	11	0.0701	6	0.0883	11	0.2008	8

续表

地区		经济增长的结构		经济增长的稳定性		经济增长的福利与成果分配		经济增长的资源环境代价	
		指数值	排名	指数值	排名	指数值	排名	指数值	排名
中部	山西	0.0937	21	0.0633	15	0.0783	17	0.0880	29
	内蒙古	0.1073	13	0.0420	29	0.0800	15	0.1405	24
	吉林	0.1187	6	0.0616	18	0.1038	8	0.1760	13
	黑龙江	0.0839	27	0.0630	16	0.1041	7	0.2016	7
	安徽	0.0925	22	0.0649	13	0.0654	21	0.1672	15
	江西	0.1045	16	0.0688	8	0.0748	19	0.1582	18
	河南	0.0799	30	0.0666	10	0.0667	20	0.1640	16
	湖北	0.0827	29	0.0529	26	0.0835	13	0.1801	11
	湖南	0.0831	28	0.0546	24	0.0597	23	0.1769	12
西部	广西	0.0967	18	0.0606	20	0.0513	26	0.1248	26
	重庆	0.1072	14	0.0611	19	0.0558	25	0.1537	21
	四川	0.0942	20	0.0519	27	0.0572	24	0.1569	19
	贵州	0.1075	12	0.0592	23	0.0139	30	0.0926	28
	云南	0.0895	23	0.0645	14	0.0147	29	0.1408	23
	陕西	0.0989	17	0.0543	25	0.0643	22	0.1563	20
	甘肃	0.0954	19	0.0680	9	0.0344	28	0.1310	25
	青海	0.1140	10	0.0465	28	0.0398	27	0.0968	27
	宁夏	0.1467	3	0.0417	30	0.0838	12	0.0535	30
	新疆	0.1168	7	0.0601	21	0.0798	16	0.1591	17

分区域来看，东部各省域，其中，北京、天津、上海、江苏、浙江、广东、海南四个维度指数值的排名都比较靠前，表明这些省域经济增长质量水平的提高主要得益于各方面的均衡协调发展。天津、河北、辽宁、江苏4个省域经济增长的稳定性是影响经济增长质量四个维度因素中的最薄弱环节，而广东、山东、福建3个省域正好与此相反。辽宁、福建经济增长的结构是影响经济增长质量四个维度因素中的最薄弱环节。河北经济增长质量整体水

平在东部地区最低，主要是由于其经济增长的结构不尽合理以及传统高能耗、低效率的粗放型经济增长方式没有得到根本性转变。

中部 9 个省域影响经济增长质量的四个维度指数中，内蒙古、吉林 2 个省域经济增长的结构指数排名最靠前，经济增长的稳定性指数和资源环境代价指数排名相对靠后，表明这 2 个省域经济增长的结构优化是促进自身经济增长质量提升的最主要因素，而经济增长的不稳定，资源使用的低效率以及环境污染问题是牵制经济增长质量提升的重要因素。黑龙江、湖北、湖南 3 个省域经济增长的福利与成果分配维度以及经济增长的资源环境代价指数是促进其经济增长质量提升的两个重要维度，而经济增长的结构不合理也严重牵制了其经济增长质量的提升。山西、安徽、江西、河南 4 个省域经济增长的稳定性指数是促进其经济增长质量提升的重要维度，而经济增长的结构同样是牵制其经济增长质量提升的重要维度。

西部各省域经济增长质量排名都比较靠后，广西、重庆、贵州、陕西、青海、宁夏、新疆 7 个省域经济增长质量提升主要得益于经济增长的结构。同时，广西、重庆、贵州 3 个省域经济增长的质量提升主要受经济增长的福利与成果分配以及经济增长的资源环境代价牵制；陕西、青海的经济增长的质量提升主要受经济增长的稳定性以及经济增长的福利与成果分配牵制；宁夏、新疆的经济增长的质量提升主要受经济增长的稳定性以及经济增长的资源环境代价牵制。影响经济增长质量的四个维度指数中，四川的资源环境代价指数排名最靠前，经济增长的稳定性指数排名最末。表明经济增长的资源环境代价是提高四川经济增长质量的一个重要维度。就云南和甘肃来看，经济增长的稳定性都是提高其经济增长质量的一个重要维度，且牵制两省经济增长质量提升的一个重要维度都是经济增长的福利与成果分配。表明云南和甘肃两省应该更加注重自身整体福利水平和改善和收入分配的平等程度，重视由利益冲突向利益和谐的转化，以此加快促进经济增长质量的进一步提高。最后，作为西部地区整体经济增长质量排名第一的新疆，在充分发挥市场机制配置资源的作用的同时，应该加强政府层面的宏观调控，以保持经济增长的稳定性，避免经济增长的大起大落，促进经济增长质量的进一步提升。

3.4 我国省域经济增长质量的收敛性与动态演进趋势分析

上述规范分析表明，我国经济增长质量存在区域差异，但是不能深入刻画区域差异分布的具体特征。为了进一步挖掘我国省域经济增长质量区域差异的具体特征及其动态演进趋势，本书进一步采用基于异质性假设的前沿参数模型——PS 俱乐部收敛模型[①]对我国 30 个省域 2000～2012 年经济增长质量水平的收敛性及其分布特征进行分析，并运用逻辑排序模型进一步挖掘收敛性形成的因素，以期为各地区提高经济增长质量的相关政策制定提供更加全面与合理的参考。

3.4.1 PS 俱乐部收敛模型方法简介

PS 俱乐部收敛模型（也称相对收敛模型）是由菲利普斯和苏尔（Phillips and Sul，2007）年提出的，主要用于分析面板数据情形下个体异质性行为的跨截面时间推移显示出的衰减趋势，即相对收敛趋势。由于该模型主要是基于包含异质性的非线性时间可变因子模型构建，因而能够有效地克服异质性条件下标准单位根检验所无法进行的收敛性检验问题。同时由于该模型不依赖于任何趋势平稳的特殊假设，从而能够有效地处理非平稳时间序列问题。除此之外，该模型具备的另外一大优势就是当全样本数据并不存在收敛性特征时，依然可以进一步检验是否存在俱乐部收敛，也同时允许其余发散个体的存在（胡宗义等，2015）。PS 俱乐部收敛模型的核心是 $\log t$ 检验。

3.4.1.1 log$t$ 检验

假设变量 y_{it} 为我们所需要考察的核心变量（本书中 y_{it} 为经济增长质量），

---

① 若无特殊说明，本书以后的用 PS 表示 Phillips，Sul，由于该收敛模型由菲利普斯和苏尔（Phillips and Sul，2007）提出，因此本书将该模型记为 PS 俱乐部收敛模型。

其中，$i = 1$，$\cdots$，N，$t = 1$，$\cdots$，T，N 为截面个体数，T 为时间跨度。则 $\log y_{it}$ 可以分解成系统性部分 g_{it} 和暂时性部分 ε_{it}，即：

$$\log y_{it} = g_{it} + \varepsilon_{it} \tag{3.13}$$

将式（3.13）进一步分解为：

$$\log y_{it} = \left(\frac{g_{it} + \varepsilon_{it}}{\mu_t} \right) \mu_t = \delta_{it} \mu_t \tag{3.14}$$

其中，μ_t 表示共同因子，代表 $\log y_{it}$ 中的共同部分，我们称之为转型路径；δ_{it} 表示异质性成分，代表 $\log y_{it}$ 中的异质性部分，我们称为增长曲线。检验 $\log y_{it}$ 的收敛性就转化为检验 δ_{it} 是否收敛于常数 δ。为检验 δ_{it} 的收敛性，我们构建一个过渡参数 h_{it}，并且：

$$h_{it} = \frac{\log y_{it}}{N^{-1} \sum_{i=1}^{N} \log y_{it}} = \frac{\delta_{it} \mu_t}{N^{-1} \sum_{i=1}^{N} \delta_{it} \mu_t} = \frac{\delta_{it}}{N^{-1} \sum_{i=1}^{N} \delta_{it}} \tag{3.15}$$

过渡参数 h_{it} 以用于度量个体相对于截面算术平均值的转移，并以面板数据形式对异质性成分 δ_{it} 进行测量。h_{it} 的作用在于：它不仅能够测量某个体相对于其他个体的行为，也能够测量其相对于共同增长路径 μ_t 的分离程度。此外，由于 δ_{it} 收敛于常数 δ，因此 h_{it} 收敛于 1，且 h_{it} 二次距离形式的截面方差 V_t 收敛于零，即：

$$V_t = \frac{1}{N} \sum_{i=1}^{N} (h_{it} - 1)^2 \xrightarrow{t \to \infty} 0 \tag{3.16}$$

为构造收敛性检验的原假设，我们进一步构建关于 δ_{it} 的半参数模型：

$$\delta_{it} = \delta_i + \frac{\sigma_i \xi_{it}}{L(t) t^\alpha} \tag{3.17}$$

其中，δ_i 固定，σ_i 为异质性水平参数，$\xi_{it} \sim iid(0, 1)$（截面单元上），$L(t)$ 为一渐变函数，且满足 $L(t \xrightarrow{t \to \infty} \infty)$，$\alpha$ 为收敛速度参数，函数 $L(t)$ 确保了收敛的存在（当 $\alpha = 0$ 时收敛速度会比较慢）。则收敛性检验的原假设可以表示为：

$$H_0: \delta_i = \delta \text{ 且 } \alpha \geqslant 0$$

备择假设可以表示为：

$$H_1: \text{存在某个 } i \text{ 使得 } \delta_i \neq \delta \text{ 和（或）} \alpha < 0$$

原假设表明全样本收敛，备择假设则表明存在（或至少存在）某个省份背离整体收敛，具体说明地区间经济增长质量发散或存在类型收敛。在原假设成立的条件下，h_{it} 的截面方差满足如下条件：

$$V_t \sim \frac{A}{L(t)^2 t^{2\alpha}}, \quad t \to \infty, \quad A > 0 \qquad (3.18)$$

为此，可以构建如式（3.19）所示回归方程的收敛性检验。

$$\log\left(\frac{V_1}{V_t}\right) = 2\log L(t) = c + b\log t + u_t, \quad t = [rT], \ [rT]+1, \ \cdots, \ T \qquad (3.19)$$

式（3.19）中，$r \in (0, 1)$ [1]，$L(t) = \log t$。$-2\log L(t)$ 类似于罚函数，其作用主要用来控制针对 b 的 OLS 估计可能存在的偏误。在此基础上，进一步运用单边异方差和序列相关稳健的 t 检验方法，检验 b 是否显著。如果 t 检验统计量 b 非负，则表明存在收敛特征，反之，如果 $t_{\hat{b}} < -1.65$（5% 显著性水平的临界值），则表明不存在全样本收敛特征。

3.4.1.2 俱乐部收敛算法

如果基于上述检验方法，在给定显著性水平条件下拒绝收敛性假设，可进一步检验是否存在俱乐部收敛。俱乐部收敛的计算主要基于如下步骤进行：

第一步：将所有地区的数据基于最后一年数据从小到大排序。

第二步：将经济增长质量最靠前的 k 个地区（$2 \leqslant k < N$）视为第一种俱乐部，然后检验该俱乐部是否收敛。如果 t 检验不能拒绝原假设，则将剩余地区分别加入并依次执行 $\log t$ 检验，以此筛选出所有满足 $t > -1.65$ [2] 的地区，再从中选择 t 值最大的一个地区，并将该地区与此前两个地区组成新组。如果最开始选取的由两个地区构建的第一个俱乐部的收敛性原假设被拒绝，则把经济增长质量排名第一的地区剔除，将排名第二和第三的地区构建第一个俱乐部，然后检验是否存在收敛，如不满足则继续按照这个筛选方法检验收敛性，直到接受收敛性原假设为止。如果整个样本都不满足收敛性原假设，则说明不存在俱乐部收敛。

第三步：重复上述步骤，选出 $t > c$，$c \geqslant 0$（c 为一个临界值）的所有地区，然后与此前构成组的地区组成新组，并检验这个新构成组是否收敛。

---

① PS（2007）通过蒙特卡罗模拟实验，认为在 $t < 50$ 情况下比较合理的选择是 $r = 0.3$。

② 显著性水平为 0.05 时对应的 t 值。

第四步：将在第三步中没有被选中的地区重新构建一个组并检验这个组是否存在收敛性。如果存在收敛性，那么这个组就可以构成另一个俱乐部（前面三步已经构建了第一个俱乐部），如果检验拒绝收敛原假设，则将这些剩余组按照第一步至第三步重新筛选出其他收敛俱乐部，如果第二步中收敛性条件不成立，则表明剩余地区的经济增长质量是发散的。此外，可以进一步采用菲利普斯和苏尔（Phillips and Sul，2009）提出的检验方法来检验两个相邻俱乐部之间是否还可以进一步合并，检验合并的方法依然为 log$t$ 检验，在此不再赘述。

3.4.2　我国省域经济增长质量的收敛性检验与分析

3.4.2.1　省域经济增长质量的收敛性检验

参照上节介绍的 PS 收敛模型计量方法，采用上文提到的 log$t$ 检验对我国 30 个省域 2000～2012 年的经济增长质量水平进行收敛检验，以判断各省域经济增长质量是否存在相同的变化趋势。全样本的收敛检验 t 值为 $-14.1192 < t_{critical} = -1.65logt$，表明 30 个省域的经济增长质量整体不存在收敛，因此进一步检验是否存在俱乐部收敛，即分区域收敛。按照类型收敛的检验步骤进行实证分析，分析结果如表 3.5 所示。从表 3.5 可知，考察期间，我国省域经济增长质量可以分为 7 个初始俱乐部（type1～type7）和 5 个发散单元（type8～type12），即与其他收敛俱乐部离散。为了确保计算的准确，在检验俱乐部收敛时我们选取较为保守的临界值 $c^* = 0$，选取这个临界值将使得我们能够通过高置信度将其他成员纳入俱乐部的同时，也有可能增加错误的将其他成员排除到俱乐部之外的概率。表 3.5 的中间部分详细地记载了采用 log$t$ 检验对俱乐部进行合并检验的过程。合并检验结果表明，我国省域经济增长质量最终可以分为 5 个收敛俱乐部（typeA～typeE）和 5 个发散单元（F[5]）。

表 3.5 经济增长质量俱乐部与俱乐部合并检验

初始分类	合并检验							最终分类
type 1 [2] 3.22 (2.55)	type 1+2 -0.84* (0.06)							type A [2] 3.22 (2.55)
type 2 [3] 0.54 (0.28)		type 2+3 -0.23 (0.24)		type 2+3+4 -0.46* (0.10)				type B [3] 0.54 (0.28)
type 3 [7] 0.77 (0.38)			type 3+4 0.08 (0.10)		type 3+4+5 -0.05 (0.10)			type C [16] -0.05 (0.10)
type 4 [7] 0.72 (0.31)				type 4+5 0.59 (0.29)				
type 5 [2] 1.21 (1.55)					type 5+6 -0.77* (0.27)			type D [2] -0.54 (1.12)
type 6 [2] -0.54 (1.12)						type 6+7 -2.36* (0.16)		type E [2] 1.51 (1.05)
type 7 [2] 1.51 (1.05)							type 7+div -1.52* (0.09)	发散单元 F [5]
type 8 [1]								
type 9 [1]								
type 10 [1]								
type 11 [1]								
type 12 [1]								

注: *表示拒绝合并的原假设，即俱乐部之间不能合并，括号内为标准误，中括号内为类型所含成员个数。

　　俱乐部 A 包含的省域有北京和上海,这两个省域在考察期内的经济增长质量综合指数基本都在 0.7 以上①,属于高经济增长质量省域。北京和上海,一个作为我国的政治文化中心,一个作为我国的经济金融中心,不管是人口、经济、教育、人文,乃至房价和交通状况都不相伯仲。两个直辖市都是我国先进技术的最集中地,其竞争力排名均位于全国各省域之首。近年来,随着经济社会的发展,其经济增长结构调整得到不断优化,经济增长成果与福利的分配也得到大幅改善,经济增长中的资源利用效率进一步提高,环境得到进一步治理与改善,致使其经济增长质量遥遥领先于其他各省域。并且随着时间的推移,这两个省域的经济增长质量差距呈现逐步缩小趋势。俱乐部 B 包含的省域有广东、浙江、江苏 3 个省域,都位于东部地区。3 个省域的经济增长质量综合指数平均值都处于 0.42 ~ 0.60,仅次于北京和上海,属于较高经济增长质量省域,其经济增长质量经历了相对一致的演进历程。俱乐部 C 包含的省域主要有辽宁、海南、吉林、江西、山东、内蒙古、黑龙江、重庆、陕西、安徽、湖南、湖北、河南、新疆、河北、山西,这 16 个省域横跨了东部、中部、西部 3 个地区,从地理位置来看,主要分布在我国北部、东北部、西北部以及中南部内陆地区。这些省域的经济增长质量差距在逐渐缩小。俱乐部 D 包含的省域有甘肃和广西,均位于西部地区,其经济增长质量指数值基本都在 0.3 左右波动,且其经济增长质量指数均呈现逐步下降趋势。表明这 2 个省域均为较低经济增长质量省域,且经济增长质量水平呈现进一步下滑趋势。俱乐部 E 包含的省域主要有青海和贵州,同样均位于西部地区,为我国低经济增长质量省域,且随着时间的推移,其经济增长质量还呈现进一步恶化趋势。因此,进一步优化经济结构,进一步保障和改善民生,进一步推进生态文明建设,提高经济增长效率都将是这 2 个省域应该重点关注的问题。由于经济增长质量及其动态演进路径的特殊差异,天津、福建、四川、宁夏、云南分别自成一个发散单元。其中,天津、四川、云南 3 个省域的经济增长质量指数上下波动不太,基本上维持稳定,一定程度上处于停滞不前的状态。深入挖掘自身经济增长质量停滞不前的内在因素,切实采取措施提升自身经济增长质量应该成为这些省域经济发展的重中之重。

---

　　① 只有 2000 年上海的经济增长质量指数为 0.68535。

3.4.2.2 省域经济增长质量的相对转移路径分析

上述分析表明我国省域经济增长质量的地区分布在 5 个俱乐部和 5 个发散单元，那么，各俱乐部内省域整体经济增长质量的变化趋势及其演进路径是否存在差异？不同的俱乐部之间是否具有不同的相对转移路径？为了弄清楚这个问题，我们通过构建过渡参数 h_{it}，计算得到各俱乐部之间经济增长质量的相对转移路径，如图 3.5 所示。限于篇幅，本书仅计算了各俱乐部及各发散单元最终的相对转移路径[①]。依据之前的分析，由于相对转移路径刻画的是经济增长质量相对于平均值的变化，因此经济增长质量较高的俱乐部其相对转移路径值会大于 1，而经济增长质量较低的俱乐部其相对转移路径值会小于 1。

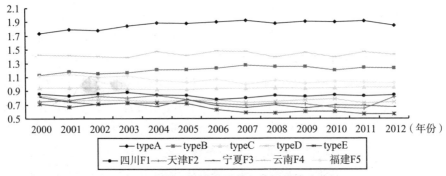

图 3.5　各俱乐部及发散单元的相对转移路径

从图 3.5 可知，考察期间，不同俱乐部之间的相对转移路径存在差异。俱乐部 A 和俱乐部 B 的相对转移路径均值都大于 1.5，且其 h_{it} 值呈现逐步上扬趋势，表明这两个俱乐部的经济增长质量水平相对较高，且俱乐部内部省域的整体经济增长质量水平与全国总体经济增长质量的平均水平之间的差距越来越大，意味着这两个俱乐部内部省域的经济增长质量提升速度要快于全国经济增长质量提升的平均速度。俱乐部 C、俱乐部 D 与俱乐部 E 的相对转移路径均值都小于 1。其中，俱乐部 C 的 h_{it} 值呈现微幅上扬趋势，但较俱乐

[①]　每个类型的相对转移路径可采用各类型成员的相对转移路径均值表示。

部 A 和俱乐部 B 的上扬趋势要平缓很多。由于俱乐部 C 包含了全国约 50% 以上的省份，因此，俱乐部 C 的总体波动态势将对全国整体经济增长质量的总体波动态势产生重要影响。俱乐部 D 和俱乐部 E 的相对转移路径整体呈现出下降趋势，且俱乐部 E 的下降趋势要明显大于俱乐部 D，说明这两个俱乐部内部省域的经济增长质量较平均水平越来越趋向于降低，尤以俱乐部 E 最为明显。俱乐部 D 和俱乐部 E 的存在，一定程度上牵制了全国经济增长质量整体水平的提高。

从图 3.5 可知，整体而言，发散单元经济增长质量的相对转移路径相对不平稳，波动态势明显。正是由于相对转移路径在波动态势、波动路径等特征上的差异，四川（F1）、宁夏（F2）、云南（F3）、天津（F4）、福建（F5）5 个省域自成一个发散单元。其中，天津、福建经济增长质量的相对转移路径均值基本都大于 1，表明这两个省域经济增长质量较高。福建经济增长质量的相对转移路径整体上呈波动下降态势，表明福建经济增长质量水平与全国整体经济增长质量的平均水平之间的差距正在稳步趋向于缩小，但是由于其经济增长质量水平始终处于俱乐部 B 与俱乐部 C 之间，导致其既不能收敛于俱乐部 B，也不能收敛于俱乐部 C。天津经济增长质量的相对转移路径经历了反复的"下降－上升"的演进历程。天津经济增长质量在波动中与全国整体水平的差距被进一步拉开。四川、宁夏、云南的相对转移路径均值基本都小于 1，且整体上呈现波动下降态势。表明这 3 个省域经济增长质量较低，发展态势不稳定，并且与全国经济增长质量平均水平的差距也越来越大。这一结论也意味着四川、云南、宁夏经济增长质量整体上呈现下降趋势，进一步印证了本节此前的研究结论。其中，四川经济增长质量水平比较低，且始终位于俱乐部 C 与俱乐部 D 之间，导致其既不能收敛于俱乐部 C，也不能收敛于俱乐部 D。云南经济增长质量水平始终位于俱乐部 A 与俱乐部 B 之间，导致其既不能收敛于俱乐部 A，也不能收敛于俱乐部 B。宁夏的经济增长质量在 2005 年之前与俱乐部 D 与俱乐部 E 都有过几个年份的收敛，但自2005 年之后又相互趋于发散。

3.4.3 我国省域经济增长质量俱乐部形成的因素分析

上述分析表明我国省域经济增长质量存在俱乐部收敛，并且各俱乐部的收敛路径存在差异。那么，决定这些俱乐部形成的背后因素是什么？为了进一步弄清楚这个问题，在上述分析的基础上，我们进一步根据麦金莱和沃伊纳（Mckelvey and Zavoina，1975）提出的逻辑排序模型来分析我国省域经济增长质量俱乐部形成的因素。

逻辑排序模型的基本形式可以设定为：

$$y_i' = \beta X_i + \varepsilon_i \tag{3.20}$$

其中，y_i'为不可观测的潜在变量，y_i为可观测变量，y_i有 0，1，2，…，M 等 $M+1$ 个取值。u_t^* 是独立同分布的随机变量，y_i 可以通过 y_i^* 按下式得到：

$$y_i = \begin{cases} 0 & \text{如果 } y_i^* \leqslant c_1 \\ 1 & \text{如果 } c_1 < y_i^* \leqslant c_2 \\ 2 & \text{如果 } c_2 < y_i^* \leqslant c_3 \\ \vdots & \vdots \\ M & \text{如果 } c_M < y_i^* \end{cases} \tag{3.21}$$

设 u_i^* 的分布函数为 $F(x)$，可以得到如下的概率：

$$p(y_i = 0) = F(c_1 - x_i'\beta)$$
$$P(y_i = 1) = F(c_2 - x_i'\beta) - F(c_1 - x_i'\beta)$$
$$P(y_i = 2) = F(c_3 - x_i'\beta) - F(c_2 - x_i'\beta)$$
$$\vdots$$
$$P(y_i = M) = 1 - F(c_M - x_i'\beta) \tag{3.22}$$

进一步地，

$$\frac{\partial p(y_i = 0)}{\partial x_i} = -f(c_1 - x_i'\beta)\beta, \quad \frac{\partial p(y_i = M)}{\partial x_i} = -f(c_M - x_i'\beta)\beta \tag{3.23}$$

其中，u_i^* 的密度函数为 $f(x)$。因此，$P = (y_i = 0)$ 的变动值随 x_i 变动方向与 β 的符号相反，而 $P(y_i = M)$ 的变动随 x_i 变动方向与 β 的符号方向相同，但是对于中间取值概率的变动与 x_i 的关系则是不能确定的。分布函数 $F(x)$ 一般有 3 种常见的模型：Probit 模型，Logit 模型和 Extreme Value 模型，一般都采用极大似然方法估计参数。需要指出的是，M 个临界值 c_1，c_2，…，c_M 事先也是不确定的，所以也作为参数和回归系数一起进行估计。

根据俱乐部收敛理论，只有当存在相同的经济特征时，不同的经济体才会收敛于相同的稳态。结合本节前半部分关于影响经济增长质量因素的分析以及现有关于经济增长质量影响因素的主要研究成果，在初始条件上，采用各省域 2000 年的初始经济增长结构、初始经济增长的稳定性程度、初始经济增长的福利变化与成果分配情况、初始经济增长的资源环境代价为解释变量。同时，根据上文熵权综合指数法计算得到的各指标的权重可知，当相关省域的初始条件相似时，决定经济体经济增长质量是否会趋同的另外一些重要因素分别有工业化率、投资率、失业率、城乡收入比、单位产出能耗比等。为此进一步选取工业化率、投资率、失业率、城乡收入比、单位产出能耗比为解释变量，来进一步挖掘经济增长质量俱乐部形成的重要影响因素。

表 3.6 给出了逻辑排序模型的回归结果。从表 3.6 可知，初始经济增长结构的影响系数显著为正，表明相关省域初始经济增长结构越合理，其经济增长质量收敛于特定俱乐部的概率越高。初始经济增长的福利变化与成果分配情况、初始经济增长的资源环境代价的影响系数显著为负，表明这些变量数值越高，各省域经济增长质量收敛于同一俱乐部的可能性就越低。也说明各省域初始经济增长的福利变化与成果分配情况越不好，或者初始经济增长的资源环境代价越小，各省域经济增长质量发散的可能性会更大。同时，工业化率、单位产出能耗比的影响系数也显著为正，表明各省域工业化率越大或单位产出能耗比越大，其经济增长质量收敛于特定俱乐部的概率越高。失业率和城乡收入比的影响系数显著为负，表明各省域失业率越高或城乡收入比越大，其经济增长质量发散的可能性越大。此外，初始经济增长的稳定性程度与投资率对经济增长质量趋同的影响不显著。由于工业化率是经济增长结构维度的重要衡量指标，失业率是经济增长稳定性维度的重要衡量指标。城乡收入比是经济增长福利与成果分配维度的重要衡量指标，单位产出能耗比是经济增长资源环境代价维度的重要衡量指标，因此，本书的结论是稳定的。

表 3.6 逻辑排序模型的回归结果

变量	系数	标准差
初始经济增长结构	0.2757 ***	0.0496
初始经济增长稳定性程度	0.0017	0.0153
初始经济增长的福利变化与成果分配情况	− 0.1292 ***	0.0377

变量	系数	标准差
初始经济增长的资源环境代价	− 0.1581 *	0.0924
经济增长结构	0.3799 ***	0.0575
经济增长稳定性程度	0.2156 ***	0.0492
经济增长的福利变化与成果分配情况	0.1725 ***	0.0597
经济增长的资源环境代价	0.2738 *	0.1400
工业化率	0.5324 ***	0.0797
投资率	0.0276	0.0380
失业率	− 1.1712 ***	0.1366
城乡收入比	− 0.8903 ***	0.1046
单位产出能耗比	0.2302 ***	0.0289

注：* 表示 $p < 0.10$，** 表示 $p < 0.05$，*** 表示 $p < 0.01$。

由此可见，省域经济增长的初始结构、初始资源环境代价、初始福利与成果分配情况都是我国省域经济增长质量俱乐部形成的重要因素。具体而言，工业化率、失业率、城乡收入比、单位产出能耗比等都是助推我国省域经济增长质量俱乐部形成的重要原因。

3.5 本章小结

本章首先就经济增长质量的内涵进行了理论推导，然后从经济增长过程与增长结果以及经济增长的结构、经济增长的稳定性、经济增长的福利变化与成果分配、经济增长的资源环境代价具体四个维度建立了我国经济增长质量评价指标体系，并采用熵权综合指数法测算了我国各省域经济增长质量水平。在此基础上，进一步采用 PS 俱乐部收敛模型全面分析了我国省域经济增长质量的收敛性特征、地理布局与动态演进趋势，并利用逻辑选择模型进一步深入探讨了我国经济增长质量收敛俱乐部形成的内在动因。研究结果表明，考察期间，我国经济增长质量总体上呈现上升趋势，经济增长的资源与环境代价对经济增长质量的平均影响最大，其次是经济增长的结构。经济增长的稳定性对经济增长质量的平均影响最小。我国区域经济增长质量差异显著，东部地区经济增长质量水平最高，其次分别是中部和西部。且东部、西部区域内部经济增长质量差距呈现进一步扩大趋势，中部区域内部经济增长质量差距呈现进一步缩小趋势。我国 30 个省域经济增长质量水平可以分为 5 个收敛俱乐部和 5 个发散单元，且各俱乐部经济增长质量的变化趋势及其演进路径同样存在显著差异。经济增长的初始结构、初始资源环境代价、初始福利与成果分配情况都是我国省域经济增长质量俱乐部形成的重要因素。具体而言，工业化率、失业率、城乡收入比、单位产出能耗比等都是助推我国省域经济增长质量俱乐部形成的重要原因。

| 第 4 章 |

保险业非均衡发展作用于经济增长
质量的机制分析

人身保险与财产保险各自的特点决定了两者对经济增长质量影响机制和影响途径的差异。与以往的研究不同，本章首先分别建立人身保险、财产保险对经济增长质量影响的理论模型来系统阐释人身保险和财产保险对经济增长质量影响的机制与路径。在此基础上，基于拉姆齐－卡斯－库普曼斯动态一般均衡分析框架，构建了保险业非均衡发展对经济增长质量影响的理论模型，从理论上阐释保险业非均衡发展对经济增长质量影响的动态多重均衡机制，以夯实下一章实证研究的微观基础。

4.1 人身保险业发展对经济增长质量影响的机制分析

第 3 章的分析指出，储蓄投资结构是经济增长结构的重要方面。本节以人身保险业发展对储蓄－投资结构的影响为例，来分析人身保险业发展对经济增长结构的影响机制，进而分析人身保险业发展对经济增长质量的影响与贡献。为了阐释这种影响机制，本节基于卡迈克尔和迪索（Carmichcel and Dissou，2000）的建模理论，基于三阶段世代交叠模型框架分别建立不存在人身保险市场和存在人身保险市场的经济模型，并对比分析不存在保险市场和存在保险市场两种稳态情形下的储蓄－投资结构，从而得出人身保险业发展对经济增长质量的影响机制与影响路径。

4.1.1 不存在人身保险市场的经济模型

考虑一个金融体系欠发达的人口世代交叠的经济体,每一代人连续存活三期,即青年期、中年期和老年期。假设青年期个体拥有一个单位的劳动禀赋,劳动供给无弹性。个体在青年期劳动,个体一生的效应取决于其中年期和老年期的消费。个体在每个时期都面临人身风险(包括生病、意外伤害等),假设个体在中年期面临人身风险的概率为 p。将个体发生生病、意外伤害等人身风险时的状态统一定义为不健康状态,用 θ_g 表示;个体没有发生任何人身风险时的状态定义为健康状态,用 θ_i 表示。假设个体处于不健康状态时进行治疗的费用支付固定为 e_i。在没有保险市场存在的情况下,个体用于治疗的费用 e_i 必须通过自身的储蓄全额支付,不能从外部融资,也不允许分割(即部分治疗)。若不治疗或只进行部分治疗,个体都被认为处于不健康状态 θ_g。个体状态 $\theta(\theta_i,\ \theta_g)$ 都在每一期的末期显示,并且个体在第二期即中年期的消费决策不会发生改变。

个体需要在青年期期末(或者中年期期初)做出储蓄决策,其既可以将第一期的劳动工资收入(W)全部储存起来以用于中年或者老年的消费,也可以用于健康支出。同时,假设个体存在两种类型的投资选择:第一,储蓄(持有流动性资产 l);第二,成为企业家获得企业股权(持有非流动性资产 S)。由于储蓄 l 可以随时支取和变现,因此资金 l 的流动性要高于资金 S 的流动性。同时,l 不存在回报收益(或者小到可以忽略不计),而企业由于至少存在两个阶段的生产过程,其第一阶段的投资到第三阶段才能得到回报(假定不存在股权交易市场),但回报收益率高,设单位投资的收益率固定为 $r(r>0)$。则个体第二阶段和第三阶段的预算限如下:

$$W = C_m + S + l \tag{4.1}$$

$$Z_{\theta_j} \leqslant l,\ j = i,\ g \tag{4.2}$$

$$C_0 = S(1+r) + l - Z_{\theta_j},\ j = i,\ g \tag{4.3}$$

其中,Z_{θ_j} 表示状态 $\theta(\theta_i$ 或 $\theta_g)$ 下的健康支出;C_m 和 C_0 分别表示个体中年期和老年期的消费支出。基于上文的假设可知,在不存在保险市场的情况下,个体只能将资金留在身边(储蓄)以抵御健康风险冲击。在健康风险的不确定性被消除之前，Z_{θ_j} 将总是小于或者等于流动性投资。由于健康支出是在第二期末产生，因此个体健康不确定性直接转化为第三阶段即老年阶段可获得消费的不确定性。则个体一生的预期效应函数可以表示为：

$$E_\theta(U) = E_\theta[u(C_m) + \beta\phi u(C_0)] \tag{4.4}$$

其中 $u(\cdot)$ 是连续的递增（$u'(\cdot) > 0$）的严格凹的（$u''(\cdot) < 0$）瞬时效应函数，且满足稻田条件：$u'(0) = \infty$ 和 $u'(\infty) = 0$，为了保证预防性储蓄为正，进一步设定 $u'''(\cdot) > 0$。β 表示时间偏好或耐心因子；ϕ 用来衡量健康状态对第三期效应的影响。个体第二期末的实际健康支出由个体第二期末的健康状态 θ 以及第三期的健康支出决定。个体健康（$\theta = \theta_i$）时对应 $\phi = 1$；不健康（$\theta = \theta_g$）时对应 $0 < \phi < 1$。

联合式（4.1）和式（4.3），个体效应最大化问题可以转换成一个两阶段的最大值求解问题：

$$\max_{l,c_m} E_\theta \left(\max_{z_{\theta_j}} \{ u(C_m) + \beta\phi u[(1+r)(W - C_m - l) + l - z_{\theta_j}] \mid \theta = \theta_j \} \right) \tag{4.5}$$

下面通过两步来求解上述问题。首先从式（4.5）内部的最大化问题（$\max\{u(C_m) + \beta\phi u[(1+r)(W - C_m - l) + l - z_{\theta_i}] \mid \theta = \theta_j\}$）来看，当个体持有流动性资产 $l < e_i$ 时，不管状态如何个体都将选择 $Z_\theta = 0$；当 $l > e_i$ 时，个体将依据老年阶段健康状态的效应高低而确定选择 Z_{θ_i} 是否等于 e_i。状态（θ_i, l）条件下的个体将选择进行治疗并支付健康费用 e_i，如果：

$$u[(1+r)(W - C_m - l) + l - e_i] > \delta u[(1+r)(W - C_m - l) + l] \tag{4.6}$$

换句话说，个体健康治疗的决策最终由个体手中持有的流动性资产决定。因此，个体的最大化问题可以表示为：

$$\max_{l,c_m} E_\theta \{ u(C_m) + \beta\phi u[(1+r)(W - C_m - l) + l - z(\theta_j, l)] \} \tag{4.7}$$

依据 ϕ 以及部分治疗无用的假设，个体将通过选择 $l = 0$ 或者 $l = e_i$ 来实现式（4.7）的最大化问题。为了分析储蓄结构对经济的影响，我们重点分析 $l = e_i$ 时的均衡状态，其达到均衡状态的充分条件是：

$$E_\theta[u(C_m, l) \mid l = e_i] > E_\theta[u(C_m, l) \mid l = 0], \ \forall C_m > 0 \tag{4.8}$$

其中：

$$E_\theta[u(C_m, l) \mid l = e_i]$$
$$= u(C_m) + \beta\{ pu[(1+r)(W - C_m - e_i)] + (1 - P)u[(1+r)(W - C_m) - re_i] \}$$
$$\tag{4.9}$$

$$E_\theta[u(C_m, l)|l=0]$$
$$=u(C_m)+\beta[1-(1-\delta)p]u[(1+r)(W-C_m)] \tag{4.10}$$

由于 $C_m>0$，可以得到式（4.9）还满足：

$$pu[(1+r)(W-C_m-e_i)]+(1-p)u[(1+r)(W-C_m)-re_i]$$
$$>u[(1+r)(W-C_m)-e_i(p+r)] \tag{4.11}$$

引理1： 在不存在保险市场的情况下，存在一个由 p、δ、e_i、r 所表示的经济，其个体行为主体愿意持有足够正的流动性资产 $l=e_i$ 以跨期平滑可能面临的人身风险冲击。

证明：上述引理等价于证明，

$$pu[(1+r)(W-C_m-e_i)]+(1-p)u[(1+r)(W-C_m)-re_i]$$
$$>u[(1+r)(W-C_m)-e_i(p+r)][1-(1-\delta)p] \tag{4.12}$$

对于式（4.12），当 $e_i=0$ 时，由 $u(\cdot)$ 的凹性以及 $\delta\in(0,1)$ 易知式（4.11）成立。当 $e_i>0$ 时，由于方程左边是关于 e_i 的连续严格递减函数，在 $e_i=0$ 的领域范围内，总是存在一个严格正的值 e_i 使得不等式（4.11）成立。换句话说，在其他条件不变的情况下，生病或者由于缺乏治疗导致的效用损耗的概率增加会促使个体将持有的流动性资金投资于健康的意愿增强。在相同的条件下，持有流动性资产的机会成本下降将促使个体增加对健康的支出。而式（4.12）中的参数 p、δ、e_i、r 由经济环境决定，经济环境将影响个体做严格正的流动性投资的决定。引理1证毕。

下面来分析第二期消费（C_m）的决定问题，期望效用最大化的内点解的一阶条件如下：

$$u'(C_m)=\beta(1+r)\{pu'[(W-C_m-e_i)(1+r)]$$
$$+(1-p)u'[(1+r)(W-C_m)-re_i]\} \tag{4.13}$$

即：

$$\frac{E[u'(C_0)]}{E[u'(C_m)]}=\frac{1}{\beta(1+r)} \tag{4.14}$$

由于 $W=C_m+S+l$，式（4.14）也可以进一步表示为：

$$u'(W-C_m-e_i)=\beta(1+r)\{pu'[S(1+r)]+(1-p)u'[S(1+r)+e_i]\}$$
$$\tag{4.15}$$

4.1.2　存在人身保险市场的经济模型

前面我们假设个体仅能够通过非生产性的存储来预防人身风险以实现自我保障。现在我们放松这个假设，考虑存在人身保险市场的情况。在这种情况下，个体通过购买保险来预防人身风险。假设青年期个体不管处于什么样的身体状态都可以通过支付一定的保障金（γF）购买保险（F）（这里不考虑道德风险）。个体支付给保险公司的这份保险金就转化成健康支出的一部分（或者全部，依据保险的覆盖范围而定）。在存在保险市场的情况下，由于个体处于不健康状态时的费用由保险公司支付，因此相比不存在保险市场的情形，个体用于健康支付的流动性投资将相对减少。由于持有流动性资产的机会成本下降，这会使得个体用于健康的花费提高。因此，在上一节定义的经济环境以及个体依旧希望能够得到完全保障的情况下，行为人面临的问题就是如何确定最优保险金额即市场保险（保费支出形式）和自我保障（持有流动性资产）的比例以实现终身效应最大化。假设 λ 是风险 e_i 被保险市场所分担的比例，$1-\lambda$ 为已持有流动性资产而自我保障分担比例。则个体中年期和老年期的预算限为：

$$W = C_m + S + [1 + \lambda(\gamma - 1)]e_i \tag{4.16}$$

$$C_0^i = S(1 + r) \tag{4.17}$$

$$C_0^g = S(1 + r) + (1 - \lambda)e_i \tag{4.18}$$

个体青年期支付的保险金为 $\gamma F = \lambda\gamma e_i$，如果他发生人身风险处于不健康状态，需要支付健康医疗费用 e_i，同时从保险公司得到补偿 λe_i。如果他并未购买全额保险那么他就必须留足流动性差额资金 $1 - \lambda e_j$。如果他保持健康就没有任何额外的支付。个体面临的问题就是在式（4.16）~式（4.18）的限制下如何选择 λ 以及第二阶段和第三阶段的消费（C_0 和 C_m）使得自身期望效应最大。将式（4.16）代入式（4.18），最优化问题转化为：

$$\max_{C_m,\lambda}(C_m) = \beta\{pu(\{W - C_m - [1 + \lambda(\gamma - 1)]e_i\}(1 + r)) + (1 - p)$$

$$u(\{W - C_m - [1 + \lambda(\gamma - 1)]e_i\}(1 + r) + (1 - \lambda)e_i)\} \tag{4.19}$$

最优保险决策 $\max(\lambda)$ 将基于如下一阶条件：

$$pu'(C_0^i)\frac{\partial C_0^i}{\partial \lambda} + (1-p)u'(C_0^g)\frac{\partial C_0^g}{\partial \lambda} = 0 \qquad (4.20)$$

其中：

$$\frac{\partial C_0^i}{\partial \lambda} = (1+r)(1-\gamma)e_i \qquad (4.21)$$

$$\frac{\partial C_0^g}{\partial \lambda} = \left[(1+r)(1-\gamma)-1\right]e_i \qquad (4.22)$$

如果保费是公平定价的，则有 $\gamma = (p+r)/(1+r)$，将其代入上述一阶条件以及由 $u(\cdot)$ 的连续性与凹性易知 $\lambda = 1$。也就是说，行为人选择进行全额保险。意味着在保费是完全公平的条件下，行为主体的最优流动性现金持有比例将为零，因为个体不健康状态下的支付将全部由保险公司承担。也就是说，保费将完全替代个体持有流动性资产作为风险基金的作用。为此个体进行非流动性投资将获得更高的回报。此时关于 C_m 的最优解为：

$$u'(C_m) = \beta(1+r)u'\left[(W-C_m)(1+r)-(p+r)e_i\right] \qquad (4.23)$$

当被保险完全保障的情况下，由于 $W = C_m + S + \left[1+\lambda(\gamma-1)\right]e_i$，式 (4.23) 可以以非流动性投资的形式表示为：

$$u'(W-S-\lambda e_i) = \beta(1+r)u'\left[S(1+r)\right] \qquad (4.24)$$

4.1.3 存在和不存在人身保险市场条件下的储蓄结构

为了分析保险中介的引入对非流动性资产（或资本形成）的影响，我们需要进一步考察行为主体的储蓄水平和储蓄结构。比较存在保险市场和不存在保险市场情况下的投资水平。

由预防性储蓄理论可知，在存在保险市场的均衡中，由于人身风险冲击都将由保险中介以公平费率保险，行为谨慎的个体将会选择完全保障，此时他将在中年期增加消费，故其总储蓄将下降，从而得到如下引理。

引理 2：在一个存在保险市场的均衡中，如果保费是公平定价的，那么个体在第二阶段（中年期）将产生更多的消费。

证明：实际上就是比较式 (4.15) 和式 (4.24) 当中存在和不存在保险市场状态下第二阶段消费的一阶条件的均衡值。用 $h_1(C_m)$、$h_2(C_m)$ 分别表示式 (4.15) 和式 (4.24) 的右边，用 $b_1(C_m)$ 和 $b_2(C_m)$ 分别表示式

（4.15）和式（4.24）的左边，由于个体是风险厌恶者，式右边的 $h_1(C_m)$、$h_2(C_m)$ 是关于 C_m 的严格递增函数，式左边的 $b_1(C_m)$ 和 $b_2(C_m)$ 是关于 C_m 的严格递减函数，因此决定式（4.15）和式（4.24）的 C_m 的均衡点是唯一的。下面进一步证明在存在自我保障（C_m^s）和保险市场保障（C_m^m）以及第二阶段消费均衡点存在的情况下，$C_m^s < C_m^m$ 成立，即证明对于 $\forall C_m > 0$ 有 $h_2(C_m) < h_1(C_m)$ 成立。而由于个体是谨慎行为者，其边际效用是严格凹的（$u''' > 0$），u' 的严格凹性决定了 $h_2(C_m) < h_1(C_m)$ 恒成立。因此，在一个存在保险市场的均衡状态下，个体将增加 C_m 而减少储蓄。证毕。

基于引理2可知，若保费是公平定价的，个体总储蓄下降将导致非流动性储蓄即投资增加。由于个体健康保障所提供的资金从 e_i 下降到 γe_i，因此个体能够将多出来的部分资金 $(1-\gamma)e_i$ 分配到第二阶段和第三阶段的消费当中，个体第三阶段（老年期）非流动性投资水平增加。由此给出引理3。

引理3：如果保费是公平定价的，与不存在保险市场的均衡状态相比，在存在保险市场的均衡状态中个体将实现更高的非流动性资产投资水平。

证明：基于上文对式（4.15）与式（4.24）中均衡值的比较，假设 S^m 和 S^s 分别表示存在保险市场和不存在保险市场条件下的最优非流动性储蓄水平，由 $\gamma < 1$ 以及效应函数 $u(\cdot)$ 连续且严格凹的性质，易知对于 $\forall C_m > 0$，$b_1(C_m) > b_2(C_m)$ 成立。而上文已经证明对于 $\forall C_m > 0$，$h_2(C_m) < h_1(C_m)$ 成立。进一步由 $e_i > 0$ 可知 $S^m > S^s$。证毕。

4.1.4　人身保险业发展对储蓄结构影响的机制

为了得到保险发展与内生经济增长的关系，本书在罗默模型的基础上考虑一个平均资本存储存在外部性的内生经济增长模型。生产过程持续两个阶段，物质资本和劳动用于生产最终产品，最终产品用于消费和投资，第一阶段劳动充分就业，生产函数由下式定义：

$$y_t = Ak_t \tag{4.25}$$

其中，A 表示转移参数，假设不存在资本折旧，并且每一时期的平均资本存量的增长等于个体在第二阶段的非流动性储蓄。个体 $t+2$ 期的平均资本存储等于年轻期的储蓄，即 $s_t = k_{t+2}$，并且假设个体在老年期消费掉其所有财富

（包括卖给年轻一代的资本），因此资本存量的平均增长可以由下式给出：

$$\frac{y_t}{y_t} = \frac{k_t}{k_t} = \frac{k_{t+2} - k_t}{k_t} = \frac{s_t - k_t}{k_t} = \frac{s_t}{k_t} - 1 \qquad (4.26)$$

用非流动性存储表示的经济增长率就为：

$$g = \frac{s_t}{k_t} - 1 \qquad (4.27)$$

式（4.27）表明，稳态下个体非流动性资产持有与个体人均产出的增长率成正比。保险中介的引入提高了个体行为人的非流动性资产投资水平，提高了资本积累率进而促进了资本形成，而经济总体资本存量水平的提高将产生正外溢性，形成内生经济增长。需要说明的是，尽管总储蓄下降的负效应可能会对经济增长产生不利影响，但是储蓄结构的优化将促使非流动性资产对长期经济增长做出更大的贡献，并且确保了正的净效应。为此，从某种程度上说，人们采用自我保障（无保险市场存在时自己持有现金的模式）来应对自己可能面临的人身风险时将无益于经济增长。

综上所述，人身保险构成了人们对储蓄的替代，从而人身保险市场的存在改变了储蓄－投资结构，提高了个体行为人的非流行性资产投资水平，提高了资本积累率进而促进了资本形成，而经济总体资本存量水平的提高将产生正外溢性，从而能够显著提高稳态下的经济增长率，形成内生经济增长。这显然有利于改善经济体中资源的配置状况，降低经济增长过程中的中间消耗，在促进经济增长的同时，提高经济增长效率和经济增长质量。

4.2 财产保险业发展对经济增长质量影响的机制分析

财产保险的核心职能是风险保障，本节重点分析财产保险是如何通过风险保障机制对经济增长的稳定性产生影响，进而阐释财产保险业发展对经济增长质量的影响机制。与上节的分析结构类似，本节以经典的不包含风险的经济模型为基础，分别建立包含风险的经济模型和包含风险、保险的经济模型。首先，通过比较不包含风险的经济模型与包含风险的经济模型的稳态情形来分析风险对经济体的影响；其次，通过比较包含风险的经济模型与包含风险、保险的经济模型的稳态情形，来分析财产保险业发展对经济增长质量的影响与贡献（廖朴，2014）。

本节以经典索洛经济增长模型为基础，假设产出 Y 是资本 K、劳动 L 以及劳动有效性 A 的函数，即具有如下生产函数形式：

$$Y = F(K, AL) \tag{4.28}$$

式（4.28）中技术进入是哈罗德中性的，进一步假设生产函数关于自变量 K 和 L 是水平报酬不变的，即对于任意非负常数 b，有：

$$bY = F(bK, bAL) \tag{4.29}$$

令 $b = 1/AL$，并定义 $k = K/AL$，$y = Y/AL$，$f(k) = F(K, 1)$，得到生产函数的紧凑形式：

$$y = f(k) \tag{4.30}$$

式（4.30）中，y 表示单位有效劳动的产出，k 表示单位有效劳动的资本量。假设 $f(k)$ 满足 $f(0) = 0$，$f'(k) > 0$，$f''(k) < 0$，即资本的边际产品为正；并假设 $f(k)$ 满足稻田条件：$\lim_{k \to 0} f'(k) = \infty$，$\lim_{k \to \infty} f'(k) = 0$。

下面，假设存在拥有单位有效劳动的个体，该个体拥有的资本为 k，并且通过资本获得确定性的产出 $y = f(k)$。个体追求终身效应最大化，根据拉姆齐－卡斯－库普曼模型有：

$$\max \left\{ \sum_{t=1}^{\infty} \rho^t u(c_t) \right\} \tag{4.31}$$

其中，$u(c_t) = \dfrac{1}{\theta} e^{-\theta c}(\theta > 0)$，$\rho$ 表示效用的折旧率，c_t 表示个体在第 t 期的消费，$u(\cdot)$ 是既定时刻个体的瞬时效用。$u(\cdot)$ 同样满足 $u'(c) > 0$，$u''(c) < 0$ 以及稻田条件 $\lim_{k \to 0} u'(c) = \infty$，$\lim_{k \to \infty} u'(c) = 0$。

4.2.1　不考虑风险的经济模型

本节以上文基本经济模型为基础，首先建立不包含风险的经济模型来分析风险（不确定性）对经济体的影响。为了便于分析，我们将生产引起的损耗折旧和风险引起的损失折旧区分开来（风险的不确定性决定了损失折旧的不确定性），尽管在无风险经济模型中生产折旧和风险折旧都假设是确定的。

假设个体拥有的初始资本为 k_0，个体利用资本 k_0 进行生产获得的产出为

$f(k_0)$。假设生产过程中生产折旧率为 d，风险折旧率（由于风险而导致的资本的贬值）为 EX，则资本折旧率为 $d+EX$。在接下来的每一期，个体行为人都将在消费和资本化两者之间进行选择进而使得终身效用最大，个体在第 t 期期初的选择面临的预算约束为：

$$(1-d-EX)k_{t-1}+f(k_{t-1})=c_t+k_t \tag{4.32}$$

式（4.32）表明个体在第 t 期的收入由第 $t-1$ 期资本的剩余值（扣除折旧）和第 $t-1$ 期资本的产出两部分组成。个体将此收入在消费 c 和资本 k 之间进行分配。为此，个体行为人追求效用最大化问题可以表示为：

$$\max_{k_t}\left\{\sum_{t=1}^{\infty}\rho^t u(c_t)\right\}$$
$$\text{s.t.}\quad (1-d-EX)k_{t-1}+f(k_{t-1})=c_t+k_t \tag{4.33}$$

其中，$t=1,2,3,\cdots,\forall k_0$（即 k_0 可以取任意值）。

构造上述模型的贝尔曼方程：

$$v(k_t)=\max_{k_{t+1}}\left\{u\left[(1-d-EX)+f(k_t)\right]-k_{t+1}\right\}+\rho v(k_{t+1}) \tag{4.34}$$

式（4.34）中的最大值在唯一值 $m(k)$ 处达到，函数 $m(\cdot)$ 连续且 $k_{t+1}=m(k)$。为找到 $m(\cdot)$ 的平稳点，根据斯托基等（Stokey et al., 1989），上式的一阶条件和包络条件可以分别表示为：

$$u'\left[(1-d-EX)+f(k_t)-k_{t+1}\right]=\rho v'(k_{t+1}) \tag{4.35}$$

$$v'(k_{t+1})=u'\left[(1-d-EX)+f(k_t)-k_{t+1}\right]\frac{1}{\rho} \tag{4.36}$$

综合式（4.35）和式（4.36），得到所描述问题的稳态为：

$$f'(k^{(1)})=\frac{1}{\rho}-(1-d)+EX \tag{4.37}$$

其中，$k^{(1)}$ 为不考虑风险的经济模型稳态下的资本存量。进一步容易得到，在生产函数和效用函数满足设定性质条件下，资本存量的动态过程将会达到稳态均衡。

4.2.2 考虑风险的经济模型

在第 4.2.1 节所描述模型的基础上我们将风险引入经济模型。风险引入经济模型后，资本的折旧将发生变化。在无风险经济模型中生产折旧和风险折旧都假设是确定的，而将风险纳入模型后，风险折旧率 X 将是一个随机变量，其均值为 EX。因此个体行为人在第 t 期期初的选择面临的预算约束为：

$$(1-d-X)k_{t-1}+f(k_{t-1})=c_t+k_t \tag{4.38}$$

个体追求终身期望效应最大化问题为：

$$\max_{k_t} E\left\{\sum_{t=1}^{\infty}\rho^t u(c_t)\right\}$$

$$\text{s. t.}\quad (1-d-X)k_{t-1}+f(k_{t-1})=c_t+k_t \tag{4.39}$$

其中，$t=1,2,3,\cdots,\ \forall k_0$（即 k_0 可以取任意值）。

同样构造模型的贝尔曼方程：

$$v(k_t)=\max_{k_{t+1}}\left\{Eu\left[(1-d-X)k_t+f(k_t)\right]-k_{t+1}\right\}+\rho v(k_{t+1}) \tag{4.40}$$

上式的一阶条件为：

$$\frac{\partial v(k_t)}{\partial k_{t+1}}=-E\left[u'(c_{t+1})+\rho v(k_{t+1})\right]=0 \tag{4.41}$$

即

$$\rho v(k_{t+1})=E\left[u'(c_{t+1})\right] \tag{4.42}$$

包络条件为：

$$\frac{\partial v(k_t)}{\partial k_t}=E\left[u'(c_{t+1})(1-d-X)+f'(k^{(2)})\right] \tag{4.43}$$

综合式（4.42）、式（4.43），得到：

$$\rho E\left\{u'(c)\left[(1-d-X)+f'(k^{(2)})\right]\right\}=Eu'(c) \tag{4.44}$$

即

$$\rho f'(k^{(2)})Eu'(c)+\rho(1-d)Eu'(c)-\rho E\left[Xu'(c)\right]=Eu'(c) \tag{4.45}$$

由式（4.18）得到所描述问题的稳态为：

$$f'(k^{(2)})=\frac{1}{\rho}-(1-d)+\frac{E\left[u'(c^{(2)})X\right]}{Eu'(c^{(2)}X)} \tag{4.46}$$

其中，$c^{(2)}=f(k^{(2)})-(d+X)k^{(2)}$，$k^{(2)}$ 为考虑了风险的经济模型稳态下的资本存量，并且容易得到 $k^{(2)}$ 由式（4.47）确定：

$$f'(k^{(2)})=\frac{1}{2}\left[\frac{1}{\rho}-1+\sqrt{\left(\frac{1}{\rho}-1+2EX\right)^2+4\mathrm{Var}(X)+2d}\right] \tag{4.47}$$

同样在生产函数和效用函数满足设定性质条件下，资本存量的动态过程将会达到稳态。

4.2.3 风险对经济的影响

为了分析风险对经济的影响，我们进一步将 $u'(c^{(2)}) = u'(f(k^{(2)}) - (d + X)k^{(2)})$ 按照泰勒展开（忽略高阶余项），有：

$$u'[f(k^{(2)}) - (d + X)k^{(2)}] = u'(f(k^{(2)}) - dk^{(2)}) - k^{(2)}u''(f(k^{(2)}) - dk^{(2)})X \tag{4.48}$$

因此，$E[u'(c^{(2)}X)] = u'(f(k^{(2)}) - dk^{(2)})EX - k^{(2)}u''(f(k^{(2)}) - dk^{(2)})EX^2$。根据上面的分析，无风险状态模型下的稳态资本存量为 $k^{(1)}$，且满足 $f'(k^{(1)}) = \dfrac{1}{\rho} - (1 - d) + EX$。考虑风险状态模型下的稳态资本存量为 $k^{(2)}$，且满足

$$\begin{aligned}
f'(k^{(2)}) &= \frac{1}{\rho} - (1 - d) + \frac{E[u'(c^{(2)})X]}{Eu'(c^{(2)}X)} \\
&= \frac{1}{\rho} - (1 - d) + \frac{E[u'(f(k^{(2)}) - dk^{(2)} - k^{(2)}X)X]}{Eu'(f(k^{(2)}) - dk^{(2)} - k^{(2)}X)}
\end{aligned} \tag{4.49}$$

则有：

$$\begin{aligned}
f'(k^{(2)}) - f'(k^{(1)}) &= \frac{E[u'(c^{(2)})X]}{Eu'(c^{(2)}X)} - EX \\
&= \frac{E[u'(c^{(2)}X)] - Eu'(c^{(2)}X)EX}{Eu'(c^{(2)})} \\
&= \frac{-k^{(2)}u''(f(k^{(2)}) - dk^{(2)})EX^{(2)} + k^{(2)}u''(f(k^{(2)}) - dk^{(2)})(EX)^{(2)}}{Eu'(c^{(2)})} \\
&= \frac{k^{(2)}u''(f(k^{(2)}) - dk^{(2)})}{Eu'(c^{(2)})}\mathrm{Var}(X) > 0
\end{aligned} \tag{4.50}$$

也即 $f'(k^{(2)}) > f'(k^{(1)})$，又根据假设 $f''(\cdot) < 0$，所以有 $k^{(2)} < k^{(1)}$。表明在风险折旧不确定的情况下，考虑风险的经济模型的稳态资本存量要低于不考虑风险的经济模型的稳态资本存量。进一步地，若风险折旧的不确定性越大（方差 $\mathrm{Var}(X)$ 越大），稳态条件下两种模型的资本存量差距将越大。由于 $y = f(k)$，$k^{(2)} < k^{(1)}$，因此存在风险情况下的稳态产出要低于不存在风险情况下的稳态产出。也即风险对经济的影响可以表述为：在风险厌恶和边际生产率递减的经济环境下，个体行为人为规避资本折旧不确定性风险，将

增加当期消费而减少资本存量重构，在稳态条件下，单位有效劳动资本的减少必将带来单位有效劳动产出的对应减少，若技术和劳动力保持不变，风险折旧的不确定性将降低稳定条件下的资本存量，进而降低稳态条件下的产出水平。

4.2.4　考虑风险和财产保险的经济模型

为了进一步分析财产保险对经济的作用机制，我们在包含风险的经济模型中进一步引入保险机制，考察在风险存在的情况下，财产保险活动介入将怎样影响经济。为此，首先建立同时包含风险和保险的经济模型。然后对比仅仅包含风险的经济模型与同时包含风险与保险的经济模型稳态下的产出，进而分析财产保险对经济增长质量的作用机制。

在包含风险经济模型的基础上，进一步引入保险活动。参考借鉴奥德度昆和王（Odedokun，1996；Wang，1999，2000）构造一个包括财产保险业与非保险部门的两部门模型，并且满足如下条件：第一，保险产品按照期望损失保费原则定价；第二，个体行为人购买保险遵循保险利益原则。假设个体行为人拥有的初始资本为 k_0，拥有保险比例为 λ_0，个体第一期的预算均衡为：

$$(1-d-X)k_0 + f(k_0) + \lambda_0 k_0 X = c_1 + k_1 + \lambda_1 k_1 E X \qquad (4.51)$$

式（4.51）左边表示个体行为人的收入由资本存量（扣除生产折旧和风险折旧）、资本产出、风险损失的保险赔付三部分构成；右边表示个体支出主要由消费、资本化和购买保险三部分构成。这样个体在下一期的总资产就为 k_1，风险总损失为 $k_1 X$，则个体在第二期的预算均衡可以表示为：

$$(1-d-X)k_1 + f(k_1) + \lambda_1 k_1 X = c_2 + k_2 + \lambda_2 k_2 E X \qquad (4.52)$$

以此类推，个体在第 t 期（$t=1$，2，3$\cdots$）面临的预算均衡为：

$$(1-d-X)k_{t-1} + f(k_{t-1}) + \lambda_{t-1} k_{t-1} X = c_t + k_t + \lambda_t k_t E X \qquad (4.53)$$

根据以上假设，个体行为人效应最大化问题可以表示为：

$$\max_{\{k_t, \lambda_t\}_t} E\left\{ \sum_{t=1}^{\infty} \rho^t u(c_t) \right\}$$

$$\text{s. t.} \quad (1-d-X)k_{t-1} + f(k_{t-1}) + \lambda_{t-1} k_{t-1} X = c_t + k_t + \lambda_t k_t E X \qquad (4.54)$$

其中，$t=1$，2，3，$\cdots$，k_0，λ_0 给定。

式（4.49）所描述问题的稳态由如下方程确定：

$$f'(k^{(3)}) = \frac{1}{\rho} - (1-d) + \frac{1}{\rho}EX \qquad (4.55)$$

$$\frac{EX}{\rho} = \frac{E[u'(c^{(3)})X]}{Eu'(c^{(3)}X)} \qquad (4.56)$$

其中，$c^{(3)} = f(k^{(3)}) - (\lambda EX + d + (1-\lambda)X)k^{(3)}$；$k^{(3)}$ 为同时考虑了风险和保险的经济模型稳态下的资本存量。

进一步构造式（4.49）的贝尔曼方程：

$$v(k_t, \lambda_t) = \max_{k_{t+1}, \lambda_{t+1}} \{Eu[(1-d-X)k_t + f(k_t) + \lambda_t k_t X - k_{t+1}$$
$$- \lambda_{t+1} k_{t+1} EX] + \rho v(k_{t+1}, \lambda_{t+1})\} \qquad (4.57)$$

其中，k_{t+1}，λ_{t+1} 分别满足：

$$(-1 - \lambda_{t+1}EX)Eu'[(1-d-X)k_t + f(k_t) + \lambda_t k_t X - k_{t+1} - \lambda_{t+1} k_{t+1} EX]$$
$$+ \rho \frac{\partial v(k_{t+1}, \lambda_{t+1})}{\partial k_{t+1}} = 0 \qquad (4.58)$$

$$(-k_{t+1}EX)Eu'[(1-d-X)k_t + f(k_t) + \lambda_t k_t X - k_{t+1} - \lambda_{t+1} k_{t+1} EX]$$
$$+ \rho \frac{\partial v(k_{t+1}, \lambda_{t+1})}{\partial \lambda_{t+1}} = 0 \qquad (4.59)$$

令 $k_{t+1} = g(k_t, \lambda_t)$，$\lambda_{t+1} = h(k_t, \lambda_t)$，式（4.58）关于 k_t、λ_t 的一阶偏导数分别为：

$$(-1 - hEX)E\left\{\left[(1-d-X) + f'(k_t) + \lambda_t X - \frac{\partial g}{\partial k_t} - \frac{\partial h}{\partial k_t}gEX - \frac{\partial g}{\partial k_t}hEX\right]u''\right\}$$
$$- \frac{\partial h}{\partial k_t}EXEu' + \rho \frac{\partial v^2(k_{t+1}, \lambda_{t+1})}{\partial k_{t+1}^2} \frac{\partial g}{\partial k_t} + \rho \frac{\partial v^2(k_{t+1}, \lambda_{t+1})}{\partial k_{t+1} \partial \lambda_{t+1}} \frac{\partial h}{\partial k_t} = 0 \qquad (4.60)$$

$$(-1 - hEX)E\left\{\left[k_t X - \frac{\partial g}{\partial \lambda_t} - \frac{\partial h}{\partial \lambda_t}gEX - \frac{\partial g}{\partial \lambda_t}hEX\right]u''\right\}$$
$$- \frac{\partial h}{\partial \lambda_t}EXEu' + \rho \frac{\partial v^2(k_{t+1}, \lambda_{t+1})}{\partial k_{t+1}^2} \frac{\partial g}{\partial \lambda_t} + \rho \frac{\partial v^2(k_{t+1}, \lambda_{t+1})}{\partial k_{t+1} \partial \lambda_{t+1}} \frac{\partial h}{\partial \lambda_t} = 0 \qquad (4.61)$$

式（4.59）关于 k_t、λ_t 的一阶条件分别为：

$$(-gEX)E\left\{\left[(1-d-X) + f'(k_t) + \lambda_t X - \frac{\partial g}{\partial k_t} - h\frac{\partial h}{\partial k_t}EX - \frac{\partial g}{\partial k_t}gEX\right]u''\right\}$$

$$-\frac{\partial h}{\partial k_t}EXEu' + \rho\frac{\partial v^2(k_{t+1},\ \lambda_{t+1})}{\partial\lambda_{t+1}k_{t+1}}\frac{\partial g}{\partial k_t} + \rho\frac{\partial v^2(k_{t+1},\ \lambda_{t+1})}{\partial\lambda_{t+1}^2}\frac{\partial h}{\partial k_t} = 0 \quad (4.62)$$

$$(-gEX)E\left\{\left[k_tX - \frac{\partial g}{\partial\lambda_t} - h\frac{\partial g}{\partial\lambda_t}EX - \frac{\partial h}{\partial k_t}gEX\right]u''\right\}$$

$$-\frac{\partial g}{\partial\lambda_t}EXEu' + \rho\frac{\partial v^2(k_{t+1},\ \lambda_{t+1})}{\partial\lambda_{t+1}k_{t+1}}\frac{\partial g}{\partial\lambda_t} + \rho\frac{\partial v^2(k_{t+1},\ \lambda_{t+1})}{\partial\lambda_{t+1}^2}\frac{\partial h}{\partial\lambda_t} = 0 \quad (4.63)$$

进一步对贝尔曼方程二阶导数有:

$$\frac{\partial v^2(k_t,\ \lambda_t)}{\partial k_t^2} = \max_{k_{t+1},\lambda_{t+1}} E\{f''(k_t)u' + [(1-d-X) + f'(k_t) + \lambda_tX]u''\}$$

$$\frac{\partial v^2(k_t,\ \lambda_t)}{\partial\lambda_t^2} = \max_{k_{t+1},\lambda_{t+1}} E\{(k_tX)^2u''\} \quad (4.64)$$

即:

$$\frac{\partial v^2(k_t,\ \lambda_t)}{\partial\lambda_t} = \max_{k_{t+1},\lambda_{t+1}} E\{(k_tX)[(1-d-X) + f'(k_t) + \lambda_tX]u'' + Xu'\}$$

$$(4.65)$$

综合式 (4.57)~式 (4.65),可以得到在生产函数和效用函数满足设定性质条件的情况下,式 (4.55)、式 (4.56) 所确定的资本存量和保险策略都是渐进稳定的。进一步令 $y = f(k) = k^a$,容易得到稳态条件下的资本存量 $k^{(3)}$ 为:

$$k^{(3)} = \left\{\frac{1}{a}\left[\frac{1}{\rho} - (1-d) + \left(\frac{1}{\rho}EX\right)\right]\right\}^{\frac{1}{a-1}} \quad (4.66)$$

稳态条件下的保险投保比例为:

$$\lambda = \frac{(1-\rho)[(k^{(3)}-d)EX + (EX)^2 - \rho EX^2]}{(2-\rho)(EX)^2 - \rho EX^2} \quad (4.67)$$

其中,$k^{(3)}$ 由式 (4.66) 决定。

4.2.5 财产保险业发展与经济增长质量

由式 (4.49)、式 (4.55) 和式 (4.56),有:

$$f'(k^{(3)}) - f'(k^{(2)}) = \frac{E[u'(c^{(3)})X]}{Eu'(c^{(3)})} - \frac{E[u'(c^{(2)}X)]}{Eu'(c^{(2)})} \quad (4.68)$$

定义 $z = \rho \dfrac{u'(c^{(2)})}{Eu'(c^{(2)})}$ 为风险折现因子，也即边际替代率，反映拥有单位有

效劳动的个体对风险的态度，这种态度将决定风险损失的概率分布进而形成
个体在卢卡斯均衡条件下对风险的价值度量。当个体行为人对风险损失的价
值度量超过风险损失的期望值即 $E(z) > EX$ 时，就有：

$$E[\rho u'(c^{(3)}) X] > EX Eu'(c^{(2)}) \tag{4.69}$$

由于 $u' > 0$，即：

$$\frac{EX}{\rho} - \frac{E[u'(c^{(2)})]}{Eu'(c^{(2)} X)} < 0 \tag{4.70}$$

综合式（4.68）～式（4.70），得到：

$$f'(k^{(3)}) - f'(k^{(2)}) = \frac{E[u'(c^{(3)}) X]}{Eu'(c^{(3)})} - \frac{E[u'(c^{(2)} X)]}{Eu'(c^{(2)})} < 0 \tag{4.71}$$

又因为 $f''(k) < 0$，所以有 $k^{(2)} < k^{(3)}$。进一步我们可以比较不包含风险的
经济模型、包含风险的经济增长模型、包含风险与保险的经济增长模型稳态
条件下单位有效劳动的资本的大小关系，即：

$$k^{(2)} \leqslant k^{(3)} \leqslant k^{(1)} \tag{4.72}$$

根据单位有效劳动产出的规律，在技术和劳动不变的情况下，三个模型
的总产出的大小关系为：

$$y^{(2)} \leqslant y^{(3)} \leqslant y^{(1)} \tag{4.73}$$

式（4.72）和式（4.73）表明，保险活动只能部分降低个体的不确定
性程度，也只能部分转移风险，这同样给经济带来成本，因此在存在风险
的经济体中，即使在保险介入的情况下经济也难以恢复至没有风险时候的
状态水平。

综上所述，包含风险的经济模型稳态下的单位有效劳动资本要低于包含
风险与保险的经济模型稳态下的单位有效劳动资本，如果技术和劳动力不变，
包含风险与财产保险的经济模型的社会资本存量将稳定在更高的水平，单位
有效劳动产出和社会总产出也将随之提高。可见，在存在风险的经济体中，
财产保险介入将对经济增长质量产生明显的促进作用。若技术和劳动力保
持不变，财产保险的存在降低了风险折旧的不确定性从而提高了稳定条件
下的资本存量，进而提高了稳态条件下的产出水平。原因是保险介入缓解
了个体可能面临风险损失的悲观情绪，使得个体对预防性储蓄的依赖度下

降。考虑到风险发生后也会得到一定的经济补偿，个体即使在明确感知风险存在的情况下也不会骤然降低资本存量，而是倾向于适当增加资本积累，这显然有利于抑制经济增长的大幅波动，在促进经济增长的同时也有效维护了经济增长的稳定性，发挥了"稳定器"的作用。这里体现的是财产保险业风险管理与经济补偿功能对经济增长影响的一种内在稳定机制，财产保险分散风险和补偿损失的功能保障了经济的可持续稳定发展，提高了经济增长质量。

4.3 保险业非均衡发展对经济增长质量影响的多重均衡机制

前面分别分析了财产保险业和人身保险业发展对经济增长质量的影响机制，但是没有考虑当保险业非均衡发展时，其对经济增长质量影响的动态均衡及其特征。事实上，不同国家或者同一国家的不同地区，由于经济发展或保险业发展政策不同或者政策同一但强度不同，保险业发展的非均衡现象普遍存在，保险业发展的地区差异客观存在。那么，在保险业非均衡发展的情况下，其对经济增长质量的影响将遵循怎样的路径？呈现怎样的特征呢？为此，以上文的分析为基础，本节基于拉姆齐－卡斯－库普曼斯模型框架拓展了一个保险业发展水平对经济增长质量影响的动态均衡模型，以期从理论上解读保险业非均衡发展对经济增长质量影响的特征，为下一章实证模型的选择提供理论参考依据。为了简便，本节不区分财产保险业和人身保险业，而是将两者统称保险业。

4.3.1 基本假设

假定经济体中存在保险部门和非保险部门，其中，保险部门在经济中所占的比重为 $\eta(0 < \eta < 1)$，保险部门个体发展存在差异。资本获得成本为 $r_1(t)$；非保险部门在经济中所占的比重为 $1 - \eta$，资本获得成本为 $r_2(t)$，$r_1(t) \neq r_2(t)$。经济体中技术以速率 g 增长，保险部门和非保险部门的生产都

只依赖于资本的投入。基于索洛经济增长模型，并假设劳动为有效劳动，则保险部门和非保险部门的生产函数可以分别表示为：

$$Y_1(t) = F_1(K, AL) = ALf_1(k(t)) \tag{4.74}$$

$$Y_2(t) = F_2(K, AL) = ALf_2(k(t)) \tag{4.75}$$

其中，AL 为有效劳动，则 $f_1(k(t)) = Y_1(t)/AL$，$f_2(k(t)) = Y_2(t)/AL$ 就分别表示保险部门和非保险部门单位有效劳动的平均产出，则经济体中总量生产函数 $F(K, AL)$ 可以表示为：

$$F(K, AL) = [\eta Y_1(t) + (1-\eta)Y_2(t)] = AL[\eta f_1(k(t)) + (1-\eta)f_2(k(t))] \tag{4.76}$$

由于 $F(K, AL) = ALf(k(t))$，并且进一步假定水平报酬不变，则经济体中单位有效劳动的生产函数 $f(k(t))$ 可以表示为：

$$f(k(t)) = F(K, AL)/AL = \eta f_1(k(t)) + (1-\eta)f_2(k(t)) \tag{4.77}$$

式（4.77）表示经济体中单位有效劳动的产量仅依赖于单位有效劳动的资本数量。

同时，假定经济体中存在数量为 H 的同质性家庭，每个家庭的水平以相同的速率 n 增长；经济体中资本初始量为 $k(0)$，则某一代表性家庭的初始资本持有量为 $k(0)/H$，家庭通过供给劳动、租借资本以及从保险部门和非保险部门接受利润获得收入，通过消费获得效应。

通过将收入在消费和储蓄之间进行分配，以最大化其效应。假设 t 时刻家庭每个成员的消费为 $c(t)$，则家庭瞬时效应函数可以采用如下相对风险厌恶不变（constant relative risk aversion，CRRA）的效应函数形式表示：

$$u(c(t)) = \frac{c(t)^{1-\theta}}{1-\theta}, \ \theta > 0, \ \rho - n - (1-\theta)g > 0 \tag{4.78}$$

其中，$\theta = -Cu''(C)/u'(C)$ 为相对风险厌恶系数，ρ 为贴现率，$\rho - n - (1-\theta)g > 0$ 确保了家庭终身效应不发散。由于 t 时刻家庭的总瞬时效应为 $u(c(t))(L(t)/H)$，则家庭一生的效应函数可以表示为：

$$U = \int_{t=0}^{\infty} e^{-\rho t} u(c(t))(L(t)/H) \, \mathrm{d}t \tag{4.79}$$

其中，$L(t)$ 为经济中的人口总数，$L(t)/H$ 为家庭水平，即每个家庭的人口数。

4.3.2 利益最大化行为

假设资本折旧率为 δ，由于市场是竞争的，则 t 时刻保险部门和非保险部门资本的回报率分别为：

$$r_1(t) = f_1'(k(t)) - \delta \tag{4.80}$$

$$r_2(t) = f_2'(k(t)) - \delta \tag{4.81}$$

经济体中平均加权福利水平为：

$$r(t) = \eta r_1(t) + (1-\eta) r_1(t) = \eta f_1'(k(t)) + (1-\eta) f_2'(k(t)) - \delta \tag{4.82}$$

经济在一段时间内的利率水平为：

$$R(t) = \int_{t=0}^{t} r(t) \, dt = \int_{t=0}^{t} \left[\eta f_1'(k(t)) + (1-\eta) f_2'(k(t)) - \delta \right] dt \tag{4.83}$$

由于索洛经济中 $\dot{k}(t)$ 等于实际投资 $(f(k(t)) - c(t))$ 减去持平投资 $((n+g+\delta)k(t))$，因此资本的欧拉方程为：

$$\dot{k}(t) = \eta f_1(k(t)) + (1-\eta) f_2(k(t)) - c(t) - (n+g+\delta)k(t) \tag{4.84}$$

将 $C(t) = A(t)c(t)$，$A(t) = A(0)e^{gt}$，$L(t) = L(0)e^{nt}$ 代入家庭效应函数式 (4.79)，得到：

$$\begin{aligned}
U &= \int_{t=0}^{\infty} e^{-\rho t} \frac{C(t)^{1-\theta}}{1-\theta} \frac{L(t)}{H} dt \\
&= \int_{t=0}^{\infty} e^{-\rho t} \left[A(0)^{1-\theta} e^{(1-\theta)gt} \frac{C(t)^{1-\theta}}{1-\theta} \right] \frac{L(0)e^{nt}}{H} dt \\
&= \frac{L(0)}{H} A(0)^{1-\theta} \int_{t=0}^{\infty} e^{-\rho t + (1-\theta)gt + nt} \frac{C(t)^{1-\theta}}{1-\theta} dt \\
&= B \int_{t=0}^{\infty} e^{\beta t} \frac{c(t)^{1-\theta}}{1-\theta} dt
\end{aligned} \tag{4.85}$$

其中，$B = \dfrac{L(0)}{H} A(0)^{1-\theta}$，$\beta = \rho - n - (1-\theta)g > 0$。进一步假设经济体中单位有效劳动的真实工资水平为 $w(t)$，同时，由 $R(t) = \int_{t=0}^{t} r(t) \, dt$ 可知 t 时刻的一单位产出的价值可以用 0 时刻的产出表示为 $e^{-R(t)}$。t 时刻，每单位有效劳动

的消费与家庭有效劳动数量的乘积即为家庭的总消费 $C(t)L(t)/H$；每单位有效劳动的工资 $w(t)$ 与家庭有效劳动数量的乘积即为家庭的总劳动收入；每单位有效劳动的资本量 $k(0)$ 与家庭有效劳动数量的乘积即为家庭初始资本持有量。而家庭面临的预算约束是其终身消费的贴现值不能超过其初始财富与其终身劳动收入的现值之和。因此，家庭预算约束可以表示为：

$$\int_{t=0}^{\infty} e^{-R(t)} C(t) \frac{A(t)L(t)}{H} \mathrm{d}t \leqslant k(0) \frac{A(0)L(0)}{H} + \int_{t=0}^{\infty} e^{-R(t)} w(t) \frac{A(t)L(t)}{H} \mathrm{d}t$$

$$(4.86)$$

由于 $A(t)L(t) = A(0)L(0)e^{(n+g)t}$，代入式（4.86）并化简得到：

$$\int_{t=0}^{\infty} e^{-R(t)} c(t) e^{(n+g)t} \mathrm{d}t \leqslant k(0) + \int_{t=0}^{\infty} e^{-R(t)} w(t) e^{(n+g)t} \mathrm{d}t \qquad (4.87)$$

合并上式积分项，并将上述家庭预算约束用极限行为来表示，即：

$$\lim_{s \to \infty} \left\{ k(0) + \int_{t=0}^{\infty} \left[e^{-R(t)} e^{(n+g)t} w(t) - c(t) \right] \mathrm{d}t \right\} \geqslant 0 \qquad (4.88)$$

则家庭预算约束的非逢齐条件可以表示为：

$$\lim_{s \to \infty} e^{-R(s)} e^{(n+g)s} k(s) \geqslant 0 \qquad (4.89)$$

为了分析家庭在式（4.86）表示下的预算约束，选择 $c(t)$ 的路径使得其终身效用最大化。我们构造如下拉格朗日函数：

$$\Gamma = B \int_{t=0}^{\infty} e^{-\beta t} \frac{c(t)^{1-\theta}}{1-\theta} \mathrm{d}t$$

$$+ \lambda \left\{ k(0) + \int_{t=0}^{\infty} e^{-R(t)} e^{(n+g)t} w(t) \mathrm{d}t - \int_{t=0}^{\infty} e^{-R(t)} e^{(n+g)t} c(t) \mathrm{d}t \right\} \qquad (4.90)$$

式（4.90）最大化的动态一阶条件为：

$$Be^{-\beta t} c(t)^{-\theta} = \lambda e^{-R(t)} e^{(n+g)s} \qquad (4.91)$$

对式（4.91）两边取对数，并代入 $R(t) = \int_{t=0}^{t} r(t) \mathrm{d}t$ 有：

$$\mathrm{Ln}B - \beta t - \theta \mathrm{Ln}c(t) = \mathrm{Ln}\lambda - R(t) + (n+g)s$$

$$= \mathrm{Ln}\lambda - \int_{t=0}^{t} r(t) \mathrm{d}t + (n+g)s \qquad (4.92)$$

对式（4.92）两边关于 t 求导，得到：

$$-B-\beta-\theta\frac{\dot{c}(t)}{c(t)}=r(t)+(n+g) \tag{4.93}$$

将 $\beta=\rho-n-(1-\theta)g$ 代入上式，得到每单位有效劳动消费的欧拉方程：

$$\frac{\dot{c}(t)}{c(t)}=\frac{r(t)-n-g-\beta}{\theta}=\frac{r(t)-\rho-\theta g}{\theta}$$

$$=\frac{\eta f_1'(k(t))+(1-\eta)f_2'(k(t))-(\delta+\rho+\theta g)}{\theta} \tag{4.94}$$

由于 $C(t)=A(t)c(t)$，得到 C 的增长率为：

$$\frac{\dot{c}(t)}{c(t)}=\frac{\dot{A}(t)}{A(t)}+\frac{c(t)}{c(t)}=g+\frac{r(t)-\rho-\theta g}{\theta}=\frac{\eta f_1'(k(t))+(1-\eta)f_2'(k(t))-(\delta+\rho)}{\theta}$$

$$\tag{4.95}$$

4.3.3 动态均衡

当 $\dot{c}(t)=\dot{k}(t)=0$ 时，经济系统处于稳态。设经济系统首次达到稳态时的均衡点为 $E^*(k^*, c^*)$。

由 $c(t)=0$ 可知：$\eta f_1'(k(t))+(1-\eta)f_2'(k(t))=f_2'(k(t))+\eta[f_1'(k(t))-f_2'(k(t))]=\delta+\rho+\theta g$。

当 $f_1'(k(t))=f_2'(k(t))$ 时，$\eta f_1'(k(t))+(1-\eta)f_2'(k(t))=f_1'(k(t))=f_2'(k(t))=\delta+\rho+\theta g$，此时 k^* 与 η 无关。

当 $f_1'(k(t))\neq f_2'(k(t))$ 时，η 的系数不为零，由于 $\delta+\rho+\theta g$ 为常量，此时 k^* 与 η 有关。

由 $\dot{k}(t)=0$ 可知：$c(t)=\eta f_1(k(t))+(1-\eta)f_2(k(t))-(n+g+\delta)k(t)$，根据黄金律准则，$c$ 取到最大值时当且仅当 $\eta f_1'(k(t))+(1-\eta)f_2'(k(t))=\delta+\rho+\theta g$。同理可得，当 $f_1'(k(t))=f_2'(k(t))$ 时，η 的系数为零，c^* 与 η 无关；当 $f_1'(k(t))\neq f_2'(k(t))$ 时，η 的系数不为零，c^* 与 η 有关。

不妨设稳态时的 $\eta=\eta^*$，下面分情况来讨论随着 η 的变动均衡点 E^* 的动态变动轨迹。

（1）$f_1'(k(t))>f_2'(k(t))$，η 下降，即 $\eta<\eta^*$ 的情形。

此时，由于单位有效劳动的生产函数 $f(k(t))=\eta[f_1(k(t))-f_2(k(t))]+$

$f_2(k(t))$，随着 η 的下降，$f(k(t))$ 和 $f'(k(t))$ 均减小，生产函数曲线向下移动。根据资本的欧拉方程，在均衡增长路径上 $\dot{k}(t) = 0$，从而有 $c(t) = f(k(t)) - (n + g + \delta)k(t)$。由于 $f(k(t))$ 变小，因此 $\dot{k}(t) = 0$ 曲线会向下移动。进一步根据消费的欧拉方程，$\dot{c}(t)/c(t) = [f'(k(t)) - \delta - \rho - \theta g]/\theta$，在均衡增长路径上 $\dot{c}(t) = 0$，从而 $f'(k(t)) = \delta + \rho + \theta g$。由于 $f'(k(t))$ 变小，为保持 $\dot{c}(t) = 0$，必须使 k 减小才能使 $f'(k(t))$ 保持原有水平不变，因此 $\dot{c}(t) = 0$ 向左移动，经济最终逐渐下降并收敛到新的均衡点 $E'^*(k'^*, c'^*)$，在新的均衡点上，$k'^* < k^*$，$c'^* < c^*$。这一动态变化过程如图 4.1 所示。

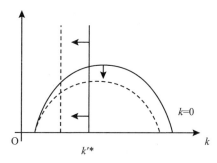

图 4.1 η 下降时的动态均衡

（2）$f_1'(k(t)) > f_2'(k(t))$，η 上升，即 $\eta > \eta^*$ 的情形。

此时，由于单位有效劳动的生产函数 $f(k(t)) = \eta[f_1(k(t)) - f_2(k(t)] + f_2(k(t))$，随着 η 的增大，$f(k(t))$ 和 $f'(k(t))$ 均增大，生产函数曲线向上移动。根据资本的欧拉方程，在均衡增长路径上 $\dot{k}(t) = 0$，从而有 $c(t) = f(k(t)) - (n + g + \delta)k(t)$。由于 $f(k(t))$ 增大，因此 $\dot{k}(t) = 0$ 曲线会向上移动。进一步根据消费的欧拉方程，$\dot{c}(t)/c(t) = [f'(k(t)) - \delta - \rho - \theta g]/\theta$，在均衡增长路径上，$\dot{c}(t) = 0$，从而 $f'(k(t)) = \delta + \rho + \theta g$。由于 $f'(k(t))$ 增大，为保持 $\dot{c}(t) = 0$，必须使 k 增大才能使 $f'(k(t))$ 保持不变，因此 $\dot{c}(t) = 0$ 向右移动，经济最终逐步上升并收敛到新的均衡点 $E'''^*(k'''^*, c'''^*)$，此刻，$k'''^* > k^*$，$c'''^* > c^*$，这一变化过程如图 4.2 所示。

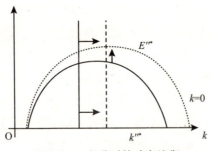

图 4.2 η 上升时的动态均衡

类似可以证明，$f_1'(k(t)) < f_2'(k(t))$，η 下降的情形与 $f_1'(k(t)) > f_2'(k(t))$，η 上升的情形遵循相同的动态均衡；$f_1'(k(t)) < f_2'(k(t))$，η 上升的情形与 $f_1'(k(t)) > f_2'(k(t))$，η 下降的情形遵循相同的动态均衡。

据此，η 以 η^* 为分界点可以划分为 $\eta < \eta^*$ 和 $\eta > \eta^*$ 两个区间，同时，不妨假设 $f_1'(k(t)) > f_2'(k(t))$ 对应保险业发达情形，即保险部门边际生产率大于非保险部门边际生产率时，加大对保险业的均衡资本投入（提高 η）促进保险业发展将促进经济增长。即保险业发展与经济增长相互促进。为此，保险业发达情形下，保险业发展与经济增长构成良性循环，这显然有助于提高经济增长效率，从而提升经济增长质量。假设 $f_1'(k(t)) < f_2'(k(t))$ 对应保险业不发达情形，即保险部门边际生产率小于非保险部门边际生产率时，减少对保险业的均衡资本投入（降低 η）降低保险业发展水平将给经济增长水平及其增长质量带来积极效果。而加大对保险业的均衡资本投入（提高 η）进一步促进保险业发展将阻碍经济增长，使得经济增长陷入低水平均衡陷阱。

4.3.4 命题

由于非均衡的存在，保险业发展对经济系统的渗透是持续变化的。这使得保险业发展与经济增长质量之间的均衡稳定关系并不唯一，而是可能在特定的阶段和特定的地区存在各不相同的鞍点均衡。在不同的发展阶段，保险业非均衡发展带来的边际产出的差异将导致保险业发展与经济增长质量的相互作用机制存在差异，进而使得保险业发展对经济增长质量的影响路径与影响效应存在门槛特征与多重均衡现象。在保险业不发达的情况下，保险业发展与经济增长质量提升之间存在一定的矛盾，促进保险业发展不一定会带来经济增长质量的提高，即过低的保险业发展水平有可能使经济增长质量陷入低水平均衡陷阱。在保险业发达的情况下，保险业发展与经济增长将实现良性互动，促进保险业发展将带来经济增长质量水平的提升。

那么，中国保险业发展与经济增长质量正处于哪种均衡状态？是否如也存在非线性多重均衡特征，如果存在，其门槛水平的具体位置是多少？各省域保险业发展与经济增长质量的均衡水平是否存在差异？在何种情况下，保险业发展水平过低的省域才能跳出低水平均衡陷阱而达到更高的均衡水平？这些问题将通过下一章的实证研究来予以解答。

4.4　本 章 小 结

首先，本章基于三阶段世代交叠模型框架分别建立不存在人身保险市场和存在人身保险市场的经济模型，并对比分析不存在保险市场和存在保险市场两种稳态情形下的储蓄－投资结构，从而得出人身保险业发展对经济增长质量的影响机制与影响路径。即：由于稳态下个体非流动性资产持有与个体人均产出的增长率成正比。人身保险构成了人们对储蓄的替代，从而人身保险市场的存在改变了储蓄－投资结构，提高了个体行为人的非流动性资产投资水平，提高了资本积累率进而促进了资本形成，而经济总体资本存量水平的提高将产生正外溢性，从而能够显著提高稳态下的经济增长率，形成内生经济增长。这显然有利于改善经济体中资源的配置状况，降低经济增长过程中的中间消耗，在提高经济增长效率的同时，提高经济增长质量。

其次，本章以经典的不包含风险的经济模型为基础，分别建立包含风险的经济模型和包含风险、保险的经济模型。通过比较不包含风险的经济模型与包含风险的经济模型的稳态情形分析了风险对经济体的影响；通过比较包含风险的经济模型与包含风险、保险的经济模型的稳态情形分析了财产保险业发展对经济增长质量的影响机制与影响路径。即：由于包含风险的经济模型稳态下的单位有效劳动资本要低于包含风险与保险的经济模型稳态下的单位有效劳动资本，如果技术和劳动力不变，包含风险与保险的经济模型的社会资本存量将稳定在更高的水平，单位有效劳动产出和社会总产出也将随之提高。可见，在存在风险的经济体中，财产保险介入将对经济增长质量产生明显的促进作用。若技术和劳动力保持不变，财产保险的存在降低了风险折旧的不确定性从而提高了稳定条件下的资本存量，进而提高了稳态条件下的产出水平。原因是保险介入缓解了个体可能面临风险损失的悲观情绪，使得个体对预防性储蓄的依赖度下降。考虑到风险发生后也会得到一定的经济补偿，个体即使在明确感知风险存在的情况下也不会骤然降低资本存量，而是倾向于适当增加资本积累，这显然有利于抑制经济增长的大幅波动，维护了经济增长的稳定性，提高单位有效劳动产出和社会总产出，进而提升经济增长质量。

在此基础上，为了分析保险业非均衡发展对经济增长质量的影响，本章基于拉姆齐－卡斯－库普曼斯动态一般均衡分析框架，构建了保险业非均衡发展对经济增长质量影响的理论模型，从理论上解读了保险业非均衡发展对经济增长质量影响的动态均衡机制，得出了由于非均衡性的存在，保险业发展对经济增长质量的影响路径与影响效应将不是一成不变的，而是存在门槛特征与不同的均衡鞍点的结论，为保险业非均衡发展与经济增长质量之间的非线性研究奠定了微观基础。

| 第 5 章 |

保险业水平非均衡发展对我国经济增长质量影响的实证分析

上一章我们已经分析了财产保险业、人身保险业发展对经济增长质量的影响机理，以及保险业非均衡发展对经济增长质量影响的多重均衡机制。基于拉姆齐－卡斯－库普曼斯分析框架下的保险业发展对经济增长影响的动态均衡模型表明：保险业发展非均衡使得保险业发展与经济增长质量之间存在不同的动态均衡，只有当保险业发展水平跨越某一临界值时，保险业发展的经济驱动功效才能有效显现，过低的保险业发展水平将导致经济陷入低水平均衡陷阱。本章利用前沿非线性面板平滑转换模型（PSTR），采用中国 30 个省域 2000～2012 年的面板数据就保险业水平非均衡发展对经济增长质量的影响效应与影响特征进行实证检验。

5.1 模型、指标与数据

5.1.1 PSTR 计量模型设定与检验

5.1.1.1 模型设定

根据上一章的理论分析，首先建立保险业发展水平对经济增长质量影响的线性模型：

$$DX_{it} = \mu_i + \alpha_{00}INS_{it} + \sum_{j=1}^{n} \alpha_{j0}STR_{j,it} + \varepsilon_{it} \tag{5.1}$$

其中，DX_{it} 表示经济增长质量指数，INS_{it} 表示保险业发展水平变量，$STR_{j,it}$ 表示其他控制变量，μ_i 为地区间差异的非观测效应，ε_{it} 为随机扰动项。为了捕捉保险业发展水平与经济增长质量之间可能存在非线性关系特征，本书借鉴哥拉勒兹等（Gonázlez et al.，2005）、弗库等（Fouquau et al.，2008）的研究，引入当前处理变量之间非线性关系的前沿模型——面板平滑转换模型（PSTR），将式（5.1）拓展为如下非线性 PSTR 模型形式：

$$DX_{it} = \mu_i + \alpha_{00}INS_{it} + \sum_{j=1}^{n} \alpha_{j0}STR_{j,it}$$
$$+ (\alpha'_{00}INS_{it} + \sum_{j=1}^{n} \alpha'_{j0}STR_{j,it})h_z(q_{it}; \gamma, c) + \varepsilon_{it} \tag{5.2}$$

模型（5.2）中，解释变量的回归系数由线性部分 α 和非线性部分 $\alpha' \times h_z(q_{it}; \gamma, c)$ 共同组成。$h_z(q_{it}; \gamma, c)$ 为转换函数，是关于转换变量 q_{it} 的取值在 $0 \sim 1$ 的连续有界函数。γ 为斜率系数，决定转换的速度；C 为转换发生的位置参数，决定转换发生的位置。转换函数通常采用如下逻辑函数形式：

$$h_z(q_{it}; \gamma, c) = \left[1 + \exp\left(-\gamma \prod_{z=1}^{m} (q_{it} - c_z) \right) \right]^{-1} \quad \gamma > 0, c_1 < c_2 < \cdots \leqslant c_m$$
$$\tag{5.3}$$

式（5.3）中，m 表示转换函数 $h_z(q_{it}; \gamma, c)$ 含有的位置参数的个数。一般根据 $m=1$ 或者 $m=2$ 来确定体制转换的状态。

当 $m=1$ 时，

$$h_z(q_{it}; \gamma, c) = h_1(q_{it}; \gamma, c) = \{ 1 + \exp[-\gamma(q_{it} - c)] \}^{-1} \tag{5.4}$$

显然，$\lim\limits_{q_{it} \to -\infty} h_1(q_{it}; \gamma, c) = 0$ 且 $\lim\limits_{q_{it} \to +\infty} h_1(q_{it}; \gamma, c) = 1$。当 $h_1(q_{it}; \gamma, c) = 0$ 时，对应的 PSTR 模型（5.2）退化为式（5.1）形式，称为低体制（low regime）。当 $h_1(q_{it}; \gamma, c) = 1$ 时，对应的模型（5.2）退化为如下形式，称为高体制（high regime）：

$$DX_{it} = \mu_i + (\alpha_0 + \alpha'_0)INS_{it} + \sum_{j=1}^{n} (\alpha_j + \alpha'_j)STR_{j,it} + \varepsilon_{it} \tag{5.5}$$

由于转换函数 $h_z(q_{it}; \gamma, c)$ 是一个连续函数，当 $h_z(q_{it}; \gamma, c)$ 在两个极值 $0 \sim 1$ 连续变化时，回归系数相应的在 α 和 $\alpha + \alpha'$ 之间做连续平滑的变化。而对应模型（5.2）就在低体制和高体制之间作连续的非线性平滑转换。就本书而言，所隐含的经济意义为：由于保险业发展政策不同或政策同一但强度不同，使得不同阶段（或地区）保险业发展水平与水平存在差异，进而对经济增长质量产生不同的影响效应。

特别地，若有 $\gamma \rightarrow +\infty$，模型（5.2）退化为面板门限回归模型。若进一步有 $q_{it} = c$ 或者 $\gamma \rightarrow 0$，$G_1(q_{it}; \gamma, c) = 0.5$，则模型（5.2）退化为线性固定效应模型。因此，面板门限回归模型和线性固定效应模型都是 PSTR 模型的特殊形式。

当 $m = 2$ 时，

$$h_z(q_{it}; \gamma, c) = h_2(q_{it}; \gamma, c_1, c_2) = \left\{ 1 + \exp\left[-\gamma(q_{it} - c_1)(q_{it} - c_2) \right] \right\}^{-1} \tag{5.6}$$

$h_2(q_{it}; \gamma, c_1, c_2)$ 关于 $q_{it} = (c_1 + c_2)/2$ 对称，在该点取最小值，此时，解释变量与被解释变量的关系所对应的体制称为中间体制。

在 PSTR 模型（5.2）中，DX_{it} 关于 INS_{it} 的边际效应可以表示为：

$$e_{it} = \frac{\partial DX_{it}}{\partial INS_{it}} = \alpha_0 + \alpha_0' h_z(q_{it}; \gamma, c); \forall_i, \forall_t \tag{5.7}$$

由于 $0 \leqslant h_z(q_{it}; \gamma, c) \leqslant 1$，所以 e_{it} 实际上是 α_0 和 α_0' 的加权平均值，系数 $\alpha_0' > 0$ 意味着 INS_{it} 对 DX_{it} 的影响效应随着转换变量的增加而增加；系数 $\alpha_0' < 0$ 意味着 INS_{it} 对 DX_{it} 的影响效应随着转换变量的增加而减少。

5.1.1.2 模型检验

在对 PSTR 模型进行估计之前，首先需要检验数据的截面异质性特征，以判断被解释变量与解释变量之间是否存在非线性效应，也即检验构建 PSTR 模型的正确性。由于模型中包含一些不能识别的参数无法直接采用标准的假设检验形式进行检验，常用的办法是借助 $h_z(q_{it}; \gamma, c)$ 在 $\gamma = 0$ 处的一阶泰勒展开式来构造一个关于线性参数的辅助回归模型，对应于模型（5.2）的辅助回归函数形式分别为：

$$ID_{it} = \mu_i + \varphi_0 X_{it} + \Gamma_0 X_{it} q_{it} + \Gamma_1 X_{it} q_{it}^2 + \cdots + \Gamma_m X_{it} q_{it}^m + \varepsilon_{it} \tag{5.8}$$

其中，X_{it} 表示所有解释变量与控制变量。因此模型（5.2）线性检验的原假设等价于检验 $H_0^*: \Gamma_1 = \Gamma_2 = \cdots = \Gamma_m = 0$。若拒绝 H_0^*，则表明模型存在非线性效应，适合采用 PSTR 模型进行分析。接下来进一步判断 m 的取值。一般采用如下形式的序贯检验进行：令 $H_{03}^*: \Gamma_3 = 0$、$H_{02}^*: \Gamma_2 = 0 \mid \Gamma_3 = 0$、$H_{01}^*: \Gamma_1 = 0 \mid \Gamma_2 = \Gamma_3 = 0$，在原假设 H_{01}^*、H_{02}^*、H_{03}^* 中，如果拒绝 H_{02}^* 最强，即其对应检验统计量的 P 值最小，则选择 $m = 2$，否则 $m = 1$。序贯检验在小样本情况下，采用 F 检验统计量替代 χ^2 分布检验统计量效果更好。在线性检验基础上，还需要进行"剩余非线性检验"，以判断模型中只存在唯一一个转换函数（$H_0': r = 1$），还是至少存在两个转换函数（$H_1': r = 2$）。判断 r 的取值则通过 LM、LM_F 或 LRT 检验统计量进行[1]。如果 H_0 条件下面板模型的残差平方和为 SSR_0，H_1 条件下 PSTR 模型的残差平方和为 SSR_1，则：

$$LM = TN(SSR_0 - SSR_1)/SSR_0 \tag{5.9}$$

$$LM_F = [(SSR_0 - SSR_1)/mK]/[SSR_0/TN - N - m(K+1)] \tag{5.10}$$

$$LRT = -2[\log(SSR_1) - \log(SSR_0)] \tag{5.11}$$

其中，K 为 PSTR 模型中解释变量的个数，在零假设条件下，LM 统计量和 LRT 统计量均服从自由度为 mK 的卡方分布，LM_F 统计量则服从渐进的 $F(mK, TN - N - mK)$ 分布。如果检验拒绝原假设 $H_0': r = 1$，表明至少存在两个转换函数，需继续检验原假设 $H_0': r = 2$ 与备择假设 $H_1': r = 3$，等等，以此类推，直到不能拒绝原假设 $H_0': r = r^*$ 为止，此时 $r = r^*$ 则为 PSTR 模型包括的转换函数个数。

5.1.2 指标与数据

本章实证分析所采用的指标变量及其具体含义如下：

（1）被解释变量：被解释变量为经济增长质量综合指数，指标选取的依据与数据来源详见本书第 3 章。

（2）核心解释变量：核心解释变量为保险业发展水平变量，遵循现有研

---

[1] LM、LM_F 或 LRT 检验就大样本而言三者是渐进等价的。对于小样本而言，LRT 检验的渐进性最好，其次是 LM 检验，而 LM_F 检验有时会拒绝原假设，其小样本性质不尽如人意。

究的普遍做法，保险业发展水平采用保险密度（包括整体保险密度 *ZIM*、财产保险密度 *CIM* 和人身保险密度 *RIM*）与保险深度（包括整体保险深度 *ZID*、财产保险深度 *CID* 和人身保险深度 *RID*）来衡量。指标选取的根据与数据来源详见本书第 2 章。

（3）转换变量：鉴于本书的研究目的，选取保险深度（包括整体保险深度 *ZID*、财产保险深度 *CID*、人身保险深度 *RID*）来考察保险业发展绝对水平对经济增长质量的影响将怎样随着自身发展水平的变化而变化。采用保险与经济发展的匹配程度（也称相对保险深度）来考察保险业发展相对水平对经济增长质量的影响将怎样随着自身与经济的协同发展程度的变化而变化。相对深度采用整体保险业发展相对深度 *ZTR*、财产保险业发展相对深度 *CTR*、人身保险相对深度 *RTR* 三个指标来衡量。数据来源及其计算详见本书第 2 章。

（4）其他控制变量：参照大多数学者的研究，模型中的控制变量选取金融发展程度（*FIN*）、实物资本存量（*CAP*）、人力资本（*HUM*）、市场化程度（*MAK*）、政府管控程度（*IST*）、经济开放程度（*OPE*）共六个典型变量。其中，实物资本存量按照张军（2004）的方法计算得到，资本形成总额数据来源于《中国统计年鉴》相关各年，基期选择为 1998 年。人力资本以各省域从业人员平均受教育年限来衡量，从业人员受教育程度构成比例数据来源于《中国劳动统计年鉴》，各地区从业人员数来源于《中国统计年鉴》。市场化程度以各省域非国有经济占全社会固定资产投资的比重表示，数据来源于《中国统计年鉴》。政府管控程度用政府财政支出占 *GDP* 的比重来表示，数据来源于《中国统计年鉴》和《中国财政年鉴》相关各年。经济开放程度用各省域进出口总额占 *GDP* 的比重来表示，产业结构采用第二产业产值占 *GDP* 的比重来表示，数据均来源于《中国统计年鉴》。上述数据中除比例数据外，其他数据均采用自然对数形式，指标数据的时间跨度均为 1998～2012 年，数据处理和模型估计均通过 Stata 计量软件实现。原始指标数据的描述性统计如表 5.1 所示。

表 5.1 指标数据的描述性统计

指标	符号	均值	最大值	最小值	标准差
经济增长质量综合指数	*IDX*	0.400	0.784	0.244	0.102
整体保险深度	*ZID*	2.568	7.800	1.090	0.935

续表

指标	符号	均值	最大值	最小值	标准差
财产保险深度	CID	0.736	1.760	0.063	0.239
人身保险深度	RID	1.829	6.400	0.660	0.793
整体保险密度	ZIM	649.793	5983.410	45.400	549.395
财产保险密度	CIM	183.359	1905.870	18.960	128.794
人身保险密度	RIM	465.296	4077.540	25.800	421.793
人身保险市场竞争度	RHHI	0.368	0.980	0.070	0.166
整体保险相对深度	ZTR	0.580	30.661	0.221	1.536
财产保险相对深度	CTR	0.385	6.854	0.041	0.374
人身保险相对深度	RTR	0.807	2.182	0.264	0.291
金融发展程度	FIN	0.705	3.207	0.137	0.394
实物资本存量	CAP	3382.244	27653.695	174.408	2273.359
人力资本	HUM	8.758	13.331	6.089	1.232
市场化程度	MAK	0.628	0.881	0.297	0.123
政府管控程度	IST	0.165	0.612	0.069	0.079
经济开放程度	OPE	0.347	1.722	0.036	0.410
产业结构	ECT	0.461	0.590	0.197	0.077

在正式计算之前，我们不妨首先通过非参数核估计从直观上来探讨一下保险业发展水平对经济增长质量的影响关系特征。我们采用保险业发展水平作为解释变量，采用经济增长质量综合指数作为被解释变量，得到整体保险业发展水平、财产保险业发展水平、人身保险业发展水平对经济增长质量的核函数拟合效果，如图5.1所示。通过观察和估计形式的拟合效果图可知，不论是整体保险业发展水平、财产保险业发展水平，还是人身保险业发展水平，其对经济增长质量的影响均呈现明显的非线性特征，表明它们之间的关系可能并不是简单的线性关系。为了进一步判断它们之间的影响关系与影响特征，我们采用PSTR模型进行实证分析。

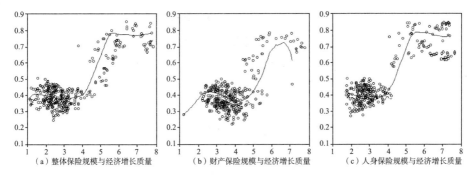

图 5.1　保险业发展水平与经济增长质量拟合效果

5.2　整体保险业水平非均衡发展对我国 经济增长质量影响的实证分析

为了系统分析整体保险业水平非均衡发展对经济增长质量的影响，本书基于模型（5.2）构建如下 PSTR 模型进行实证分析[①]：选取整体保险深度（ZID）为核心解释变量，选取整体保险深度（ZID）和整体保险业与经济增长的协调发展程度（ZTR）为转换变量。当转换变量为 ZID 且控制变量选取 MAK、IST、CAP、FIN、OPE 时，对应模型记为 A_1；当转换变量为 ZTR 且控制变量选取 MAK、IST、CAP、FIN 时，对应模型记为 A_2。

5.2.1　线性检验与剩余非线性检验

表 5.2 给出了模型 A_1 和 A_2 的线性检验结果。由表 5.2 可知：不论是以 ZID 为转换变量还是以 ZTR 为转换变量，模型 A_1 和模型 A_2 在 1% 的显著性水平下均能拒绝原假设 H_0^*，表明模型 A_1 和模型 A_2 均存在显著的非线性效应，均适合采用 PSTR 模型进行分析，表明由于发展水平异质性，门槛效应在我

---

① 为了确保实证结果的稳健性和可信度，本书通过增减控制变量与样本跨度两方面进行了稳健性检验。检验发现所检验模型的非线性效应均是显著存在的，其核心解释变量的符号也基本相同。为便于比较，本节同时列出了两个相对较优模型的估计结果。

国整体保险业发展水平对经济增长质量的影响中显著存在。同时，模型 A_1 和模型 A_2 在 10% 的显著性水平下均能够拒绝 H_{03}^*、H_{02}^*、H_{01}^*，其中模型 A_1 不能够最强地拒绝 H_{02}^*，而模型 A_2 能够最强地拒绝 H_{02}^*，因此确定模型 A_1 中 m 的取值为 1，模型 A_2 中 m 的取值为 2[①]。

表 5.2　　　　　　　　　模型 A_1 与模型 A_2 线性检验结果

模型	$H_0^*: \Gamma_1 = \Gamma_2 = \cdots = \Gamma_m = 0$		$H_{03}^*: \Gamma_3 = 0$		$H_{02}^*: \Gamma_2 = 0 \mid \Gamma_3 = 0$		$H_{01}^*: \Gamma_1 = 0 \mid \Gamma_2 = \Gamma_3 = 0$	
	F	P	F	P	F	P	F	P
A_1	24.7366	0.0000	7.5000	0.0000	18.9858	0.0000	33.5556	0.0000
A_2	24.5809	0.0000	6.7295	0.0000	12.7970	0.0000	40.1613	0.0000
A_3	16.8588	0.0000	7.1409	0.0630	31.12789	0.0000	6.1815	0.0000
A_4	17.4269	0.0000	4.7248	0.0010	32.2179	0.0000	8.1539	0.0000

在上述线性检验基础上，进一步进行剩余非线性检验，结果如表 5.3 所示。从表 5.3 可知：模型 A_1 和模型 A_2 的 LM、LMF、LRT 检验统计量在 1% 的显著性水平下都能拒绝 $r = 0$ 的原假设而不能拒绝 $r = 1$ 的原假设，表明两个 PSTR 模型均不存在"非线性剩余"，意味着模型 A_1 和模型 A_2 均只存在一个转换函数，故 r 应取值为 1。

表 5.3　　　　　　　　模型 A_1 与模型 A_2 剩余非线性检验结果

模型	检验	$H0: r=0;\ H1: r=1$			$H0: r=1;\ H1: r=2$		
		LM	LMF	LRT	LM	LMF	LRT
A_1	统计值	60.817	10.900	66.118	7.207	1.073	7.274
	$P-value$	0.000	0.000	0.000	0.302	0.378	0.296
A_2	统计值	60.817	10.900	66.118	7.207	1.073	7.274
	$P-value$	0.000	0.000	0.000	0.302	0.378	0.296

---

① 由于只保留 4 位小数，P 值的大小不能在此体现。

5.2.2 PSTR 模型估计与分析

表 5.4 给出了 PSTR 模型 A_1 和模型 A_2 的最终估计结果。

表 5.4 整体保险业发展水平对经济增长质量影响的 PSTR 估计

变量	线性部分参数估计（低区制）			非线性部分参数估计（高区制）		
	参数	A_1	A_2	参数	A_1	A_2
ZID	α_{00}	-0.0472^{***} (0.0148)	-0.1255 (0.1860)	α'_{00}	0.0037 (0.0114)	0.2510^{**} (0.1163)
MAK	α_{01}	-0.2209^{***} (0.0428)	2.0547^{***} (0.7060)	α'_{01}	-0.0259 (0.0990)	-4.1093^{***} (1.4089)
IST	α_{02}	-0.2810^{***} (0.0748)	-2.1678^{*} (1.3263)	α'_{02}	0.5257^{***} (0.1664)	4.3357^{*} (2.6533)
FIN	α_{03}	-0.0454^{***} (0.0135)	-1.5578^{***} (0.4528)	α'_{03}	0.1713^{***} (0.0374)	3.1157^{***} (0.9101)
OPE	α_{04}	-0.0117 (0.0234)	—	α'_{04}	0.1563^{***} (0.0420)	—
CAP	α_{05}	-0.0154 (0.0144)	0.0543^{***} (0.0202)	α'_{05}	0.0585 (0.0521)	-0.1087^{***} (0.0404)
	γ	0.7063	3.0011	AIC	-7.4682	-7.2647
	c_1	3.0880	1.1142	BIC	-7.3258	-7.1325
	c_2	—	0.6676			

注：括号内为对应的标准误，$*$ 表示 $p < 0.10$，$**$ 表示 $p < 0.0.05$，$***$ 表示 $p < 0.01$。

下面就表 5.4 的结果做如下解读：

从模型 A_1 可以看出，依赖于整体保险深度水平，整体保险业水平非均衡发展对经济增长质量的影响是非线性的，呈现明显的单门槛特征。门槛值（3.2747）按照整体保险业发展水平把我国各省域划分为保险业相对落后地区（$0 < ZID < 3.2747$）和保险业相对发达地区（$ZID \geqslant 3.2747$）两种不同的

状态。在保险业发展相对落后地区，整体保险深度对经济增长质量的影响系数为 -0.0472，并且在10%的水平下显著；在保险业相对发达地区，整体保险深度对经济增长质量的影响系数为 0.0037，但是在10%的水平下不显著。说明受自身发展水平差异影响，整体保险业发展的经济增长效应并非单调，而是呈现出显著的门槛结构特征。随着自身发展水平的提高并实现对门槛值的跨越，整体保险业发展水平对经济增长质量的影响将由抑制（$\alpha_{00} < 0$）转变为促进（$\alpha'_{00} > 0$），但是促进效应不显著。表明较小的整体保险业发展水平将抑制经济增长质量提升，在整体保险业发展水平进一步扩大的情况上，其对经济增长质量的正向影响也缺乏足够的显著性。因此，一味地追求扩大整体保险业发展水平，沿袭粗放型保险业发展模式将并不是促进经济增长质量提高的有效办法。

从模型 A_2 可以看出，依赖于保险与经济协调发展程度，整体保险业水平非均衡发展对经济增长质量的影响同样呈现明显的单门槛特征。门槛值 0.8909[①] 按照保险与经济的协同发展程度把我国各省域分为保险与经济协同发展程度相对较低地区（$0 < ZTR < 0.8909$）和保险与经济协同发展程度相对较高地区（$ZTR \geqslant 0.8909$）。在保险与经济协同发展程度相对较低地区，整体保险业发展对经济增长质量的影响不显著，拉升效应还不能有效显现；在保险与经济协同发展程度相对较高地区，整体保险业发展将随着保险与经济协同发展程度的提升而显著促进经济增长质量提升，并持续保持这种影响趋势（$\alpha_{00} + \alpha'_{00} > 0$）。表明随着保险与经济发展协同程度的提高并实现对门槛值的跨越，整体保险业发展对经济增长质量的促进效应将有效显现。也意味着只有在保险与经济协调发展程度相对较高的地区，保险业发展的经济增长质量助推器功能才能有效显现。因此，在追求保险业自身发展的同时，更应该注重保险业发展是否与经济发展水平相匹配。与经济发展水平相匹配的保险业发展，才能有效促进经济增长质量提高。

从控制变量来看，随着整体保险深度或者保险与经济协调发展程度的提升，市场化程度对经济增长质量的影响始终以负向效应为主，表明市场化程度对经济增长质量的拉升效应还没有有效显现。政府管控程度、金融发展程

---

① $m = 2$ 时，门槛值在 $(c_1 + c_2)/2$ 处取得。

度以及经济开放程度对经济增长质量的影响将由显著的抑制效应转变为显著的促进效应。表明政府干预、金融发展水平的提高，以及经济开放程度的提高，都将有利于经济增长质量提高。需要指出的是，实物资本存量在高区制对经济增长质量的影响以抑制效应为主。一个可能的解释是，在保险业自身发展水平较高地区，或者保险与经济发展匹配程度相对较高地区，保险业发展将开始挤占其他资源，势必也造成对实物资本存量的挤占，进而影响了实物资本存量对经济增长质量的影响效应。

5.2.3 稳健性检验

为了检验模型 A_1 和模型 A_2 的稳健性，在上述分析的基础上，我们进一步借助工具变量法来考虑整体保险业发展水平与经济增长质量之间可能存在的内生性问题，因为整体保险业发展变量本身可能具有较强的内生性：一方面，经济增长质量提升可能对保险业发展产生"需求追随"效应。经济增长质量可能为保险业发展提供物质与人力资本、技术要素以及其他中间投入，进而促进保险业发展。另一方面，在估计保险业发展水平对经济增长质量的影响效应时，变量遗漏也是导致内生性偏误的原因之一。严重的内生性会导致计量回归结果的有偏性和非一致性。而工具变量法能够在一定程度上解决变量的内生性问题。工具变量的选取具有严格的条件，即工具变量本身必须是外生的，并且与内生变量具有高度的相关性。基于此，本书采用工具变量选取的常规做法，选取整体保险深度的一阶滞后项作为整体保险业发展水平的工具变量。为了判断工具变量选取的正确性和有效性，我们对这个工具变量进行识别检验，检验结果在拒绝弱识别原假设的基础上，进一步拒绝了不足识别检验的原假设和接受了过度识别检验的原假设，因此，整体保险深度的一阶滞后项严格满足强工具变量的条件，是整体保险业发展的理想工具变量。为此，采用工具变量法进一步对 PSTR 模型进行估计，结果如表 5.5 所示。从表 5.5 的估计结果可以看出，在考虑内生性介入工具变量的情况下，不论是以整体保险深度为转换变量还是以保险与经济的协调发展程度为转换变量，整体保险业发展水平对经济增长质量的影响系数及其符号均保持相对稳定，不论是低区制还是高区制，ZID 的系数估计方向和统计特性均没有发生根本性的变化。当以保险深度为转换变量时，整体保险业对经济增长质量的影响由显著的抑制转变为不显著的促进；当以保险与经济的协调发展程度为转换变量时，整体保险业发展水平对经济增长质量的影响均由不显著的抑制转变为显著的促进。这一结果与表 5.5 的估计结果具有相似性。这也进一步证实了本书基于 PSTR 模型分析得到的整体保险业发展水平对经济增长质量的影响效应与影响特征是稳健的。进一步比较其他控制变量可以发现，控制变量 MAK、IST、FIN、CAP 的估计系数与统计特性也大部分保持了原有的特征，表明市场化程度、政府管控程度、金融发展程度和实物资本存量都是影响整体保险业发展水平与经济增长质量关系的重要因素。

表 5.5　　　　　　考虑内生性的 PSTR 模型 A'_1 与模型 A'_2 估计结果

变量	线性部分参数估计（低区制）			非线性部分参数估计（高区制）		
	参数	A'_1	A'_2	参数	A'_1	A'_2
ZID	α_{00}	-0.0108^* (0.0065)	-0.0078 (0.0054)	α'_{00}	0.0010 (0.0078)	0.0225^{***} (0.0075)
MAK	α_{01}	-0.2243^{***} (0.0234)	0.2417^{***} (0.0264)	α'_{01}	-0.1185^{***} (0.0401)	-0.0366 (0.0304)
IST	α_{02}	-0.1380^{***} (0.0371)	-0.0145 (0.0439)	α'_{02}	0.1485^* (0.0921)	0.0322 (0.0531)
FIN	α_{03}	0.0001 (0.0090)	-0.0252^{**} (0.0123)	α'_{03}	0.1812^{***} (0.0244)	0.0428^{***} (0.0138)
OPE	α_{04}	0.0671^{***} (0.0160)	—	α'_{04}	0.0803^{**} (0.0388)	—
CAP	α_{05}	-0.0016^{**} (0.0006)	0.0299 (0.0269)	α'_{05}	0.0603^{**} (0.0270)	-0.0311 (0.0270)
	γ	2.7177	22.7782	AIC	-7.3986	-6.3299
	c_1	3.2747	0.6737	BIC	-7.2766	-6.1774
	c_2	—	0.0093			

注：括号内为对应的标准误，＊表示 $p<0.10$，＊＊表示 $p<0.0.05$，＊＊＊表示 $p<0.01$。

综上所述，由于发展非均衡，整体保险业发展水平对经济增长质量的影响效应将随着自身保险深度以及保险与经济的协调发展程度的变化而变化。受保险业自身发展水平影响，在保险业自身发展相对落后地区，整体保险业发展水平对经济增长质量的影响表现为抑制，并且随着自身发展水平实现对门槛值 3.0880 的趋近与跨越，其对经济增长质量的助推功效依然无法显现。受保险与经济协调发展程度影响，整体保险业发展水平对经济增长质量的影响将由抑制转变为促进，并且将在高区制持续保持这种促进效应。

5.3 财险业水平非均衡发展对我国经济增长质量影响的实证分析

本节基于模型（5.2）构建如下 PSTR 模型来分析财险业水平非均衡发展对经济增长质量的影响[①]：选取财险深度（CID）为核心解释变量，选取财险深度（CID）和财险与经济协调发展程度（CTR）为转换变量。当转换变量为 CID 且控制变量选取 HUM、MAK、IST、FIN、CTR 时，对应模型记为 B_1；当转换变量为 CTR 且控制变量选取 HUM、MAK、IST、FIN 时，对应模型记为 B_2。

5.3.1 线性检验与剩余非线性检验

表 5.6 给出了模型 B_1、模型 B_2 的线性检验结果。由表 5.6 可知，不论是以 CID 为转换变量还是以 CTR 为转换变量，模型 B_1、模型 B_2 在 1% 的显著性水平下均能拒绝原假设 H_0^*，表明模型 B_1、模型 B_2 均存在显著的非线性效应，均适合采用 PSTR 模型进行分析，意味着由于发展不均衡，门槛效应在我国财险业发展水平对经济增长质量的影响中同样显著存在。同时，模型 B_1、模型 B_2 在 1% 的显著性水平下均能够拒绝 H_{03}^*、H_{02}^*、H_{01}^*，且都能够最强地拒绝 H_{02}^*，因此确定模型 B_1、模型 B_2 中 m 的取值为 1。

---

① 为了确保实证结果的稳健性和可信度，本书通过增减控制变量与样本跨度两方面进行了稳健性检验。检验发现所检验模型的非线性效应均是显著存在的，其核心解释变量的符号也基本相同。本节仅列出了最优模型的估计结果。

表 5.6 模型 B_1 与模型 B_2 线性检验结果

模型	$H_0^*: \Gamma_1 = \Gamma_2 = \cdots = \Gamma_m = 0$		$H_{03}^*: \Gamma_3 = 0$		$H_{02}^*: \Gamma_2 = 0 \mid \Gamma_3 = 0$		$H_{01}^*: \Gamma_1 = 0 \mid \Gamma_2 = \Gamma_3 = 0$	
	F	P	F	P	F	P	F	P
B_1	25.2378	0.0000	4.5155	0.0002	22.9087	0.0000	32.2458	0.0000
B_2	23.7429	0.0000	7.4529	0.0000	7.2348	0.0000	47.0281	0.0000

在上述线性检验基础上，进一步进行剩余非线性检验，结果如表 5.7 所示。从表 5.7 可知：模型 B_1、模型 B_2 的 LM、LMF、LRT 检验统计量在 1% 的显著性水平下都能拒绝 $r=0$ 的原假设而不能拒绝 $r=1$ 的原假设，表明两个 PSTR 模型均不存在"非线性剩余"，意味着模型 B_1、模型 B_2 均只存在一个转换函数，故 r 应取值为 1。

表 5.7 模型与 B_1 与模型 B_2 剩余非线性检验结果

模型	检验	$H0: r=0$; $H1: r=1$			$H0: r=1$; $H1: r=2$		
		LM	LMF	LRT	LM	LMF	LRT
B_1	统计值	85.853	16.654	96.967	4.386	0.648	4.411
	$P-value$	0.000	0.000	0.000	0.625	0.692	0.621
B_2	统计值	41.428	8.438	43.797	1.061	0.188	1.063
	$P-value$	0.000	0.002	0.000	0.957	0.967	0.957

5.3.2 PSTR 模型估计与分析

表 5.8 给出了 PSTR 模型 B_1、模型 B_2 的最终估计结果。

表 5.8 财险业发展水平对经济增长质量影响的 PSTR 估计

指标	线性部分参数估计（低区制）			非线性部分参数估计（高区制）		
	参数	B_1	B_2	参数	B_1	B_2
CID	α_{00}	-0.4725^{***} (0.0712)	0.0623^{**} (0.0292)	α_{00}'	0.3029^{***} (0.0474)	0.1182^{***} (0.0348)

续表

指标	线性部分参数估计（低区制）			非线性部分参数估计（高区制）		
	参数	B_1	B_2	参数	B_1	B_2
HUM	α_{01}	− 0. 0148 * (0. 0078)	− 0. 0031 (0. 0056)	α'_{01}	0. 0400 *** (0. 0128)	0. 0275 *** (0. 0056)
MAK	α_{02}	− 0. 0756 (0. 0566)	− 0. 0517 (0. 0449)	α'_{02}	− 0. 0157 (0. 1144)	− 0. 1697 *** (0. 0605)
IST	α_{03}	− 0. 2186 * (0. 1167)	− 0. 3042 *** (0. 0859)	α'_{03}	0. 3035 * (0. 1726)	0. 2498 ** (0. 1090)
FIN	α_{04}	0. 0108 (0. 0172)	0. 0478 ** (0. 0193)	α'_{04}	0. 0095 (0. 0377)	− 0. 0402 * (0. 0232)
CTR	α_{05}	0. 5054 *** (0. 0715)	—	α'_{05}	0. 7162 *** (0. 1007)	—
	γ	3. 0403	13. 9836	AIC	− 7. 5054	− 7. 3743
	c	0. 7394	0. 2808	BIC	− 7. 3631	− 7. 2523

注：括号内为对应的标准误， * 表示 $p < 0.10$， ** 表示 $p < 0.0.05$， *** 表示 $p < 0.01$。

下面就表 5.8 的结果做如下解读：

从模型 B_1 可以看出，由于发展不均衡，依赖于财险业自身发展（深度）水平，财险业发展水平对经济增长质量的影响是非线性的，呈现明显的单门槛特征。门槛值 0.7394 将我国各省域划分为财险深度相对较低地区（0 < CID < 0.7394）和财险深度相对较高地区（CID > 0.7394）。在财险深度相对较低的地区，财险业发展水平对经济增长质量的影响表现为抑制（α_{00} < 0），在财险深度相对较高的地区，财险业发展水平对经济增长质量的影响表现为促进（α'_{00} > 0），但是随着财险深度向门槛值 0.7394 的逐步趋近与跨越，这种促进效应仍然不足以抵消门槛值之前已经形成的抑制效应（$\alpha_{00} + \alpha'_{00}$ < 0），致使财险业对经济增长质量的影响依然表现为抑制效应。表明独立于经济发展水平之外的财险业自身发展水平对经济增长质量的影响以抑制效应为主，即使在财险业深度发展水平较高地区，其对经济增长质量的拉升效应依然难以显现。这一结论与其他学者的研究结论存在一些抵牾，可能是研究方法或

模型设定不同所致，具体原因有待进一步分析。

从模型 B_2 可知，由于发展不均衡，依赖于财险与经济协调发展程度，财险业发展水平对经济增长质量的影响同样呈现明显的单门槛特征。门槛值 0.2808 将我国各省域划分为财险与经济协调发展程度相对较低地区（$0 < CTR <$ 0.2808）和财险与经济协调发展程度相对较高地区（$CTR > 0.2808$）。在财险与经济协调发展程度相对较低与相对较高地区，财险业发展水平对经济增长质量的影响均表现为显著的促进（$\alpha_{00} > 0$，$\alpha'_{00} > 0$），并且随着财险与经济协调发展程度向门槛值的趋近与跨越，财险业发展水平对经济增长质量的促进效应将进一步增强（$\alpha_{00} + \alpha'_{00} > \alpha_{00}$）。表明尽管财险与经济增长匹配程度的高低与否，都不会改变财产保险发展水平对经济增长质量的正向影响关系。但是，在财产保险发展水平与经济发展水平高度匹配地区，财产保险业发展将进入良性循环，使得财产保险发展对经济增长质量的提升效应将进一步增强。

进一步比较以 CTR 为转换变量的模型估计和以 CID 为转换变量的模型估计，可以发现财险业发展水平对经济增长质量的影响效应差异受其自身与经济协调发展程度影响的成分相对较大。

从控制变量来看，不论是以 CTR 为转换变量还是以 CID 为转换变量，随着财险业自身发展水平抑或财险与经济协调发展程度的提升，人力资本投资和政府管控程度对经济增长质量的影响整体上由抑制转变为促进，表明人力资本投资与政府适当合理的干预都是促进经济增长质量提升的可行办法。市场化程度对经济增长质量的影响始终以抑制效应为主，而金融发展程度对经济增长质量的促进效应还没有有效显现。随着财险业自身发展水平的提升，财险与经济协调发展程度对经济增长质量的影响始终表现为促进，并且促进效应随着财险业自身发展水平的提升而进一步增强，这也表明样本期间我国财险业发展水平要普遍落后于经济发展水平。

5.3.3 稳健性检验

在上述分析的基础上，同样进一步考虑财产保险业发展水平与经济增长质量之间可能存在的内生性问题。与上节类似，本节选取财产保险深度的一阶滞后项作为财产保险业发展水平的工具变量。对这个工具变量进行识别检验,结果显示在拒绝弱识别原假设的基础上,进一步拒绝了不足识别检验的原假设和接受了过度识别检验的原假设,表明工具变量财产保险深度的一阶滞后项的选取正确、有效。为此,采用工具变量法进一步对 PSTR 模型 B_1 与模型 B_2 进行估计,得到估计结果如表 5.9 所示。从表 5.9 的估计结果可以看出,在考虑内生性介入工具变量的情况下,不论是以财产保险深度为转换变量还是以保险与经济的协调发展程度为转换变量,财产保险业发展水平对经济增长质量的影响系数及其符号均保持相对稳定,不论是低区制还是高区制,CID 的系数估计方向和统计特性均没有发生根本性的变化。当以保险深度为转换变量时,财产保险业对经济增长质量的影响由显著的抑制转变为不显著的促进;当以保险与经济的协调发展程度为转换变量时,整体保险业发展水平对经济增长质量的影响均由不显著的抑制转变为显著的促进。这一结果与表 5.8 的估计结果具有相似性。这也进一步证实了本书基于 PSTR 模型分析得到的整体保险业发展水平对经济增长质量的影响效应与影响特征是稳健的。进一步比较其他控制变量可以发现,控制变量 MAK、IST、FIN、CAP 的估计系数与统计特性也大部分保持了原有的特征,表明市场化程度、政府管控程度、金融发展程度和实物资本存量都是影响整体保险业发展水平与经济增长质量关系的重要因素。

表 5.9　　考虑内生性的 PSTR 模型 B_1' 与模型 B_2' 估计结果

指标	线性部分参数估计（低区制）			非线性部分参数估计（高区制）		
	参数	B_1	B_2	参数	B_1	B_2
CID	α_{00}	−0.2670 *** (0.0957)	0.0051 (0.0183)	α_{00}'	0.2395 *** (0.0517)	−0.1990 *** (0.0315)
HUM	α_{01}	0.4723 *** (0.1349)	−0.2499 *** (0.0206)	α_{01}'	−0.3099 *** (0.0660)	0.2716 *** (0.0851)
MAK	α_{02}	−0.4025 (0.3452)	−0.1793 *** (0.0418)	α_{02}'	−0.0485 (0.1347)	0.2460 *** (0.0861)
IST	α_{03}	0.1243 *** (0.0409)	0.0057 (0.0097)	α_{03}'	−0.0635 ** (0.0246)	0.1363 *** (0.0234)

续表

指标	线性部分参数估计（低区制）			非线性部分参数估计（高区制）		
	参数	B_1	B_2	参数	B_1	B_2
FIN	α_{04}	-0.1359 (0.1063)	0.0069^{***} (0.0026)	α_{04}'	0.1139^{*} (0.0649)	-0.0828^{**} (0.0346)
CTR	α_{05}	-0.3595^{***} (0.0856)	—	α_{05}'	0.3680^{***} (0.0881)	—
	γ	36.8508	8.0379	AIC	-7.4631	-7.4162
	c	3.2612	1.1713	BIC	-7.2190	-7.2941

注：括号内为对应的标准误，$*$ 表示 $p<0.10$，$**$ 表示 $p<0.05$，$***$ 表示 $p<0.01$。

综上所述，由于发展不均衡，我国财险业发展水平对经济增长质量的影响效应将随着财险深度以及财险与经济协调发展程度的变化而变化。受自身发展水平影响，财险业发展水平对经济增长质量的影响始终表现为抑制，但是随着财险业自身发展水平实现对门槛值 0.7394 的跨越，但是这种抑制效应逐步减弱。受财险与经济协调发展程度影响，财险业发展水平对经济增长质量的影响始终表现为促进，并且随着财险与经济协调发展程度实现对门槛值 0.2808 的跨越，这种促进效应将进一步增强。

5.4　人身保险业水平非均衡发展对我国经济增长质量影响的实证分析

本节基于模型（5.2）构建如下 PSTR 模型来分析人身险发展水平非均衡对经济增长质量的影响[①]：选取人身险深度（RID）为核心解释变量，选取人身险深度（RID）和人身险与经济协调发展程度（RTR）为转换变量。当转换变量为 RID 且控制变量选取 MAK、IST、FIN、RTR 时，对应模型记为 C_1；当转换变量为 RTR 且控制变量选取 MAK、IST、FIN、OPE、CAP 时，对应模型记为 C_2。

---

① 本节仅列出了最优模型的选择结果。

5.4.1 线性检验与剩余非线性检验

表 5.10 给出了模型 C_1、模型 C_2 的线性检验结果。由表 5.10 可知：不论是以 RID 为转换变量还是以 RTR 为转换变量，模型 C_1、模型 C_2 在 1% 的显著性水平下均能拒绝原假设 H_0^*，表明模型 C_1、模型 C_2 均存在显著的非线性效应，均适合采用 PSTR 模型进行分析，意味着门槛效应在我国人身保险业发展水平对经济增长质量的影响中同样显著存在。同时，模型 C_1、模型 C_2 在 5% 的显著性水平下均能够拒绝 H_{03}^*、H_{02}^*、H_{01}^*，且都能够最强地拒绝 H_{02}^*，因此确定模型 C_1、模型 C_2 中 m 的取值均为 1。

表 5.10　　　　　　　　　　模型 C_1 与模型 C_2 线性检验结果

模型	$H_0^*:\Gamma_1=\Gamma_2=\cdots=\Gamma_m=0$		$H_{03}^*:\Gamma_3=0$		$H_{02}^*:\Gamma_2=0 \mid \Gamma_3=0$		$H_{01}^*:\Gamma_1=0 \mid \Gamma_2=\Gamma_3=0$	
	F	P	F	P	F	P	F	P
C_1	24.5213	0.0000	8.8313	0.0000	15.9058	0.0000	34.9716	0.0000
C_2	19.8744	0.0000	3.2793	0.0038	10.4002	0.0000	37.7918	0.0000

在上述线性检验基础上，进一步进行剩余非线性检验，结果如表 5.11 所示。从表 5.11 可知：模型 C_1、模型 C_2 的 LM、LMF、LRT 检验统计量在 1% 的显著性水平下都能拒绝 $r=0$ 的原假设而不能拒绝 $r=1$ 的原假设，表明两个 PSTR 模型均不存在"非线性剩余"，意味着模型 C_1、模型 C_2 均只存在一个转换函数，故 r 均取值为 1。

表 5.11　　　　　　　　模型 C_1 与模型 C_2 剩余非线性检验结果

模型	检验	$H0:r=0;\ H1:r=1$			$H0:r=1;\ H1:r=2$		
		LM	LMF	LRT	LM	LMF	LRT
C_1	统计值	63.993	13.937	69.899	9.505	1.724	9.623
	$P-value$	0.000	0.000	0.000	0.091	0.128	0.087

模型	检验	$H0:r=0$；$H1:r=1$			$H0:r=1$；$H1:r=2$		
		LM	LMF	LRT	LM	LMF	LRT
C_2	统计值	37.991	6.368	39.971	2.491	0.366	2.499
	$P-value$	0.000	0.000	0.000	0.870	0.900	0.869

5.4.2 PSTR 模型估计与分析

表 5.12 给出了 PSTR 模型 C_1、模型 C_2 的最终估计结果。

表 5.12　　　　人身险发展水平对经济增长质量影响的 PSTR 估计

指标	线性部分参数估计（低区制）			非线性部分参数估计（高区制）		
	参数	C_1	C_2	参数	C_1	C_2
RID	α_{00}	-0.4101 *** (0.0616)	-0.2623 ** (0.1009)	α'_{00}	0.4318 *** (0.0617)	0.2761 ** (0.1164)
MAK	α_{01}	0.0573 (0.0584)	0.1377 (0.2081)	α'_{01}	-0.1535 ** (0.0665)	-0.3673 (0.2353)
IST	α_{02}	-0.1527 (0.1078)	-0.8061 *** (0.2670)	α'_{02}	0.4296 ** (0.1707)	1.0638 *** (0.3325)
FIN	α_{03}	-0.0846 *** (0.0226)	-0.2652 *** (0.0730)	α'_{03}	0.1590 *** (0.0375)	0.3526 *** (0.0862)
RTR	α_{04}	0.7089 *** (0.1015)	-0.2214 * (0.1334)	α'_{04}	-0.7470 *** (0.1113)	0.3418 ** (0.1543)
OPE	α_{05}	—	0.1548 (0.4627)	α'_{05}	—	-0.1855 (0.4465)
	γ	1.1287	1.6856	AIC	-7.4507	-7.4003
	c	0.8983	0.3186	BIC	-7.3287	-7.2579

注：括号内为对应的标准误，* 表示 $p<0.10$，** 表示 $p<0.0.05$，*** 表示 $p<0.01$。

下面就表 5.12 的结果做如下解读：

从模型 C_1 可以看出，由于发展不均衡，依赖于自身发展（深度）水平，人身险发展水平对经济增长质量的影响是非线性的，呈现明显的单门槛特征。门槛值 0.8983 将我国各省域划分为人身险深度相对较低地区（$0 < RID < 0.8983$）和人身险深度相对较高地区（$RID > 0.8983$）。在人身险深度相对较低的地区，人身险发展水平对经济增长质量的影响表现为抑制（$\alpha_{00} < 0$），在人身险深度相对较高的地区，人身险发展水平对经济增长质量的影响表现为促进（$\alpha'_{00} > 0$，$\alpha_{00} + \alpha'_{00} > 0$）。随着人身险深度向门槛值 0.8938 的逐步趋近与跨越，这种促进效应将逐步抵消门槛值之前已经形成的抑制效应，致使人身保险发展水平对经济增长质量的影响平滑地由抑制效应转变成为促进效应。表明只有在自身发展水平较高的地区，人身保险发展才能对经济增长质量水平拉升产生积极影响。在自身发展水平较低的地区，人身保险发展水平扩大与经济增长质量水平提高将产生严重的不适应性、甚至出现背道而驰的局面。

从模型 C_2 可知，由于发展不均衡，依赖于人身险与经济协调发展程度，人身险发展水平对经济增长质量的影响同样呈现明显的单门槛特征。门槛值 0.3186 将我国各省域划分为人身险与经济协调发展程度相对较低地区（$0 < RTR < 0.3186$）人身险与经济协调发展程度相对较高地区（$RTR > 0.3186$）。在人身险与经济协调发展程度相对较低地区，人身险发展水平对经济增长质量的影响表现为显著的抑制（$\alpha_{00} < 0$），在人身险与经济协调发展程度相对较高地区，人身险发展水平对经济增长质量的影响表现为显著的促进（$\alpha'_{00} > 0$，$\alpha_{00} + \alpha'_{00} > 0$）。随着人身险与经济协调发展程度向门槛值 0.3186 的逐步趋近与跨越，人身保险对经济增长质量的影响将平滑地由抑制效应向促进效应转变。表明在自身与经济协调发展程度较高的地区，人身保险发展水平扩大将与经济增长质量提高保持同步，而在自身与经济协调发展程度较低的地区，人身保险发展水平扩大依然将与经济增长质量提高背道而驰。

从控制变量来看，不论是以 RID 为转换变量还是以 RTR 为转换变量，随着人身险自身发展水平抑或人身险与经济协调发展程度的提升，金融发展程度和政府管控程度对经济增长质量的影响整体上由抑制转变为促进；市场化程度在低区制对经济增长质量的影响不显著，在高区制主要表现为抑制效应；随着人身保险业自身发展水平的提升，人身险与经济协调发展程度对经济增长质量的影响由促进转变为抑制，并且这种抑制效应将持续稳定在高区制。与此相反的是，随着人身险与经济协调发展程度的提升，人身险与经济协调发展程度对经济增长质量的影响由抑制转变为促进，并且这种促进效应将持续稳定在高区制。

5.4.3 稳健性检验

与上述财产保险的稳健性研究类似，同样基于工具变量法来考虑人身保险水平对经济增长质量的内生性问题。选取人身保险深度的一阶滞后项作为人身保险水平发展的工具变量。介入工具变量情况下的内生性检验如表 5.13 所示。检验结果表明，不论是以人身保险深度为转换变量还是以保险与经济的协调发展程度为转换变量，人身保险业发展水平对经济增长质量的影响系数及其符号均保持相对稳定，不论是低区制还是高区制，RID 的系数估计方向和统计特性均没有发生根本性的变化。证明了本节的研究结论是稳定和可靠的。

表 5.13　　　　　考虑内生性的 PSTR 模型 C_1' 与 C_2' 估计结果

指标	线性部分参数估计（低区制）			非线性部分参数估计（高区制）		
	参数	C_1'	C_2'	参数	C_1'	C_2'
RID	α_{00}	-0.1287 *** (0.0345)	-0.8130 *** (0.1398)	α_{00}'	0.1114 *** (0.0363)	0.7846 *** (0.1404)
MAK	α_{01}	-0.0617 (0.0456)	0.0059 (0.0254)	α_{01}'	-0.1420 *** (0.0413)	0.0243 (0.0265)
IST	α_{02}	-0.0111 (0.0502)	0.5104 (0.3174)	α_{02}'	0.1557 * (0.0813)	-0.7837 ** (0.3463)
FIN	α_{03}	-0.0190 (0.0171)	-0.2590 *** (0.0627)	α_{03}'	0.1021 *** (0.0258)	0.3253 *** (0.0716)
RTR	α_{04}	0.2655 *** (0.0958)	-0.0578 (0.1081)	α_{04}'	-0.2392 *** (0.0830)	0.1537 (0.1169)
OPE	α_{05}	—	1.9871 *** (0.4785)	α_{05}'	—	-1.9085 *** (0.4570)
	γ	4.9314	3.0189	AIC	-7.3247	-7.4541
	c	0.6349	-0.0374	BIC	-7.2027	-7.3117

注：括号内为对应的标准误，* 表示 $p<0.10$，** 表示 $p<0.05$，*** 表示 $p<0.01$。

综上所述，由于发展不均衡，我国人身保险业发展水平对经济增长质量的影响效应将随着人身保险深度以及人身险与经济协调发展程度的变化而变化。受自身发展水平以及自身与经济协调发展程度影响，人身保险业发展水平对经济增长质量的影响由抑制转变为促进。随着自身发展水平以及自身与经济协调发展程度实现对相应门槛值的跨越，人身保险业发展水平对经济增长质量的影响将平滑地从抑制效应向促进效应转变。

5.5 本 章 小 结

本章构建了保险业水平非均衡发展对经济增长质量影响的非线性 PSTR 模型，就我国整体保险业、财产保险业、人身保险业水平非均衡发展对经济增长质量的影响效应与影响特征进行实证分析，并采用工具向量法对模型进行了稳健性检验。研究结果表明：由于发展非均衡，我国保险业发展水平对经济增长质量的影响是非线性的，存在显著的门槛特征。不论是整体保险业、财险业，还是人身险业，其发展水平对经济增长质量的影响效应都将随着自身保险深度以及保险与经济的协调发展程度的变化而变化。受自身发展水平影响，整体保险业发展水平、财险业发展水平对经济增长质量的影响始终表现为抑制，但是随着自身发展水平实现对门槛值的跨越，财险业发展水平对经济增长质量的抑制效应将逐步减弱；人身保险业发展水平对经济增长质量的影响将由抑制转变为促进。受自身与经济协调发展程度影响，整体保险业发展水平对经济增长质量的影响将由抑制转变为促进；财险业发展水平对经济增长质量的影响始终表现为促进，并且随着财险业与经济协调发展程度实现对门槛值的跨越，这种促进效应还将进一步增强。随着自身保险深度以及自身与经济协调发展程度实现对相应门槛值的跨越，人身保险业发展水平对经济增长质量的影响将平滑地从抑制效应向促进效应转变。稳健性检验表明。这一结论很好的证明了第 4 章提出的命题的正确性，也给予我们重要启示：由于发展不均衡，在制定保险业发展驱动经济发展相关政策时，既不能忽视保险业发展过程中不可避免的地区差异，也不能盲目追求保险业水平与速度，而应该重点关注保险业发展与经济增长之间的门槛特征以及发生门槛转化的可能性及其条件，这才是有效发挥保险业发展水平经济驱动功效的关键。

我国财产保险业、人身保险业发展的经济增长效应都依赖于整体保险业发展水平以及整体保险业发展与经济发展的匹配程度。因此，就保险业内部而言，应该针对财产保险业和人身保险业经济增长效应的差异，按市场需求加快保险业务结构调整，推动各种资源在财产保险市场和人身保险市场之间的合理流动与优化配置，通过保险产业内部的协同效应促进经济增长。就外部发展环境而言，保险业的发展既应该与经济发展阶段和水平相适应，也应该与经济发展结构相匹配。因此，应该注重保险与经济的协同发展，有效权衡保险与经济发展不匹配给经济增长带来的间接阻碍效应。正确处理好保险市场创新与发展、监管与市场的关系，根据经济发展的水平与结构特征适时开发各类保险产品，创新保险服务，提升保险市场差异化竞争程度，同时，加快保险专业人才队伍培养与建设，挖掘和拓展保险市场发展潜力，以加快推进保险业实现对相应门槛水平的跨越，为经济提质增效升级提供动力。

| 第6章 |
保险业结构非均衡发展对我国经济
增长质量影响的实证分析

上一章实证分析了保险业水平非均衡发展对经济增长质量的影响效应与影响特征。本章考察保险业市场结构非均衡发展对经济增长质量的影响。事实上，"寡头主导、大中小共生"是现阶段我国保险市场结构的典型特征，内生于我国保险市场特殊的发展路径。我国保险市场结构的调整与发展将推动市场化与资本化进程，不可避免地对经济增长质量产生重要影响。因此，研究保险业结构非均衡发展对经济增长质量的影响效应与影响特征无疑将具有重要的理论价值与现实意义。本章分别就财产保险业集中结构与竞争结构非均衡、人身保险业集中结构与竞争结构非均衡对经济增长质量的影响效应与影响特征进行实证研究。

6.1 模型、指标与数据

6.1.1 模型设定

本章依然采用第5章介绍的 PSTR 模型来分析保险业结构非均衡发展对经济增长质量的影响效应与影响特征。首先建立基于保险业发展结构与经济增长质量的 PSTR 模型：

$$DX_{it} = \mu_i + \alpha_{00}INC_{it} + \sum_{j=1}^{n} \alpha_{j0}STR_{j,it}$$

$$+ (\alpha'_{00}INC_{it} + \sum_{j=1}^{n} \alpha'_{j0}STR_{j,it})h_z(q_{it}; \gamma, c) + \varepsilon_{it} \tag{6.1}$$

式（6.1）中，DX_{it} 表示经济增长质量变量，INC_{it} 表示保险业发展结构变量，为核心解释变量；$STR_{j,it}$ 为其他控制变量。当核心解释变量 INC_{it} 选取财险市场集中度（CCR_4）和财险市场竞争度（$CHHI$）、转换变量取财险深度（CID）、控制变量选取产业结构（ECT）、人力资本（HUM）、政府管控程度（IST）、金融市场发展程度（FIN）、市场开放度（OPE）时，对应模型记为 D_1，主要用来分析财产保险业发展结构对经济增长质量的影响，及其影响效应是怎样随着自身发展水平的变化而变化的。当 INC_{it} 选取 CCR_4 和 $CHHI$、转换变量取财险相对深度（CTR）、控制变量选取 ECT、HUM、IST、FIN 时，对应模型分别记为 D_2，主要用来分析财产保险业发展结构对经济增长质量的影响，及其影响效应是怎样随着自身与经济协调发展程度的变化而变化的。当核心解释变量 INC_{it} 取人身险市场集中度（RCR_4）和人身险市场竞争度（$RHHI$），转换变量取人身保险深度（RID），控制变量选取 ECT、HUM、IST、FIN、OPE 时，对应模型记为 E_1；主要用来分析人身保险业发展结构对经济增长质量的影响，及其影响效应是怎样随着自身发展水平的变化而变化的。当核心解释变量 INC_{it} 取 RCR_4 和 $RHHI$，转换变量取人身保险相对深度（RRT），控制变量选取 ECT、HUM、MAK、IST、FIN 时，对应模型记为 E_2。主要用来分析人身保险业发展结构对经济增长质量的影响，及其影响效应是怎样随着自身与经济协调发展程度的变化而变化的。

6.1.2 指标与数据

类似于上一节的分析，本章分别就财产保险业发展结构、人身保险业发展结构对经济增长质量的影响进行实证分析。本章实证分析所采用的指标变量及其具体含义如下：

（1）被解释变量：被解释变量为经济增长质量综合指数，指标选取依据与数据来源详见本书第 3 章。

（2）核心解释变量：核心解释变量为保险业发展结构变量，遵循现有研究的普遍做法，采用保险业市场集中度 CR_4（包括财产保险市场集中度 CCR_4、人身保险市场集中度 RCR_4）与保险业发展市场竞争度 HHI（包括财产保险业发展市场竞争度 $CHHI$、人身保险业发展市场竞争度 $RHHI$）来衡量。CR_4 表示各省域保险市场上市场份额最大的 4 家公司份额之和占整个市场的比重，该指标值越高，说明保险业的集中度越高。由于 CR_4 指标难以体现各省域保险行业中正在运营和竞争的企业数量，为此，有必要进一步引入 HHI 指标。HHI 表示各省域保险市场所有公司市场份额的平方和，该指标同时反映了市场内大企业的市场份额和大企业之外的市场结构，该指标值越低，说明保险业的竞争程度越高。具体指标选取根据与数据来源详见本书第 2 章。

（3）转换变量：鉴于本书的研究目的，选取保险深度（包括整体保险深度 ZID、财产保险深度 CID、人身保险深度 RID）来考察保险业结构费均衡发展对经济增长质量的影响将怎样随着自身发展水平的变化而变化；采用保险业发展与经济增长的匹配程度（包括整体保险业发展相对深度 ZTR、财产保险业发展相对深度 CTR、人身保险相对深度 RTR）来考察保险业结构非均衡发展对经济增长质量的影响将怎样随着自身与经济的协同发展程度的变化而变化。指标选取根据与数据来源详见本书第 5 章。

（4）其他控制变量：参照大多数学者的研究，模型中的控制变量选取金融发展程度（FIN）、实物资本存量（CAP）、人力资本（HUM）、市场化程度（MAK）、政府管控程度（IST）、经济开放程度（OPE）共 6 个典型变量。其中，实物资本存量按照张军（2004）的方法计算得到，资本形成总额数据来源于相关各年《中国统计年鉴》，基期选择为 1998 年。人力资本以各省域从业人员平均受教育年限来衡量，从业人员受教育程度构成比例数据来源于《中国劳动统计年鉴》，各地区从业人员数来源于《中国统计年鉴》。市场化程度以各省域非国有经济占全社会固定资产投资的比重表示，数据来源于《中国统计年鉴》。政府管控程度用政府财政支出占 GDP 的比重来表示，数据来源于相关各年《中国统计年鉴》和《中国财政年鉴》。经济开放程度用各省域进出口总额占 GDP 的比重来表示，产业结构采用第二产业产值占 GDP 的比重来表示，数据均来源于《中国统计年鉴》。上述数据中除比例数据外，其他数据均采用自然对数形式，指标数据的时间跨度均为 1998～2012 年，数据处理和模型估计均通过 Stata 计量软件实现。原始指标数据的描述性统计如表 6.1 所示。

表 6.1   指标数据的描述性统计

指标	符号	均值	最大值	最小值	标准差
经济增长质量综合指数	IDX	0.400	0.784	0.244	0.102
财产保险深度	CID	0.736	1.760	0.063	0.239
人身保险深度	RID	1.829	6.400	0.660	0.793
财产保险密度	CIM	183.359	1905.870	18.960	128.794
人身保险密度	RIM	465.296	4077.540	25.800	421.793
财产保险市场集中度	CCR_4	0.848	1.347	0.310	0.152
人身保险市场集中度	RCR_4	0.867	1.000	0.444	0.133
财产保险市场竞争度	$CHHI$	0.394	0.981	0.029	0.220
人身保险市场竞争度	$RHHI$	0.368	0.980	0.070	0.166
整体保险相对深度	ZTR	0.580	30.661	0.221	1.536
财产保险相对深度	CTR	0.385	6.854	0.041	0.374
人身保险相对深度	RTR	0.807	2.182	0.264	0.291
金融发展程度	FIN	0.705	3.207	0.137	0.394
实物资本存量	CAP	3382.244	27653.695	174.408	2273.359
人力资本	HUM	8.758	13.331	6.089	1.232
市场化程度	MAK	0.628	0.881	0.297	0.123
政府管控程度	IST	0.165	0.612	0.069	0.079
经济开放程度	OPE	0.347	1.722	0.036	0.410
产业结构	ECT	0.461	0.590	0.197	0.077

在正式采用 PSTR 模型计算之前，我们不妨通过非参数核函数来直观地探讨一下保险业结构非均衡对经济增长质量的影响关系。图 6.1 是财险市场集中度与财险市场竞争度对经济增长质量影响的核函数拟合效果图。图 6.2 是人身险市场竞争度与人身险市场竞争度对经济增长质量影响的核函数拟合

效果图。通过观察和估计形式的拟合效果图可知，不论是财险集中度与财险竞争度，还是人身保险集中度与人身保险竞争度，其对经济增长质量的影响均呈现明显的非线性特征，表明它们之间的关系可能并不是线性关系。为了进一步判断它们之间的影响关系是否合适采用 PSTR 模型进行计算，我们进行进一步检验。

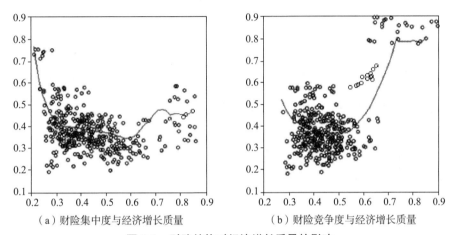

（a）财险集中度与经济增长质量　　　　（b）财险竞争度与经济增长质量

图 6.1　财险结构对经济增长质量的影响

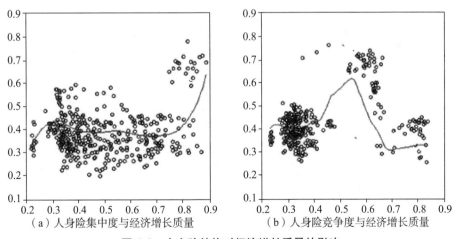

（a）人身险集中度与经济增长质量　　　　（b）人身险竞争度与经济增长质量

图 6.2　人身险结构对经济增长质量的影响

6.2 财险业结构非均衡发展对我国经济增长质量影响的实证分析

6.2.1 线性检验与剩余非线性检验

表 6.2 给出了模型 D_1、模型 D_2 的线性检验结果。由表 6.2 可知：不论是以 CID 为转换变量还是以 CRT 为转换变量，模型 D_1、模型 D_2 在 1% 的显著性水平下均能拒绝原假设 H_0^*，表明模型 D_1、模型 D_2 均存在显著的非线性效应，均适合采用 PSTR 模型进行分析；表明发展非均衡，门槛效应在我国财险结构对经济增长质量的影响中同样显著存在。同时，模型 D_1、模型 D_2 在 5% 的显著性水平下均能够拒绝 H_{03}^*、H_{02}^*、H_{01}^*，且均不能够最强地拒绝 H_{02}^*，因此确定模型 D_1、模型 D_2 中 m 的取值为 1。

表 6.2　　　　　　　　模型 D_1 与模型 D_2 线性检验结果

模型	$H_0^*: \Gamma_1 = \Gamma_2 = \cdots = \Gamma_m = 0$		$H_{03}^*: \Gamma_3 = 0$		$H_{02}^*: \Gamma_2 = 0 \mid \Gamma_3 = 0$		$H_{01}^*: \Gamma_1 = 0 \mid \Gamma_2 = \Gamma_3 = 0$	
	F	P	F	P	F	P	F	P
D_1	24.9176	0.0000	3.1194	0.0033	12.6403	0.0000	45.5367	0.0000
D_2	21.4707	0.0000	2.2457	0.0386	9.6362	0.0000	44.6825	0.0000

在上述线性检验基础上，进一步进行剩余非线性检验，结果如表 6.3 所示。从表 6.3 可知：模型 D_1、模型 D_2 的 LM、LMF、LRT 检验统计量在 1% 的显著性水平下都能拒绝 $r = 0$ 的原假设而不能拒绝 $r = 1$ 的原假设，表明两个 PSTR 模型均不存在"非线性剩余"，意味着模型 D_1、模型 D_2 均只存在一个转换函数，故 r 应取值为 1。

表 6. 3 模型 D_1 与模型 D_2 剩余非线性检验结果

模型	检验	$H0:r=0$; $H1:r=1$			$H0:r=1$; $H1:r=2$		
		LM	LMF	LRT	LM	LMF	LRT
D_1	统计值	46. 467	6. 821	49. 476	4. 298	0. 540	4. 321
	$P-value$	0. 000	0. 000	0. 000	0. 745	0. 804	0. 742
D_2	统计值	19. 708	5. 666	10. 858	9. 924	1. 488	10. 052
	$P-value$	0. 008	0. 001	0. 000	0. 128	0. 181	0. 122

6. 2. 2 PSTR 模型估计与分析

表 6. 4 给出了 PSTR 模型 D_1、模型 D_2 的最终估计结果。

表 6. 4 财险结构对经济增长质量影响的 PSTR 估计

指标	线性部分参数估计（低区制）			非线性部分参数估计（高区制）		
	参数	D_1	D_2	参数	D_1	D_2
CCR_4	α_{00}	-0. 0136 (0. 0225)	-0. 0580 (0. 0496)	α'_{00}	-0. 3065 *** (0. 1015)	-0. 0543 *** (0. 0007)
$CHHI$	α_{01}	0. 1073 *** (0. 0209)	0. 0476 (0. 0501)	α'_{01}	-0. 1165 *** (0. 0447)	-0. 0643 *** (0. 0028)
ECT	α_{02}	-0. 1939 *** (0. 0456)	-0. 0141 (0. 0728)	α'_{02}	0. 2343 ** (0. 0961)	0. 2571 *** (0. 0774)
HUM	α_{03}	0. 0012 (0. 0036)	-0. 0033 (0. 0057)	α'_{03}	0. 0053 (0. 0069)	0. 0189 *** (0. 0064)
IST	α_{04}	-0. 1162 ** (0. 0593)	-0. 0397 (0. 1311)	α'_{04}	0. 2565 ** (0. 1051)	-0. 0352 (0. 1453)
FIN	α_{05}	-0. 0050 (0. 0100)	0. 0429 ** (0. 0174)	α'_{05}	0. 0093 (0. 0270)	0. 0420 ** (0. 0185)
OPE	α_{06}	0. 0170 (0. 0107)	—	α'_{06}	0. 0736 *** (0. 0231)	—
	γ	7. 5099	40. 3941	AIC	-7. 5713	-7. 4416
	c	0. 9538	0. 2429	BIC	-7. 4086	-7. 2992

注：括号内为对应的标准误，* 表示 $p<0.10$，** 表示 $p<0.05$，*** 表示 $p<0.01$。

下面就表6.4的结果做如下解读：

从模型 D_1 的估计可知，受自身发展水平（深度）影响，财险结构非均衡发展对经济增长质量的影响也是非线性的，呈现明显的单门槛特征。门槛值0.9538将我国各省域划分为财险业发展水平相对较低地区（$0 < RID < 0.9538$）和财险业发展水平相对较高地区（$RID > 0.9538$）。就集中结构来看：不论是在财险发展水平相对较低还是相对较高的地区，财险集中度对经济增长质量的影响始终表现为抑制（$\alpha_{00} < 0$，$\alpha'_{00} < 0$），但是仅在相对较高的地区显著。随着财险发展水平向门槛值0.9538的逐步趋近与跨越，这种抑制效应还将进一步增强（$\alpha_{00} + \alpha'_{00} < \alpha_{00}$）。表明只有在财险业发展水平相对较高的地区，降低财险业行业集中度能有效促进经济增长质量提升。这一结论与邵权全（2012）的结论具有一致性。就竞争结构来看：在财险发展水平相对较低地区，财险竞争度对经济增长质量的影响系数为0.1073，并且在1%的水平上显著，表明降低财险市场竞争度将有利于促进经济增长质量水平提高（反向指标）。而在财险发展水平相对较高地区，财险竞争度对经济增长质量的影响系数为 -0.1165，并且同样在1%的水平上显著，表明提高财险市场竞争程度将有利于促进经济增长质量提升，并且这种促进效应将在高区制持续稳定影响下去（$\alpha_{00} + \alpha'_{00} < 0$）。

从模型 D_2 的估计来看，由于发展非均衡，受财险与经济协调发展程度影响，财险结构对经济增长质量的影响同样呈现明显的单门槛特征。门槛值0.2429将我国各省域划分为财险与经济协调发展程度相对较低地区（$0 < RTR < 0.2429$）和财险与经济协调发展程度相对较高地区（$RTR > 0.2429$）。就集中结构来看，在财险与经济协调发展程度相对较低地区，财险集中度对经济增长质量的影响系数为 -0.0580，但是不能通过10%的显著性水平检验。表明其对经济增长质量的影响不显著。在财险与经济协调发展程度相对较高地区，财险行业集中度对经济增长质量的影响系数为 -0.0543，并且在1%的水平上显著。表明在财险与经济协调发展程度相对较高地区，降低财险行业集中度将有效促进经济增长质量提升。就财险市场竞争结构来看，在财险与经济协调发展程度相对较低地区，财险市场竞争程度对经济增长质量的影响不显著，在财险与经济协调发展程度相对较高地区，财险市场竞争程度对经济增长质量的影响系数为 -0.0643，并且在1%的水平上显著。表明只有在财险与经济协调发展程度相对较高地区，提高财险市场竞争程度才能促进经济增长质量提高。

从控制变量来看，受财险自身发展水平影响，随着财险自身发展水平的提升，产业结构和政府管控程度对经济增长质量的影响由促进转变为抑制，表明提高第二产业结构比重，加大政府财政投入力度，都将促进经济增长质量提升。经济开放程度在财险自身发展水平的高区制将有效促进经济增长质量提升。受财险与经济协调发展程度影响，产业结构和人力资本对经济增长质量的影响由抑制转变为促进，并且仅促进效应显著，表明在财险自身发展水平的高区制，提高第二产业比重和加大人力资本投入将有效促进经济增长质量提升。金融发展程度对经济增长质量的影响始终为正向显著。表明提高金融发展程度将有效促进经济增长质量提升，并且随着财险与经济协调发展程度实现对相应门槛值的跨越，这种促进效应还将进一步增强。

6.2.3 稳健性检验

为了考察上述模型的稳健性，在上述分析的基础上，我们进一步考虑保险业发展结构与经济增长质量之间可能存在的内生性问题，因为保险业发展结构变量本身可能具有较强的内生性：一方面，经济增长质量提升可能带来保险业结构的调整与发展。经济增长质量可能为保险业发展结构调整与优化提供物质与人力资本、技术要素以及其他中间投入。另一方面，在估计保险业发展结构对经济增长质量的影响效应时，变量遗漏也是导致内生性偏误的原因之一。严重的内生性会导致计量回归结果的有偏性和非一致性。由于截至目前，研究保险业结构与经济增长关系的文献还比较少，还没有找到比较权威的财产保险业发展结构的工具变量。致使本节的稳健性检验无法采用工具变量法进行。为此，借鉴邵全权（2012）、胡宗义等（2013）的研究，分别采用增减变量和调整数据时间跨度的方法对模型 D_1、模型 D_2 进行稳健性检验。

首先，剔除了人力资本变量和政府管控变量，将原模型 D_1 中的 7 个控制变量缩减为 5 个。将模型 D_2 中的 6 个控制变量缩减为 4 个。重新进行 PSTR 估计，得到的估计结果如表 6.5 所示。从表 6.5 的可以看出，在剔除了两个控制变量的情况下，不论是以整体保险深度为转换变量还是以保险与经济的协调发展程度为转换变量，财产保险业发展结构对经济增长质量的影响系数及其符号均保持相对稳定，不论是低区制还是高区制，CCR_4、$CHHI$ 的系数估计方向和统计特性均没有发生根本性的变化。这一结果与表 6.5 的估计结果具有很大的相似性。

表 6.5　　　　　　　　　PSTR 模型 D_1' 与模型 D_2' 稳健性估计结果 （一）

指标	线性部分参数估计 （低区制）			非线性部分参数估计 （高区制）		
	参数	D_1	D_2	参数	D_1	D_2
CCR_4	α_{00}	-0.2543 (0.1946)	-0.1755 (0.1190)	α_{00}'	$-0.2779\ ^*$ (0.1143)	$-0.1102\ ^{***}$ (0.0343)
$CHHI$	α_{01}	$0.1479\ ^{***}$ (0.0323)	$0.1083\ ^{***}$ (0.0378)	α_{01}'	0.0495 (0.1040)	$-0.0675\ ^{***}$ (0.0148)
ECT	α_{02}	$-0.1519\ ^{***}$ (0.0531)	-0.2048 (0.1531)	α_{02}'	$0.2222\ ^*$ (0.0871)	0.2074 (0.1635)
FIN	α_{05}	-0.0017 (0.0093)	$0.0558\ ^{**}$ (0.0201)	α_{05}'	0.0446 (0.0365)	$0.0309\ ^{***}$ (0.0222)
OPE	α_{06}	$0.0346\ ^{**}$ (0.0124)	—	α_{06}'	$0.0776\ ^{***}$ (0.0247)	—
	γ	6.4280	36.2679	AIC	-7.5649	-7.4641
	c	0.9591	0.2149	BIC	-7.4225	-7.3217

注：括号内为对应的标准误，$*$ 表示 $p<0.10$，$**$ 表示 $p<0.05$，$***$ 表示 $p<0.01$。

在此基础上，进一步调整实证数据时间跨度，将数据每两年做一次平均，然后重新对 PSTR 模型进行估计。得到的估计结果如表 6.6 所示。从表 6.6 可以看出，经过处理后，核心解释变量的统计方向和统计特性基本与表 6.4 中的结果保持一致，其他控制变量的估计系数与统计特性也均未发生较大变化。这也进一步证实了基于 PSTR 模型分析得到的财产保险业发展结构对经济增长质量的影响效应与影响特征是稳健的。

表 6.6　　　　　　PSTR 模型 D_1' 与模型 D_2' 稳健性估计结果（二）

指标	线性部分参数估计（低区制）			非线性部分参数估计（高区制）		
	参数	D_1	D_2	参数	D_1	D_2
CCR_4	α_{00}	-0.0105 (0.0234)	-0.0188 (0.0226)	α_{00}'	-0.2350 *** (0.0838)	-0.2254 *** (0.0791)
$CHHI$	α_{01}	0.0880 *** (0.0253)	0.1205 *** (0.0202)	α_{01}'	0.0217 (0.0802)	0.0122 (0.0726)
ECT	α_{02}	-0.1899 *** (0.0507)	-0.1964 *** (0.0481)	α_{02}'	0.2456 * (0.1167)	0.1603 * (0.0862)
HUM	α_{03}	0.0010 (0.0034)	-0.0018 (0.0037)	α_{03}'	0.0119 * (0.0070)	0.0113 (0.0069)
SIT	α_{04}	-0.0801 * (0.0384)	-0.0046 (0.0118)	α_{04}'	-0.1086 (0.1053)	0.0079 (0.0279)
FIN	α_{05}	-0.0043 (0.0113)	0.0251 ** (0.0101)	α_{05}'	0.0422 (0.0405)	0.0464 ** (0.0206)
OPE	α_{06}	0.0381 *** (0.0104)	—	α_{06}'	0.0443 * (0.0225)	—
	γ	6.8561	7.3436	AIC	-7.5982	-7.5675
	c	0.9442	0.9292	BIC	-7.4355	-7.4251

注：括号内为对应的标准误，* 表示 $p < 0.10$，** 表示 $p < 0.05$，*** 表示 $p < 0.01$。

综上所述，由于发展非均衡，我国财险行业集中度与财险市场竞争程度对经济增长质量的影响效应都将随着财险自身发展水平以及财险与经济协调发展程度的变化而变化。受财险自身发展水平影响，随着财险自身发展水平逐步实现对相应门槛值的跨越，降低财险行业集中度将有利于促进经济增长质量提升。在财险发展水平相对较低地区，降低财险市场竞争度将有利于促进经济增长质量提升，而在财险发展水平相对较高地区，提高财险市场竞争程度将有利于促进经济增长质量提升。这一定程度上意味着在财险发展水平相对较低地区，财险市场竞争度降低并不一定是通过市场集中度提高来实现的。也表明就财产保险发展而言，"一刀切"式地一味地强调加强竞争，反对垄断并不是可取的。对于财产保险自身发展水平较低的地区更应该关注的可能并不是垄断结构，而是垄断行为抑或不正当竞争行为。受财险与经济协调发展程度影响，在两者协调发展程度相对较低的地区，降低财险行业集中度，提高财险市场竞争程度对经济增长质量的影响不显著；在两者协调发展程度相对较高的地区，降低财险行业集中度，提高财险市场竞争程度能有效促进经济增长质量水平的提高。

6.3 人身保险结构非均衡发展对我国经济增长质量影响的实证分析

6.3.1 线性检验与剩余非线性检验

表 6.7 给出了模型 E_1、模型 E_2 的线性检验结果。由表 6.7 可知：不论是以 RID 为转换变量还是以 RRT 为转换变量，模型 E_1、模型 E_2 在 1% 的显著性水平下均能拒绝原假设 H_0^*，表明模型 E_1、模型 E_2 均存在显著的非线性效应，均适合采用 PSTR 模型进行分析，意味着门槛效应在我国人身保险结构对经济增长质量的影响中同样显著存在。同时，模型 E_1、模型 E_2 在 1% 的显著性水平下均能够拒绝 H_{03}^*、H_{02}^*、H_{01}^*，且均不能够最强地拒绝 H_{02}^*，因此确定模型 E_1、模型 E_2 中 m 的取值为 1。

表 6.7   模型 E_1 与模型 E_2 线性检验结果

模型	$H_0^*: \Gamma_1 = \Gamma_2 = \cdots = \Gamma_m = 0$		$H_{03}^*: \Gamma_3 = 0$		$H_{02}^*: \Gamma_2 = 0 \mid \Gamma_3 = 0$		$H_{01}^*: \Gamma_1 = 0 \mid \Gamma_2 = \Gamma_3 = 0$	
	F	P	F	P	F	P	F	P
E_1	19.7114	0.0000	3.5529	0.0011	13.8886	0.0000	31.0318	0.0000
E_2	19.5065	0.0000	3.36297	0.0017	11.5146	0.0000	34.0299	0.0000

在上述线性检验基础上，进一步进行剩余非线性检验，结果如表 6.8 所

示。从表 6.8 可知：模型 E_1、模型 E_2 的 LM、LMF、LRT 检验统计量在 1% 的显著性水平下都能拒绝 $r=0$ 的原假设而不能拒绝 $r=1$ 的原假设，表明两个 PSTR 模型均不存在"非线性剩余"，意味着模型 E_1、模型 E_2 均只存在一个转换函数，故 r 应取值为 1。模型形式确定为含有一个转换函数的两机制 PSTR 模型。

表 6.8　　　　　　　　模型 E_1 与模型 E_2 剩余非线性检验结果

模型	检验	$H0: r=0$；$H1: r=1$			$H0: r=1$；$H1: r=2$		
		LM	LMF	LRT	LM	LMF	LRT
E_1	统计值	41.618	6.024	44.010	11.799	1.511	11.981
	$P-value$	0.000	0.000	0.000	0.107	0.162	0.101
E_2	统计值	24.758	3.418	25.579	5.859	0.739	5.903
	$P-value$	0.001	0.002	0.000	0.556	0.639	0.551

6.3.2　PSTR 模型估计与分析

表 6.9 给出了 PSTR 模型 E_1、模型 E_2 的最终估计结果。

表 6.9　　　　　　人身保险结构对经济增长质量影响的 PSTR 估计

指标	线性部分参数估计（低区制）			非线性部分参数估计（高区制）		
	参数	E_1	E_2	参数	E_1	E_2
RCR_4	α_{00}	0.0563 * (0.0330)	-0.0487 * (0.0303)	α'_{00}	-0.1053 ** (0.0507)	-0.0418 *** (0.0141)
$RHHI$	α_{01}	0.0799 *** (0.0300)	0.0619 ** (0.0301)	α'_{01}	-0.0003 (0.0532)	-0.0167 (0.0376)
ECT	α_{02}	-0.2879 *** (0.0596)	-0.1654 *** (0.0507)	α'_{02}	-0.1050 (0.0937)	-0.1808 *** (0.0578)
HUM	α_{03}	0.0056 (0.0041)	0.0023 (0.0040)	α'_{03}	0.0164 *** (0.0054)	0.0142 *** (0.0035)

续表

指标	线性部分参数估计（低区制）			非线性部分参数估计（高区制）		
	参数	E_1	E_2	参数	E_1	E_2
MAK	α_{04}	—	-0.1639^{***} (0.0299)	α'_{04}	—	-0.0126 (0.0323)
IST	α_{05}	-0.1229^{**} (0.0506)	-0.0759^{*} (0.0460)	α'_{05}	0.3094^{***} (0.0736)	0.0453 (0.0440)
FIN	α_{06}	-0.0108 (0.0094)	0.0127 (0.0084)	α'_{06}	0.0311^{*} (0.0175)	0.0182 (0.0139)
OPE	α_{07}	0.0104 (0.0142)	—	α'_{07}	0.0495^{***} (0.0176)	—
	γ	3.4198	162.4702	AIC	-7.4420	-7.4737
	c	1.8354	0.7929	BIC	-7.2793	-7.3110

注：括号内为对应的标准误，* 表示 $p < 0.10$，** 表示 $p < 0.05$，*** 表示 $p < 0.01$。

下面就表6.9的结果做如下解读：

从模型 E_1 的估计可知，受自身发展水平（深度）影响，人身保险结构非均衡发展对经济增长质量的影响也是非线性的，呈现明显的单门槛特征。门槛值 1.8354 将我国各省域划分为人身保险业发展水平相对较低地区（0 < RID < 1.8354）和人身保险业发展水平相对较高地区（RID > 1.8354）。就集中结构来看，在人身险发展水平相对较低地区，人身险行业集中度对经济增长质量的影响系数为 0.0563，并且在 10% 的水平上显著。表明提高人身保险行业集中度将有利于促进经济增长质量提升；在人身险发展水平相对较高地区，人身险行业集中度对经济增长质量的影响系数为 − 0.1053，并且在 5% 的水平上显著。表明降低人身保险行业集中度将有利于促进经济增长质量提升。随着人身保险业自身发展水平逐步实现对门槛值 1.8354 的趋近与跨越，降低人身险行业集中度对经济增长质量的影响将平滑地由抑制效应转变为促进效应，并且随着人身保险业自身发展水平的进一步提升，这种促进效应将一直保持持续稳定（$\alpha_{00} + \alpha'_{00} < 0$）。就竞争结构来看，在人身险发展水平相对较低地区，人身保险业市场竞争程度对经济增长质量的影响系数为

0.0799，并且在 1% 的水平上显著。在人身险发展水平相对较高地区，人身保险业市场竞争度对经济增长质量的影响系数为 − 0.0003，但是在 10% 的水平上不显著。表明仅在人身险发展水平相对较低地区，降低人身保险业市场竞争程度能有效促进经济增长质量提升；在人身险发展水平相对较高地区，人身保险业市场竞争程度的大小对经济增长质量的影响并不显著。随着人身保险业自身发展水平的提升并逐步实现对门槛值 1.8354 的趋近与跨越，降低人身保险业市场竞争程度对经济增长质量的影响将平滑地由显著的促进效应逐步转变为不显著的影响效应。

从模型 E_2 的估计来看，受人身保险与经济协调发展程度影响，人身保险结构非均衡发展对经济增长质量的影响同样呈现明显的单门槛特征。门槛值 0.7929 将我国各省域划分为人身保险与经济协调发展程度相对较低地区（ $0 < RTR < 0.7929$ ）和人身保险与经济协调发展程度相对较高地区（ $RTR > 0.7929$ ）。就人身险行业集中结构来看，在人身险与经济协调发展程度相对较低地区，人身险行业集中度对经济增长质量的影响系数为 − 0.0487，并且在 10% 的水平上显著，表明在人身险与经济协调发展程度相对较低地区，降低人身保险行业集中度将有利于经济增长质量提升。在人身险与经济协调发展程度相对较高地区，人身险行业集中度对经济增长质量的影响系数为 − 0.0418，并且在 1% 的水平上显著，表明在人身保险与经济协调发展程度相对较高地区，降低人身保险行业集中度将同样有利于经济增长质量提升。随着人身保险与经济协调发展程度逐步实现对门槛值 0.7929 的趋近与跨越，人身险行业集中度降低对经济增长质量的拉升效应还将进一步增强（ $\alpha_{00} + \alpha'_{00} < \alpha_{00}$ ）。就人身险市场竞争结构来看，在人身保险与经济协调发展程度相对较低地区，人身保险业市场竞争程度对经济增长质量的影响系数为 0.0619，并且在 5% 的水平上显著。在人身保险与经济协调发展程度相对较高地区，人身保险业市场竞争程度对经济增长质量的影响系数为 − 0.0167，但是在 10% 的水平上不显著。表明仅在人身保险与经济协调发展程度相对较低地区，降低人身保险业市场竞争程度将有利于促进经济增长质量提升。而在人身保险与经济协调发展程度相对较高地区，人身保险业市场竞争程度提高对经济增长质量提高的效用并不显著。

从控制变量上看，在对应门槛值前后，受人身保险自身发展水平以及人身保险与经济协调发展程度影响，产业结构对经济增长质量的影响始终为负，表明第二产业份额提升将始终无益于经济增长质量提高；而人力资本对经济增长质量的影响始终为正，但是仅在高区制显著，表明增加人力资本投入将有利于经济增长质量提高。随着人身保险自身发展水平实现对相应门槛值的跨越，政府管控程度和金融发展程度对经济增长质量的影响将由抑制转变为促进，表明在高区制，政府管控程度增大，金融发展程度增加都将有利于促进经济增长质量提升。同时，在高区制，经济开放程度对经济增长质量的促进效应也将逐步显现。

6.3.3　稳健性检验

为了考察模型 E_1、模型 E_2 估计的稳健性，在上述分析的基础上，我们进一步考虑人身保险业发展结构与经济增长质量之间可能存在的内生性问题。进行稳健性检验。由于截至目前，研究保险业结构与经济增长关系的文献还比较少，还没能找到比较权威的财产保险业发展结构的工具变量。致使本节的稳健性检验无法采用工具变量法进行。为此，类似于上一节的研究，本书同样采用增减变量和调整数据时间跨度的方法对模型 E_1、模型 E_2 进行稳健性检验。

首先，剔除了将模型 E_1 中的政府管控变量和经济开放程度变量，将原模型中的 7 个控制变量缩减为 5 个。剔除了模型 E_2 中的政府管控变量和市场化程度变量，将原模型中的 7 个控制变量缩减为 5 个。重新进行 PSTR 估计，得到的估计结果如表 6.10 所示。从表 6.10 可以看出，在分别剔除了两个控制变量的情况下，不论是以整体保险深度为转换变量还是以保险与经济的协调发展程度为转换变量，人身保险业发展结构对经济增长质量的影响系数及其符号均保持相对稳定，不论是低区制还是高区制，CCR_4、$CHHI$ 的系数估计方向和统计特性与表 6.9 中的估计结果均具有很大的相似性，且其他控制变量估计系数的统计特征也没有发生较大变化。初步表明模型 E_1、模型 E_2 的估计是稳健的。

表 6.10　　　　　　　PSTR 模型 E_1' 与模型 E_2' 稳健性估计结果（一）

指标	线性部分参数估计（低区制）			非线性部分参数估计（高区制）		
	参数	E_1'	E_2'	参数	E_1'	E_2'
RCR_4	α_{00}	0.0705 *** (0.0140)	− 0.0456 * (0.0284)	α_{00}'	− 0.1922 *** (0.0482)	0.1239 *** (0.0300)
$RHHI$	α_{01}	− 0.1842 (0.1487)	0.1700 *** (0.0620)	α_{01}'	0.1682 (0.1192)	− 0.0754 ** (0.0395)
ECT	α_{02}	− 0.0896 ** (0.0353)	− 0.2488 ** (0.1159)	α_{02}'	− 0.0984 (0.1134)	− 0.3101 ** (0.1312)
HUM	α_{03}	− 0.1015 * (0.0502)	0.0343 ** (0.0153)	α_{03}'	0.0821 (0.0781)	0.0231 (0.0158)
FIN	α_{04}	0.0020 (0.0088)	0.0359 * (0.0119)	α_{04}'	0.0374 (0.0381)	0.0734 *** (0.0252)
	γ	7.4081	22.4058	AIC	− 7.5770	− 7.3971
	c	0.9717	0.8276	BIC	− 7.4346	− 7.2955

注：括号内为对应的标准误，* 表示 $p < 0.10$，** 表示 $p < 0.05$，*** 表示 $p < 0.01$。

在此基础上，进一步调整实证数据时间跨度，将数据每两年做一次平均，然后重新对 PSTR 模型进行估计。得到的估计结果如表 6.11 所示。从表 6.11 可知，经过处理后，核心解释变量的统计方向和统计特性基本与表 6.9 中的结果保持一致，其他控制变量的估计系数与统计特性也均未发生较大变化。这也进一步证实了基于 PSTR 模型分析得到的人身保险业发展结构对经济增长质量的影响效应与影响特征是稳健的。

表 6.11　　　　　　　PSTR 模型 E_1' 与模型 E_2' 稳健性估计结果（二）

指标	线性部分参数估计（低区制）			非线性部分参数估计（高区制）		
	参数	E_1'	E_2'	参数	E_1'	E_2'
RCR_4	α_{00}	0.9417 *** (0.3467)	− 0.0144 (0.0321)	α_{00}'	− 1.0472 *** (0.3810)	− 0.0398 (0.0350)

续表

指标	线性部分参数估计（低区制）			非线性部分参数估计（高区制）		
	参数	E'_1	E'_2	参数	E'_1	E'_2
RHHI	α_{01}	-0.1355 (0.3716)	0.1193^{***} (0.0272)	α'_{01}	0.1685 (0.4101)	-0.0418 (0.0358)
ECT	α_{02}	-0.2296 (0.7955)	-0.2858^{***} (0.0549)	α'_{02}	-0.0283 (0.8726)	-0.2004^{***} (0.0556)
HUM	α_{03}	-0.0675 (0.0475)	0.0012 (0.0036)	α'_{03}	0.0795 (0.0525)	0.0130^{***} (0.0034)
MAK	α_{04}	—	0.0006 (0.0084)	α'_{04}	—	-0.0033 (0.0120)
IST	α_{05}	-0.4232^{**} (0.1893)	0.0365^{***} (0.0110)	α'_{05}	0.4835^{**} (0.2120)	0.0146 (0.0093)
FIN	α_{06}	-0.1918 (0.2021)	-0.0477^{***} (0.0172)	α'_{06}	0.2716 (0.2159)	0.0541^{***} (0.0179)
OPE	α_{07}	0.2111 (0.4450)	—	α'_{07}	-0.4304 (0.4875)	—
	γ	0.7389	134.9781	AIC	-7.5233	-7.4136
	c	-1.5552	0.7816	BIC	-7.3606	-7.2509

　　综上所述，由于发展非均衡，我国人身保险行业集中度与人身保险市场竞争程度对经济增长质量的影响效应都将随着人身保险自身发展水平以及人身保险与经济协调发展程度的变化而变化。一方面，依赖于自身发展水平，在人身险发展水平相对较低地区，提高人身保险行业集中度将有利于促进经济增长质量提升；在人身险发展水平相对较高地区，降低人身保险行业集中度将有利于促进经济增长质量提升，随着人身保险业自身发展水平逐步实现对门槛值 1.8354 的趋近与跨越，人身保险行业集中度降低对经济增长质量的影响将平滑地由抑制效应转变为促进效应。而人身保险业市场竞争程度降低仅在人身保险发展水平相对较低地区才有利于促进经济增长质量提升，在人身险发展水平相对较高地区，人身保险业市场竞争程度的提高对提高经济增

长质量的效应还不能有效显现。另一方面，依赖于人身保险与经济协调发展程度，人身保险行业集中度降低将始终有利于促进经济增长质量提升，并且随着人身保险与经济协调发展程度逐步实现对门槛值 0.7929 的趋近与跨越，这种促进效应还将进一步增强。同时，人身保险业市场竞争程度降低仅在人身保险与经济协调发展程度相对较低地区才有利于促进经济增长质量提升，在人身保险与经济协调发展程度相对较高地区，人身保险业市场竞争程度的大小对经济增长质量的影响同样不显著。稳健性检验很好地支持了上述结论。

进一步比较发现，不论是受人身保险自身发展程度影响还是人身保险与经济协调发展程度影响，人身保险市场竞争程度降低仅在低区制有利于经济增长质量提高，人身保险市场竞争程度降低在高区制对经济增长质量的影响均不显著。

究其原因，中国人身保险市场结构的形成不是通过自由竞争和市场优胜劣汰机制而形成的，而是在政府强势干预下在垄断的市场结构基础上逐步引入竞争要素而发展起来的（邵全权，2012）。在人身保险发展水平相对较低的地区（或者人身保险与经济协调发展程度相对较低的地区），人身保险市场存在不同程度的缺陷，加之政府针对人身保险市场准入与退出、监管立法、风险管理等方面的干预不仅明显滞后于人身保险市场本身的发展，也明显滞后于经济社会的发展，这种情况下，垄断型的市场结构反而有利于人身保险业可持续稳定发展进而促进经济增长质量提升。而在人身保险发展水平相对较高的地区（或者人身保险与经济协调发展程度相对较高的地区），人身保险市场竞争程度提高对经济增长质量的正向促进效应还不能有效显现的原因有待进一步深入探讨。

6.4 本 章 小 结

本章利用面板平滑转换模型就我国保险业结构非均衡发展对经济增长的影响效应进行实证分析，并采用增减控制变量、调整数据时间跨度等方法对模型进行了稳健性检验。研究结果表明：我国财产保险业发展结构、人身保险业发展结构对经济增长的影响都是非线性的，存在显著的门槛特征。财险行业集中度与市场竞争度、人身险行业集中度与市场竞争度对经济增长质量的影响效应都将随着自身发展水平以及自身与经济协调发展程度的变化而变化。具体主要表现在如下几个方面：

第一，受自身发展水平影响，降低财险行业集中度将有利于促进经济增长质量提升，并且跨越门槛值之后，这种促进效应还将进一步增强。在财险发展水平相对较低地区，降低财险市场竞争度有利于促进经济增长质量提升，而在财险发展水平相对较高地区，提高财险市场竞争程度有利于促进经济增长质量提升。

第二，受自身发展水平影响，在人身险发展水平相对较低地区，提高人身保险行业集中度将有利于促进经济增长质量提升；在人身险发展水平相对较高地区，降低人身保险行业集中度将有利于促进经济增长质量提升。随着自身发展水平逐步实现对相应门槛值的跨越，人身保险行业集中度降低对经济增长质量的影响将平滑地由抑制效应转变为促进效应。

第三，受财险与经济协调发展程度影响，在两者协调发展程度相对较低的地区，降低财险行业集中度，提高财险市场竞争程度对经济增长质量的影响不显著；在两者协调发展程度相对较高的地区，降低财险行业集中度，提高财险市场竞争程度能有效促进经济增长质量水平的提高。

第四，受自身与经济协调发展程度影响，降低人身保险行业集中度将始终有利于促进经济增长质量提升，并且随着人身保险与经济协调发展程度逐步实现对相应门槛值的跨越，这种促进效应还将进一步增强。同时，人身保险业市场竞争程度降低仅在人身保险与经济协调发展程度相对较低地区能够有效促进经济增长质量提升；在人身保险与经济协调发展程度相对较高地区，人身保险业市场竞争程度提高对经济增长质量的影响效应还未能有效显现。

各方面的稳健性检验很好地支持了上述结论。

保险体系能否有效地发挥经济补偿、资金融通和风险管理的功能，不仅在于其自身发展程度，也在于其参与经济活动的程度以及与经济协调发展程度的大小。保险业发展结构对经济增长质量的影响更在于其是否符合实体经济发展的内在要求，在于其是否与经济发展结构相匹配。因此，就本章的政策含义而言，首先，应该在大力发展保险业的同时，优化保险市场结构。由于我国财产保险业、人身保险业的水平和结构不仅是内生于经济增长及其对应的经济结构的，也是内生于整体保险业发展水平及其与经济的协调发展程度的。因此，应该立足于现阶段的经济发展水平与结构来促进保险业改革和结构调整，以促进保险资源的合理配置，促进经济增长质量提升。其次，在"寡头主导、大中小共生"的中国特色的特殊保险市场结构情况下，可行而有效的办法应该是对财险市场和人身险市场分而治之，并不是"一刀切"式的一味地反垄断。而是要根据我国保险业发展水平与阶段，以及不同地区保险业发展水平的现实差异，根据财险、人身险对经济增长质量的影响效应与影响特征，有针对性地做出具体部署，重点关注保险结构对经济增长质量影响的门槛，制定各具特色的发展规划和政策支持。区别对待财产保险业、人身保险业的发达与不发达地区，抑制垄断行为和不正当竞争行为，一方面，通过发展具有国际竞争力的金融保险集团来巩固民族保险业，提升我国保险业的国际地位；另一方面，还要努力完善中小保险机构发展的内外部环境，促进我国保险业结构优化，提升保险结构优化带来的经济增长效率与效应。

| 第 7 章 |
结　语

7.1　研究结论

本书在分析归纳国内外保险业发展与经济增长相关研究文献及其成果的基础上，结合我国实际，从理论与实证的角度系统分析了保险业水平、结构非均衡发展对中国经济增长质量的影响效用及其特征。本书的贡献首先在于从动态视角系统分析了我国整体保险业、财产保险业与人身保险业发展水平与发展结构的空间非均衡及其极化特征。然后在进一步明确经济增长质量定义及其外延与内涵的基础上，构建我国经济增长质量评价指标体系，采用熵权综合指数法全面测度了我国各省域的经济增长质量水平，并采用 PS 俱乐部收敛模型全面分析了我国省域经济增长质量的收敛性特征、地理布局与动态演进，并利用逻辑选择模型进一步深入探讨了我国经济增长质量收敛俱乐部形成的动因。在此基础上，结合我国保险业发展空间非均衡与经济增长质量空间非均衡的典型现实，分别建立财产保险、人身保险对经济增长质量影响的理论模型，系统阐释了财产保险、人身保险对经济增长质量影响的机制与路径。并进一步基于 Ramsey - Cass - Koopmans 动态一般均衡分析框架，构建了保险业非均衡发展对经济增长质量影响的理论模型，从理论上阐释保险业非均衡发展对经济增长质量影响的动态多重均衡机制，夯实了保险业发展对经济增长质量影响的微观基础。最后，采用非线性面板平滑转换模型实证分析了保险业发展水平、保险业发展结构对经济增长质量的影响效应与影响特征。通过以上理论分析与实证研究主要得出如下五个方面的结论：

第一，我国保险业发展水平与发展结构都存在显著的空间非均衡与极化特征。不论是整体保险业、财产保险业还是人身保险业，其发展水平的空间非均衡程度均呈现下降趋势，且东部、中部、西部地区内部，不论是整体保险业、财产保险业，还是人身保险业发展水平的空间非均衡程度与空间极化程度均存在显著的地区差异。组间差异是我国财产保险发展水平空间非均衡的主要来源，但其贡献率呈现缩小态势。剩余项差异是我国人身保险发展水平空间非均衡的主要来源，且前者的贡献率呈现缩小态势，后者的贡献率呈现上升趋势。整体保险业、财产保险业与人身保险业发展水平的空间极化程度均呈现进一步减弱趋势。在现有区域分组条件下，我国财产保险集中结构与竞争结构的空间非均衡程度均呈现上升趋势。组间差距是我国财产保险集中结构空间非均衡的主要来源，且其贡献率呈上升趋势；组内差距是我国财产保险竞争结构、人身保险集中结构以及人身保险竞争结构空间非均衡的主要来源，但其贡献率呈下降趋势。人身保险集中结构的区域空间极化程度整体呈上升趋势，人身保险竞争结构的区域空间极化程度整体呈下降趋势。

第二，经济增长质量体现在增长过程与增长结果两个主要方面，具体而言包括经济增长的结构、经济增长的稳定性、经济增长的福利变化与成果分配、经济增长的资源环境代价四个维度的内涵。考察期间，我国经济增长质量总体呈现上升趋势，经济增长的资源与环境代价对经济增长质量的平均影响最大，其次是经济增长的结构。经济增长的稳定性对经济增长质量的平均影响最小。我国区域经济增长质量差异显著，东部地区经济增长质量水平最高，其次分别是中部和西部。且东部、西部区域内部经济增长质量差距呈现进一步扩大趋势，中部区域内部经济增长质量差距呈现进一步缩小趋势。我国30个省域经济增长质量水平可以分为5个收敛俱乐部和5个发散单元，且各俱乐部经济增长质量的变化趋势及其演进路径同样存在显著差异。经济增长的初始结构、初始资源环境代价、初始福利与成果分配情况都是我国省域经济增长质量俱乐部形成的重要因素。具体而言，工业化率、失业率、城乡收入比、单位产出能耗比等都是助推我国省域经济增长质量俱乐部形成的重要原因。

第三，人身保险对经济增长质量的影响机制可以概括为：由于稳态下个体非流动性资产持有与个体人均产出的增长率成正比。人身保险构成了人们对储蓄的替代，从而人身保险市场的存在改变了储蓄－投资结构，提高了个体行为人的非流动性资产投资水平，提高了资本积累率进而促进了资本形成，而经济总体资本存量水平的提高将产生正外溢性，从而能够显著提高稳态下的经济增长率，形成内生经济增长。这显然有利于改善经济体中资源的配置状况，降低经济增长过程中的中间消耗，在提高经济增长效率的同时，提高经济增长质量。财产保险对经济增长质量的影响机制可以概括为：由于包含风险的经济模型稳态下的单位有效劳动资本要低于包含风险与保险的经济模型稳态下的单位有效劳动资本，如果技术和劳动力不变，包含风险与保险的经济模型的社会资本存量将稳定在更高的水平，单位有效劳动产出和社会总产出也将随之提高。可见，在存在风险的经济体中，财产保险介入将对经济增长质量产生明显的促进作用。若技术和劳动力保持不变，财产保险的存在降低了风险折旧的不确定性从而提高了稳定条件下的资本存量，进而提高了稳态条件下的产出水平。原因是保险介入缓解了个体可能面临风险损失的悲观情绪，使得个体对预防性储蓄的依赖度下降。考虑到风险发生后也会得到一定的经济补偿，个体即使在明确感知风险存在的情况下也不会骤然降低资本存量，而是倾向于适当增加资本积累，这显然有利于抑制经济增长的大幅波动，维护了经济增长的稳定性，提高单位有效劳动产出和社会总产出，进而提升经济增长质量。基于 Ramsey－Cass－Koopmans 模型的理论分析表明，由于发展非均衡，我国保险业发展对经济增长质量的影响路径与影响效应都不是一成不变的，而是存在门槛特征与不同的鞍点均衡。

第四，由于发展不均衡，我国保险业发展水平对经济增长质量的影响是非线性的，存在显著的门槛特征。不论是整体保险业、财险业，还是人身险业，其发展水平对经济增长质量的影响效应都将随着自身保险深度以及保险与经济的协调发展程度的变化而变化。受自身发展水平影响，整体保险业发展水平、财险业发展水平对经济增长质量的影响始终表现为抑制，并且随着自身发展水平实现对门槛值的跨越，财险业发展水平对经济增长质量的抑制效应将逐步减弱；人身保险业发展水平对经济增长质量的影响将由抑制转变为促进。受自身与经济协调发展程度影响，整体保险业发展水平对经济增长质量的影响将由抑制转变为促进；财险业发展水平对经济增长质量的影响始终表现为促进，并且随着财险与经济协调发展程度实现对门槛值的跨越，这种促进效应还将进一步增强。随着自身保险深度以及自身与经济协调发展程度实现对相应门槛值的跨越，人身保险业发展水平对经济增长质量的影响将平滑地从抑制效应向促进效应转变。

第五，由于发展不均衡，我国保险业发展结构对经济增长质量的影响是非线性的，存在显著的门槛特征。首先，受自身发展水平影响，降低财险行业集中度将有利于促进经济增长质量提升，并且跨越门槛值之后，这种促进效应还将进一步增强。在财险发展水平相对较低地区，降低财险市场竞争度有利于促进经济增长质量提升，而在财险发展水平相对较高地区，提高财险市场竞争程度有利于促进经济增长质量提升。其次，受自身发展水平影响，在人身险发展水平相对较低地区，提高人身保险行业集中度将有利于促进经济增长质量提升；在人身险发展水平相对较高地区，降低人身保险行业集中度将有利于促进经济增长质量提升。随着自身发展水平逐步实现对相应门槛值的跨越，人身保险行业集中度降低对经济增长质量的影响将平滑地由抑制效应转变为促进效应。再次，受财险与经济协调发展程度影响，在两者协调发展程度相对较低的地区，降低财险行业集中度，提高财险市场竞争程度对经济增长质量的影响不显著；在两者协调发展程度相对较高的地区，降低财险行业集中度，提高财险市场竞争程度能有效促进经济增长质量水平的提高。最后，受自身与经济协调发展程度影响，降低人身保险行业集中度将始终有利于促进经济增长质量提升，并且随着人身保险与经济协调发展程度逐步实现对相应门槛值的跨越，这种促进效应还将进一步增强。同时，人身保险业市场竞争程度降低仅在人身保险与经济协调发展程度相对较低地区能够有效促进经济增长质量提升；在人身保险与经济协调发展程度相对较高地区，人身保险业市场竞争程度提高对经济增长质量的影响效应还未能有效显现。

由于保险业非均衡发展对经济增长质量的影响本身是一个复杂的动态过程，加之时间和水平有限，本书还不可避免地存在一些局限与不足，有待今后进一步深入研究和思考。

第一，本书的理论与实证研究主要是基于财产保险、人身保险及其水平与结构发展的非均衡对经济增长质量的影响关系方面展开，没有研究保险业效率非均衡发展对经济增长质量的影响。原因是《中国保险年鉴》中涉及保险业发展的比较详尽的年度宏观统计数据是按保险公司的分类进行的，地方版统计数据中只给出了各省域保险公司的保费收入与赔付支出两个指标的年度数据。用来测算各省域保险业发展效率的主要投入指标（如公司员工、股权资本、债务资本、营业费用、退保金等）与其他重要的产出指标（如投资收益）数据严重缺失，因而暂时无法就不同省域保险业发展效率进行科学测算。这是本书未来需要进一步改进和完善的地方。

第二，本书采用空间基尼系数分解法分析了保险业发展的空间非均衡特征，未来的研究可以进一步引入空间地理因素，尝试引入地理分析技术，更加直观科学地体现保险资源的空间分布与流动趋势。同时，本书采用前沿非线性 PSTR 模型实证分析了保险业水平、结构非均衡发展对经济增长质量的影响。这为此方面的研究提供了新的研究思路。未来的研究可以进一步探讨经济增长质量对保险业发展水平与发展质量的影响机制、影响效应与影响特征，进一步丰富此方面的研究成果。

第三，由于目前涉及经济增长质量综合评价的研究并不多见，经济增长质量指标体系的构建本身属于本书的探索性研究。同时，由于数据获取的限制，一些对于经济增长质量有较大影响的指标在实际评价中不得不舍弃。因此，在相关指标选择和数据获取上，仍需在今后不断改进和加强，以进一步提高经济增长质量指标体系的科学性以及我国省域经济增长质量测度的准确性。

第四，本书根据研究结果提出了统筹我国保险业发展空间布局，加强保险业区域行业合作创新保险产品与服务，推行保险业可持续发展的集约增长模式等政策建议，但主要是基于宏观角度开展分析的。未来可以就东部与中部、东部与西部，以及中部与西部具体区域之间、发达地区与贫困地区之间的保险业发展政策进行探讨，并就这些区域之间的保险业发展进行微观层面的研究。

7.2　政　策　启　示

本书研究表明，我国保险业的健康快速发展对于我国经济增长质量提升和经济体制改革进程的整体推进具有重大而深远的战略意义。部分阶段部分地区所显示的保险业发展的非均衡性及其对我国经济增长质量提升的消极作用是客观的，也是必然的，并不能成为否定保险业发展及其对经济增长贡献的依据。但是，在推进我国保险业与经济社会整体协调发展的同时，致力于缩小保险业发展地区差距也是我国保险市场发展战略当前和今后相当长一段时期内需要解决的重要问题。因为差异只有在一个合理的范围与限度内才能成为发展的动力，差异过大势必会导致各个地区间保险业发展失去平衡，进而阻碍发展。因此，应该进一步推进区域保险业在适度差异中协调发展。同时，研究也表明，我国保险业发展的经济驱动功效不仅依赖于保险业自身发展水平，也依赖于保险业发展与经济发展的匹配程度。保险业发展水平、结构对经济增长质量的影响效应存在门槛条件。因此，应该重点关注保险业发展与经济增长质量提升之间的门槛特征及其发生门槛转换的可能性及其条件，推进保险与经济的全面协调发展，充分发挥保险业在促进我国经济增长质量提升中的积极作用。

7.2.1 推进区域保险业在适度差异中协调发展

7.2.1.1 统筹空间发展布局促进保险业协调发展

保险业是我国区域经济稳定、协调、可持续发展的内在要求以及区域产业阵容的有机组成部分，通过统筹和完善保险业空间布局，提高保险业的竞争力、渗透力与影响力，在进一步优化我国保险业发展的资源配置的同时，也将带来我国经济增长的福利与成果分配的优化，对于推进我国区域经济增长质量提升无疑将具有重要的意义。《中国保险业发展第"十二五"规划纲要》指出：要统筹保险业区域布局，促进区域、城乡保险业协调发展。要积极促进保险业由外延式发展向内涵式发展战略转型，大力推进保险市场主体结构、区域布局、业务结构优化升级。已有研究表明，集聚效应与扩散效应是影响保险市场空间布局的两种效应。在保险区域空间结构形成与发展的不同阶段，保险业的集聚效应与扩散效应发生作用的强度大小存在差异。在保险区域空间结构形成的初期，集聚效应起着主导作用，在保险区域空间结构形成的成熟期，集聚效应与扩散效应发生作用的表现形式和程度就较为复杂，通常情况下扩散效应的作用会强于集聚效应。同时，由于保险业集聚效应与扩散效应的作用都有一定的惯性和一定的限度，当两种各自的作用超过一定的限度后，都会出现不经济。为了实现最大的经济效益，二者必然会在某种程度上发生相互转换，从而使得保险区域空间结构发生与之相适应的改变。如前文所述，我国保险业还不发达，东部、中部、西部地区保险业发展水平与发展结构都存在明显的地区差异。因此建立合理的保险空间布局，促进区域保险业协调发展是引导保险业可持续发展进而提升经济增长质量的重要方面。由于我国保险区域空间结构的形成还处于发展的初级阶段。就整体保险区域空间而言，应该充分发挥保险的集聚效应，但就局部保险区域空间而言，再过度集聚，将带来集聚的不经济。因此，促进我国区域保险业协调发展就不应该是简单的抑制区域发展差距，走均衡发展路径，而应该是在坚持现有非均衡发展战略格局的基础上，集中优势力量首先推动经济发达地区或者保险业发展基础较好地区的保险业发展，然后借助于区域与区域之间的联系和渗透，通过扩散效应，来带动周边或者其他欠发达地区的保险业发展。同时，考虑到各地区保险业发展的非均衡性，推进实施保险监管差异化，建立一个由国家监管、行业自律和社会监督等组成的多层次保险监管体系。同时，也应推进实施区域保险经营行为差异化，包括区域保险产品结构和保险险种差异化，推行区域保险费率差异化和实行区域保险产品销售模式差异化，即按市场经济运行规律和区域经济、区域保险发展层次、结构以及区域保险市场的发育、完善程度等建立区域间层次性和差异性的保险产品销售模式。通过逐步建成一批规模较大、结构良好、效益突出、风险可控、影响广泛的现代区域保险中心，实现保险区域发展与经济社会发展良性互动，形成保险业务与地区经济均衡快速发展的格局。

7.2.1.2 加强区域行业合作推进保险市场结构优化

保险业区域行业合作是区域分工的结果，也是区域分工的前提。区际贸易与要素流动是保险业区域分工合作的前提。密切的保险业区域合作必将带来区域保险业分工的深化与发展。因此，区域保险行业合作是区域分工与区域经济增长质量提升的客观要求。事实上，区域财产保险、人身保险都不可能由于地理位置上的自然分割而将自身置身于一个完全封闭的经济真空环境中，置身于全国乃至世界发展潮流之外，不可能依靠封闭的、自给自足的发展模式而步入发达地区行列。相反，需要区域各行业内部、行业间的充分合作，才能跟上当前的经济发展形势，提升经济增长质量。保险业的区域行业合作既包括不同区域间围绕保险业的发展展开的合作，也包括区域间因保险业的发展而促进不同区域在产业发展、区域政策和发展战略等方面的合作。通过开展保险业区域行业合作，促进经济区域间或经济区域内不同地区的保险业主体，在一定的原则、制度与目标指引下，将与保险业相关的诸要素在区域之间进行重新配置、整合和优化，从而形成水平更大、结构更合理、影响力更大的保险品牌与保险产品，以获取最大的经济效益与社会效益。开展保险业区域行业合作，一方面，要加强区域内部不同地区之间的合作，完善促进区域内部各地区保险行业、企业间联合的地方性法规政策，大力扶持保险中介企业，促进保险企业间的融合，重视区域内保险龙头企业的同时，积极扶持区域内新生保险机构的健康发展，加快推进区域内保险产业的集群。另一方面，要加强区域之间保险行业、企业的联合，扩大我国保险产业的整体水平，优化我国保险业发展结构。本书的实证分析表明，就水平而言，不论是整体保险业、财产保险业，还是人身保险业，随着其实现对自身发展水平或者自身与经济协调发展水平门槛的跨越，其整体上对经济增长质量的影响要么由抑制效应转变为促进效应，要么促进效应进一步增强。因此，基于保险业发展区域差异以及保险业水平对经济增长质量影响的约束门槛存在的基本现实，进一步做大我国保险业整体水平，逐步实现保险业发展的水平经济，是提升我国经济增长质量水平的重要举措。就结构而言，随着保险业发展整体水平的提升，应该提升保险市场竞争程度，注重降低财险、人身险的行业集中度，降低财险行业的垄断程度，提高财险、人身险的竞争度，促进保险业良性竞争与发展，推进保险市场结构优化升级。

7.2.1.3 创新产品与服务促进保险业发展质量提升

随着全球气候变暖，生态环境的恶化，自然灾害不断增加，各种灾情正以人类难以预料的方式发生与发展，给国家的经济建设和社会稳定以及给人民生命财产安全造成了巨大损失和严重威胁。当前，作为我国金融业重要组成部分的保险业，其发展水平还与我国经济、社会发展以及人民生活需求存在一定程度的不相适应。因此，保险业要实现满足区域经济增长质量提升的要求，就必须通过创新产品与服务来实现。近年来，伴随着我国国民经济持续稳定增长与发展，国内保险市场进一步向纵深拓展，保险产品的技术含量在逐步提高，保险产品开发的周期在逐步缩短。但相对而言，我国保险市场产品的同质性依然较高，产品模式较为单一，还难以适应区域经济增长质量提升对保险产品数量与质量日益提高的需求。因此，要建立与完善保险产品创新体系，如产品创新、服务创新、销售方式创新和综合经营创新，拓展服务领域，扩大保险覆盖面。适时弥补和更新已有的即将遭遇淘汰的老产品，根据经济发展的水平、阶段与结构特征适时开发市场需要的新产品，满足不断向个性化发展的市场需求和偏好。当前，在全球经济一体化的国际大环境下，市场环境不断变化，保险业要获得比以往更高的经济收益水平，必须逐步改变当前基于扩张的粗放型增长模式，推行以价值创造为核心的可持续的集约增长模式，不断提高保险资源的配置效率，扩大保险活动的区域覆盖面。通过提高保险业的渗透力、影响力与竞争力，最大限度地合理开发利用配置保险资源，实现保险业的资源供需平衡和良性循环，充分发挥保险业"稳定器"与"加速器"功能，使保险业整体与经济社会各构成要素之间，与经济环境、社会环境、金融环境等相互协调发展，促进经济增长质量水平提升。需要强调的是，可持续发展必然要求我们也应该重视对保险资源的关注、培养、扶持。目前，出于利益的驱使，我国保险业给予较发达地区和较富裕的社会群体更多抑或充足的关注，对落后地区和贫困群体的保险需求关注不够。各类专为富裕人群定制的保险产品纷纷出台，这显然对可持续利用的保险资源的培养与扶持不利。因此，应该同样关注与重视各层次保险资源。加强弱势保险资源的培养与扶持，使全体社会公民都可以享受到保险业发展乃至整体经济社会发展的福利与成果。而这也正是保险业发展质量与经济增长质量提升的重要表现。同时，要加快保险技术创新步伐。以管理技术和管理手段创新为基础，加快保险业电子化、网络化建设步伐，将现代计算机、网络等先进的信息技术渗透于保险经营活动的全过程，为保险创新构造坚实的技术基础，增强保险创新的科技含量。此外，保险公司要不断增强服务意识，更新服务理念，完善服务内容与服务管理制度，拓展服务的深度与广度，提高服务水平与服务质量，积极主动创新保险服务。一般而言，保险服务主要包括事前条款通俗化服务、事中标准化流程服务和事后便捷、规范的保险理赔服务三个环节。就我国当前保险服务的现实而言，保险公司普遍注重在事后便捷、规范的保险理赔服务环节做出创新，一定程度上忽视了其事前的预警、监督服务的加强与创新，以及经济补偿功能的优化，致使其在降低甚至阻止风险发生中的作用发挥不足。因此，在以后的保险服务中，要把保险服务始终贯穿于整个保险期间，在遵循保险、金融及经济发展的客观规律的同时，更应该注重其事前的预警和监督服务的创新发展，建立和健全保险服务体制，加快专业保险人才队伍培养与建设，提高和改善保险服务效率与质量水平，挖掘和拓展保险市场发展潜力，为经济提质、增效、升级提供动力。

7.2.2　推进保险与经济的全面协调发展

7.2.2.1　国家与政府层面

保险与经济的全面协调发展是需要一定的条件保障的。应进一步完善推进保险业自身可持续发展以及与经济社会全面协调发展的保障体系。建立和完善政府主导、行业自律、企业自主经营的保险业运行机制，是推进我国保险与经济全面协调发展的必由之路。国家与政府层面，要进一步完善相关政策法规，净化保险业发展外部环境。2014 年 8 月 13 日，国务院正式发布《国务院关于加快发展现代保险服务业的若干意见》（以下简称"新国十条"）。"新国十条"明确提出到 2020 年要基本建成保障全面、功能完善、安全稳健、诚信规范，具有较强服务能力、创新能力和国际竞争力，与我国经济社会发展相适应的现代保险服务业。要使现代保险服务业成为健全金融体系的支柱力量、改善民生保障的有力支撑、创新社会管理的有效机制、促进经济提质增效升级的高效引擎和转变政府职能的重要抓手。

首先，保险行业的诚信发展程度与发展状况关系着国家金融业的稳定发展与普通民众的切身利益，也直接反映了一个国家社会经济的发育程度。保险人和投保人之间的信用关系，不仅惠及保险业自身，也在一定程度上成为构筑我国社会诚信大厦的基石。因此，相关政府部门要采取措施，通过构建保险诚信制度体系、培育保险诚信文化、强化保险社会监督，完善职业道德规范等方面来建立和完善保险业诚信管理体系，全面推进保险业信用体系建设。当前，我国保险市场不同程度地存在着销售误导、欺诈客户、恶意竞争、扰乱市场、弄虚作假、违规失信以及索赔难、理赔慢等一系列问题。这与我国社会信用体系建设薄弱和保险市场监督管理不力是分不开的。目前，我国保险市场上信用的保证主要是基于伦理道德的要求和社会舆论的约束，失信行为得不到有力的惩治。在利益最大化的驱动下，约束机制的软化难以抑制失信行为的出现，失信行为屡禁不止也就在所难免。同时，尽管近年来，中国保监会在保险业信用体系建设上采取了一些积极措施，也取得了一定的成效。但是，对保险营销人员、保险机构以及对保险市场的监督管理仍然缺乏有效的制度措施，缺乏科学合理的保险诚信考评指标体系和诚信监管机制，保险机构建立、完善诚信管理制度的紧迫性还远远不够。因此，政府应该从政策法规和制度层面上防范和制止保险市场主体误导欺诈、弄虚作假等失信行为。要从建立诚信监管体系出发，尽快建立保险诚信调查系统、诚信评估系统，进一步完善保险诚信监管信息，改进诚信监管手段，充分发挥诚信监管的作用。强化诚信奖惩机制，完善保险监管与地方人民政府以及公安、司法、新闻宣传等部门的合作机制。督促保险机构完善保险公司信用管理制度，健全信用管理体系，严格恪守行业规范，履行业务职责。

其次，要采取相关措施，促进保险市场与货币市场、资本市场协调发展。保险公司机构投资者作用的进一步发挥，可以为股票市场和债券市场的长期稳定发展提供有力支持。因此，应鼓励设立不动产、基础设施、养老等专业保险资产管理机构，在一定条件下允许专业保险资产管理机构设立夹层基金、不动产基金、并购基金等私募基金。同时，稳步推进保险公司设立基金管理公司的试点工作。探索保险机构投资、发起资产证券化产品；探索发展债券信用保险，积极培育另类投资市场。保险市场与货币市场、资本市场的协调发展将为促进经济增长质量提升发挥重要的作用。

再次，国家与政府机构在协调保险各行业之间的关系，促进国际保险行业间的合作与发展中应该有更大作为。

最后，政府应出台相关政策，加大保险业专门人才的培养与培训，这也将是确保保险业自身可持续发展、保险与经济全面协调发展以及经济增长质量稳步提升的有力举措。

7.2.2.2　行业与企业层面

为推进保险业经济的全面协调发展，就保险行业而言，应进一步完善保险经济补偿机制，提高灾害救助参与度，推进保险业改革开放，全面提升行业发展水平。继续深化改革，加快建立现代保险企业制度，完善保险公司治理结构。全面深化寿险费率市场化改革，稳步开展商业车险费率市场化改革。深入推进保险市场准入、退出机制改革，以推进和规范并购重组为重点，建立法律和市场手段为主、行政手段为辅的多层次市场退出体系。完善保险保障基金的风险救助体系，有效化解单个机构风险，守住不发生系统性区域性金融风险的底线。加快完善保险市场体系，支持设立区域性和专业性保险公司，发展信用保险专业机构。规范保险公司并购重组。支持符合条件的保险公司在境内外上市。就保险中介而言，应该进一步改善当前保险中介市场普遍存在的无序竞争、违规经营的行为，改变经营方式粗放、创新能力不强、造血功能不足的局面，加快培育我国专业化的保险中介市场，增强保险中介驾驭市场的能力。就保险公司自身层面而言，应该加快完善保险公司治理结构，逐步推动组织结构的整合与优化；积极发展适应科技创新的保险产品和服务，发挥保险对会计、评估、咨询、审计、法律等产业的辐射作用，积极发展文化产业保险、物流保险，探索演艺、会展责任险等新兴保险业务，促进第三产业发展。同时，保险机构自身要把开展信用教育、发展信用文化作为自身信用建设的基础性工作来抓，加强对保险员工的信用教育，努力营造诚实守信的舆论氛围，使诚实守信成为保险从业人员的自觉行动。此外，也要加强对保险消费者的信用教育，大力宣传守信用、重合同的典型参保企业和个人，使消费者充分了解保险信用的互利互惠性，做到信用告知，信用投保和信用索赔。通过改革与创新，全面拓展保险行业与企业的服务功能，提升服务效率与服务质量，为促进经济提质增效升级做出自身应有的贡献。

7.2.2.3　社会与公众层面

要实现保险与经济的系统协调发展，不仅要依靠政府政策的支持和保险行业与企业自身的努力，还要依靠保险消费者乃至全体社会成员的支持与配合。因此，应该加大宣传力度，组织开展保险宣传和保险业务培训工作，加强公众对保险产品认识与选择的引导，创造必要条件争取最广大人民群众的支持和配合，动员最广泛的社会力量踊跃参与到保险业的发展与建设中来，使监督、促进保险业健康发展成为每个单位、每个企业、每个社会成员的自觉行动。从而实现更高层次的经济社会协调发展。

参考文献

［1］B. D. 卡马耶夫. 经济增长的速度和质量［M］. 陈华山，左东官，陈华剑，等译. 武汉：湖北人民出版社，1983：63 – 69.

［2］白重恩，吴斌珍，金烨. 中国养老保险缴费对消费和储蓄的影响［J］. 中国社会科学，2012（8）：48 – 71.

［3］钞小静，惠康. 中国经济增长质量的测度［J］. 数量经济技术经济研究，2009（6）：75 – 86.

［4］陈池波，张攀峰. 新型社会保障、收入类型与农村居民消费——基于截面数据的经验分析［J］. 经济管理，2012（2）：175 – 182.

［5］陈华，王稳. 中国保险发展对技术创新长短期影响效应的实证研究［J］. 中国软科学，2011（3）：82 – 87.

［6］崔晓东，郑玉华. 基于 RAM 的我国财险公司效率与偿付能力关系研究［J］. 统计研究，2011（3）：72 – 78.

［7］单豪杰. 中国资本存量 K 的再估算：1952～2006 年［J］. 数量经济技术经济研究，2008（10）：17 – 31.

［8］段景辉，黄丙志. 我国社会保障支出对居民消费需求的影响研究［J］. 财经论丛，2011（5）：44 – 49.

［9］弗朗索瓦·佩鲁. 新发展观［M］. 张宁，丰子义，译. 北京：华夏出版社，1987：56 – 73.

［10］甘小丰. 中国保险业效率结构的实证分析［J］. 数量经济技术经济研究，2008（7）：92 – 105.

[11] 韩松，王德令. 中国保险业效率分析：基于 2003~2007 年数据 [J]. 保险研究，2009（6）：20-28.

[12] 胡宏兵. 中国保险发展与经济增长关系的协整分析：1999~2007 [J]. 山东经济，2007（6）：74-78.

[13] 胡宗义，唐李伟，苏静. 省域碳排放强度的收敛性与动态演进 [J]. 资源科学，2015，37（1）：142-150.

[14] 黄薇. 基于 SFA 方法对中国保险机构效率的实证研究 [J]. 南开经济研究，2006（5）：104-115.

[15] 黄薇. 中国保险业效率的实证研究：考虑环境因素的影响 [J]. 统计研究，2009（9）：29-37.

[16] 纪江明，赵毅. 中国区域间农村社会保障对居民消费的影响 [J]. 中国人口·资源与环境，2013（5）：93-97.

[17] 姜百臣，马少华，孙明华. 社会保障对农村居民消费行为的影响机制分析 [J]. 中国农村经济，2010（11）：32-39.

[18] 李俊霖. 经济增长质量的内涵与评价 [J]. 生产力研究，2007（15）：9-10.

[19] 李时宇，冯俊新. 城乡居民社会养老保险制度的经济效应——基于多阶段世代交叠模型的模拟分析 [J]. 经济评论，2014（3）：3-15.

[20] 梁来存，胡扬赞. 保险消费与经济增长实证 [J]. 求索，2005（3）：37-38.

[21] 梁平，梁彭勇. 基于 SFA 的中国保险业 X-效率研究 [J]. 数理统计与管理，2011（1）：144-153.

[22] 廖朴. 保险与经济增长的关系研究 [D]. 天津：南开大学经济学院，2014：93-113.

[23] 刘茂山. 论保险业的最大风险——兼论保险的本质及其回归 [J]. 南开经济研究，2003（6）：63-67.

[24] 刘晴辉. 保险发展、储蓄结构变化与经济增长 [J]. 当代经济科学，2008（6）：91-97.

[25] 刘树成. 论又好又快发展 [J]. 经济研究，2007（6）：4-13.

[26] 刘亚建. 我国经济增长效率分析 [J]. 思想战线，2002（4）：

30 – 33.

［27］刘志迎，孙文平，李静．中国财产保险业成本效率及其影响因素的实证研究［J］．金融研究，2007（4）：87 – 99.

［28］陆静，梁芹，曹志强．我国产险市场的三阶 DEA 效率演进——基于2004 年～2009 年的非平衡面板数据分析［J］．保险研究，2012（5）：23 – 35.

［29］马光荣，周广肃．新型农村养老保险对家庭储蓄的影响：基于 CF-PS 数据的研究［J］．经济研究，2014（11）：116 – 129.

［30］马双，臧文斌，甘犁．新型农村合作医疗保险对农村居民食物消费的影响分析［J］．经济学（季刊），2010，10（1）：249 – 270.

［31］聂思痕．扩大医疗保险覆盖面有利于经济发展和社会福利改善吗［J］．广东财经大学学报，2015（3）：4 – 11.

［32］潘杰，雷晓燕，刘国恩．医疗保险促进健康吗？——基于中国城镇居民基本医疗保险的实证分析［J］．经济研究，2013（4）：130 – 142.

［33］庞楷．保险业对经济增长影响的实证分析——基于修正的 Solow 模型［J］．保险研究，2009（7）：31 – 36.

［34］蒲成毅，潘小军．保险消费促进经济增长的行为金融机理研究［J］．经济研究，2012（1）：139 – 147.

［35］曲丹．养老保险制度对劳动力供给影响研究［J］．经济纵横，2014（12）：116 – 119.

［36］饶晓辉，钟正生．保险能否促进经济增长——基于中国的实证分析［J］．上海经济研究，2005（12）：14 – 20.

［37］任保平．经济增长质量：理论阐释、基本命题与伦理原则［J］．学术月刊，2012（2）：63 – 70.

［38］萨伊．政治经济学概论［M］．陈福生，陈振骅，译．北京：商务印书馆，1963：142 – 149.

［39］邵全权．保险业对"经济增长—城乡收入差距"非线性动力系统的影响［J］．当代经济科学，2015（2）：37 – 47.

［40］邵全权．保险业发展与经济增长的多重均衡［J］．数量经济技术经济研究，2013（2）：3 – 18.

［41］邵全权．保险业结构、区域差异与经济增长［J］．经济学（季

刊），2012（2）：635 – 674.

[42] 沈坤荣，魏锋. 中国保险市场发展的非线性增长效应研究 [J]. 金融研究，2010（7）：158 – 170.

[43] 沈利生，王恒. 增加值率下降意味着什么 [J]. 经济研究，2005（3）：59 – 66.

[44] 沈毅，穆怀中. 新型农村社会养老保险对农村居民消费的乘数效应研究 [J]. 经济学家，2013（4）：32 – 36.

[45] 汪伟. 人口老龄化、养老保险制度变革与中国经济增长——理论分析与数值模拟 [J]. 金融研究，2012（10）：29 – 45.

[46] 王博，邵全权. 保险业市场结构调整能提升经济增长质量吗 [J]. 产业经济研究，2015（1）：33 – 44.

[47] 王少平，欧阳志刚. 中国城乡收入差距对实际经济增长的阈值效应 [J]. 中国社会科学，2008（2）：54 – 66.

[48] 王新军，郑超. 医疗保险对老年人医疗支出与健康的影响 [J]. 财经研究，2014（12）：65 – 75.

[49] 魏婕，任保平. 中国城乡购买力：由失衡走向平衡 [J]. 财贸研究，2012（4）：17 – 24.

[50] 温诺·托马斯，等. 增长的质量 [M]. 北京：中国财经出版社，2001：32 – 43.

[51] 吴洪，赵桂芹. 保险发展、金融协同和经济增长——基于省级面板数据的研究 [J]. 经济科学，2010（3）：61 – 72.

[52] 吴永钢，李政. 我国保险业发展的经济增长效应：基于金融协同视角 [J]. 南开经济研究，2013（4）：82 – 94.

[53] 肖攀，李连友，苏静. 保险业发展水平门槛与中国经济增长的动态均衡 [J]. 山西财经大学学报，2015（7）：124 – 129.

[54] 肖攀，李连友，苏静. 负值数据约束下产险公司全要素生产率变动及影响因素分析 [J]. 上海经济研究，2014（9）：100 – 110.

[55] 肖攀，李连友，苏静. 农村社会保障对农村居民消费影响的门槛效应与区域异质性——基于面板平滑转换模型的分析 [J]. 软科学，2015（6）：15 – 18.

[56] 谢利人. 保险发展与经济增长关系的实证分析 [J]. 求索，2006 (8)：45 - 47.

[57] 姚树洁，冯根福，韩钟伟. 中国保险业效率的实证分析 [J]. 经济研究，2005 (7)：56 - 65.

[58] 殷俊，李媛媛. 人口老龄化背景下中国养老保险制度改革的宏观经济及福利效应分析 [J]. 江西财经大学学报，2013 (6)：60 - 71.

[59] 袁成，于润. 基于多元职能论的保险发展对经济增长贡献的实证检验 [J]. 财经论丛，2013 (1)：40 - 46.

[60] 约翰·马歇尔，维普尔·班塞尔. 金融工程 [M]. 宋逢明，译. 北京：清华大学出版社，1998：68 - 83.

[61] 约翰·梅纳德·凯恩斯. 就业、利息和货币通论 [M]. 宋韵声，译. 北京：华夏出版社，2005：36 - 105.

[62] 曾智，姚鹏，杨光. 我国保险市场非线性经济增长效应分析——基于 ACE 算法的实证研究 [J]. 保险研究，2014 (12)：14 - 23.

[63] 张川川，陈斌开. "社会养老" 能否替代 "家庭养老"？——来自中国新型农村社会养老保险的证据 [J]. 经济研究，2014 (11)：102 - 115.

[64] 张春海. 基于 DEA 三阶段的我国财产保险公司经营效率测度研究 [J]. 保险研究，2011 (10)：22 - 29.

[65] 张风科. 中国保险业发展与消费增长的关系研究 [J]. 保险研究，2011 (12)：18 - 25.

[66] 张军. 电力工业与国民经济增长关系的协整分析及对策建议 [J]. 华北电力大学学报（社会科学版），2004 (4)：17 - 31.

[67] 张治觉，吴定玉. 我国财政社会保障对居民消费产生引致还是挤出效应 [J]. 消费经济，2010 (3)：67 - 88.

[68] 赵进文，邢天才，熊磊. 我国保险消费的经济增长效应 [J]. 经济研究，2010 (1)：39 - 49.

[69] 赵尚梅，李勇，庞玉锋. 保险业对经济增长贡献的理论模型与实证检验 [J]. 保险研究，2009 (1)：51 - 56.

[70] 郑军，朱甜甜. 经济效率和社会效率：农业保险财政补贴综合评价 [J]. 金融经济学研究，2014 (5)：88 - 97.

［71］郑伟，刘永东．中国保险业区域发展比较研究——基于"保险基准深度比"的分析［J］．经济科学，2008（5）：96 – 109．

［72］卓志．人寿保险经济的显著性与贡献［J］．华南金融研究，1999（5）：45 – 49．

［73］Adams M，Andersson J，Andersson L F，et al. Commercial banking，insurance and economic growth in sweden：between 1830 to 1998［J］．Gerneral Information，2009，19（1）：21 – 38．

［74］Aiyagari S. Uninsured idiosyncratic risk and aggregate saving［J］．The Quarterly Journal of Economics，1994，109（3）：659 – 684．

［75］Alessandra C，Carlo D. Capital skill complementarity and the redistributive effects of social security reform［J］．Journal of Public Economics，2008（92）：672 – 683．

［76］Arena M. Does insurance market promote economic growth? a cross-country study for industrialized and developing countries［J］．Journal of Risk and Insurance，2008，75（4）：921 – 946．

［77］Barro R J D. Are government bonds net wealth?［J］．Journal of Political Economy，1974（82）：95 – 1117．

［78］Barro R J. Quantity and quality of economic growth［R］．Working Papers from Central Bank of Chile，2002：9 – 12．

［79］Beck T，Webb I. Economic，demographic and institutional determinants of life insurance consumption across countries［J］．World Bank Economic Review，2003（17）：51 – 88．

［80］Becker G S，Barro R J. A reformulation of the economic theory of fertility［J］．Quarterly Journal of Economics，1988，412（2）：1 – 25．

［81］Bellettini G，Cevoni C B. Is social security really bad for growth?［J］．Review of Economic Dynamics，1999，2（4）：796 – 819．

［82］Boon T K. Do commercial banks，stock market and insurance market promote economic growth? An analysis of the singapore economy［D］．Nanyang Technological University Working Paper，2005：3 – 8．

［83］Browne M，Kim K. An international analysis of life insurance demand

[J]. Journal of Risk and Insurance, 1993, 60 (4): 616 – 34.

[84] Burcă A M, Armeanu D, Kagitci M. An empirical analysis of the causality relationship between insurance and economic growth [J]. Theoretical & Applied Economics, 2013: 17 – 29.

[85] Carmichcel B, Dissou Y. Health insurance, liquidity and growth [J]. The Scandinavian Journal of Economics, 2000, 102 (2): 269 – 284.

[86] Carmichcel B, Dissou Y. Health insurance, liquidity and growth [J]. The Scandinavian Journal of Economics, 2000, 102 (2): 269 – 284.

[87] Catalan M, Impavido G, Musalem A R. Contractual savings or stocks market development: which leads? [J]. Journal of Applied Social Science Studies, 2000, 120 (3): 445 – 487.

[88] Ching K S, Kogid M, Furuoka F. Causal relation between life insurance funds and economic growth: evidence from malaysia [J]. Asean Economic Bulletin, 2010, 27 (2): 185 – 199.

[89] Corneo G, Marquardt M. Public pensions, unemployment insurance, and growth [J]. Journal of Public Economics, 2000, 75 (2): 293 – 311.

[90] Cruz A, Iza A. Life expectancy, human capital, social security and growth [J]. Journal of Public Economics, 2006, 90 (12): 2323 – 2349.

[91] Cummins J D, Weiss M A. Measuring cost efficiency in the property-liability insurance industry [J]. Journal of Banking and Finance, 1993 (3): 463 – 481.

[92] Diamond P. National debt in a neoclassical growth model [J]. American Economic Review, 1965 (55): 1126 – 1150.

[93] Domar E D. Capital expansion, rate of growth, and employment [J]. Econometrica, 1946, 14 (2): 137 – 147.

[94] Esteban J M, Ray D. On the measurement of polarization [J]. Econometrica, 1994 (62): 819 – 851.

[95] Fecher E, Kessler D, Perelman S, et al. Productive performance in the french insurance industry [J]. Journal of Productivity Analysis, 1993, 4 (1): 77 – 93.

[96] Fouquau J, Hurlin C, Rabaud I. The feldstein-horioka puzzle: a panel smooth transition regression approach [J]. Economic Modelling, 2008, 25 (2): 284 – 299.

[97] Gagné R, Ouellette P. On the choice of functional forms: summary of a monte carlo experiment [J]. Journal of Business & Economic Statistics, 1998 (1): 118 – 124.

[98] Glomm G, Michael K. Distributional effects of public education in an economy with public pensions [J]. International Economic Review, 2003, 44 (3): 917 – 937.

[99] Gonázlez A, Teräsvirta T, Dijk D. Panel smooth transition regression models [R]. SSE/EFI Working Paper Series in Economics and Finance, 2005.

[100] Haiss P, Sumegi K. The relationship between insurance and economic growth in europe: a theoretical and empirical analysis [J]. Empirica, 2008, 5 (4): 405 – 431.

[101] Haiss P, Sümegi K. The relationship between insurance and economic growth in europe: a theoretical and empirical analysis [J]. Empirica, 2008, 35 (4): 405 – 431.

[102] Harold D. International risks and insurance: an environmental-managerial approach [M]. Chicago, IL: Irwin/McGraw – Hill, 1998: 23 – 30.

[103] Harrod R F. Price and cost in entrepreneurs policy [R]. Oxford Economic Papers, 1939 (2): 1 – 11.

[104] Hirschman A O. Strategy of economic development [M]. Westview Press Inc, 1958: 87 – 116.

[105] Holsboer J H. Repositioning of the insurance industry in the financial sector and its economic role [J]. The Geneva Papers on Risk and Insurance, 1999, 24 (3): 243 – 290.

[106] Jafari S A, Kardgar E. An empirical analysis of the causality relationship between insurance and economic growth [J]. Iranian Journal of Trade Studies Winter, 2008, 12 (45): 85 – 113.

[107] Kemnitz A, Wigger B U. Growth and social security: the role of hu-

man capital [J]. European Journal of Politic Economy, 2000 (4): 673 - 683.

[108] Kiumars S. The relationship between life and non-life insurance development and economic growth in iran: an application of the ardl bounds testing approach [J]. Sanaat - E - Bimeh, 2013, 28 (3): 21 - 46.

[109] Kugler M, Ofoghi R. Does insurance promote economic growth? evidence from the UK [D]. University of Southampton Working Paper, 2005: 1 - 19.

[110] Lasso D L, Urrutia A M. An alternative formulation of the esteban-gradin-ray extended of polarization [J]. Journal of Income Distribution, 2006 (15): 42 - 54.

[111] Lee C C, Chiu Y B. The impact of real income on insurance premiums: evidence from panel data [J]. International Review of Economics and Finance, 2012, 21 (1): 246 - 260.

[112] Lee C C. Does insurance matter for growth: empirical evidence from OECD countries [J]. The B. E. Journal of Macroeconomics, 2011, 11 (1): 1935 - 1690.

[113] McKelvey R D, Zavoina W. A statistical model for the analysis of ordinal level dependent variables [J]. Journal of Mathematical Sociology, 1975 (4): 103 - 120.

[114] Mookherjee D, Shorrocks A F. A decomposition analysis of the trend in uk income inequality [J]. Economic Journal, 1982, 92 (368): 886 - 902.

[115] Odedokun M. Alternative econometric approaches for analyzing the role of the financial sector in economic growth: time series evidence from ldcs [J]. Journal of Development Economics, 1996, 50 (1): 119 - 146.

[116] Outreville J F. Life insurance markets in developing countries [J]. Journal of Risk and Insurance, 1996, 63 (2): 263 - 278.

[117] Pagano M. Financial markets and growth: an overview [J]. European Economic Review, 1993 (37): 613 - 622.

[118] Phillips P C B, Sul D. Economic Transition and Growth [J]. Journal of Applied Econometrics, 2009, 24 (7): 1153 - 1185.

[119] Phillps P C B, Sul D. Transition modeling and econometric conver-

gence tests ［J］. Econometrica, 2007, 75 (6): 1771 – 1855.

［120］ Poutvaara P. Social security incentives, human capital investment and mobility of labor ［J］. Journal of Public Economics, 2007 (91): 1299 – 1325.

［121］ Pries M J. Social security reform and intertemporal smoothing ［J］. Journal of Economic Dynamics & Control, 2007 (31): 25 – 54.

［122］ Rule David. Risk transfer between banks, insurance companies and capital markets ［J］. Financial Stability Review, 2001 (11): 127 – 159.

［123］ Shoven J B, Goda G S. Adjusting government policies for age inflation ［R］. NBER Working Papers, 2008: 8 – 13.

［124］ Skipper H D. Foreign insurers in emerging markets: issues and concerns center for risk management and insurance ［R］. Occasional Paper, 1997: 7 – 9.

［125］ Solow R M A. Contribution to the theory of economic growth ［J］. Quarterly Journal of Economics, 1956, 70 (1): 65 – 94.

［126］ Soo H H. Life insurance and economic growth: theoretical and empirical investigation ［D］. Doctoral Disserration, Univesity of Nebraska, 1996: 22 – 26.

［127］ Stokey N L, Lucas R E. Recursive methods in economic dynamics ［M］. Harvard University Press, 1989: 9 – 15.

［128］ Stokey N. Are there limits to growth ［J］. International Economic Review, 1998, 39 (1): 1 – 31.

［129］ Stuart T E. Network positions and propensities to collaborate: an investigation of strategic alliance formation in a high-technology industry ［J］. Administrative Science Quarterly, 1998 (43): 668 – 698.

［130］ Taub B. Insurance and economic growth ［J］. Journal of Public Economics, 1989, 38 (2): 249 – 264.

［131］ Tong H. An investigation of the insurance sector's contribution to economic growth ［J］. Dissertations & Theses – Gradworks, 2008: 11 – 20.

［132］ UNCTAD, Proceedings of the united nations conference in trade and development ［M］. New York: United Nations, 1964: 8 – 16.

［133］ Wang E. A dynamic two-sector model for analyzing the interrelation between financial development and industrial growth [J]. International Review of Economics and Finance, 2000, 9 (3): 223 –241.

[134] Wang E. Externalities between financial and real sectors in development process [J]. International Advances in Economic Research, 1999, 5 (1): 149 –160.

[135] Ward D, Zurbruegg R. Does insurance promote economic growth? evidence from OECD countries [J]. Journal of Risk and Insurance, 2000, 67 (4): 489 –506.

[136] Ward D, Zurbruegg R. Does insurance promote economic growth? evidence from OECD countries [J]. Journal of Risk and Insurance, 2000, 67 (4): 489 –506.

[137] Webb I P, Grace M F, Skipper H D. the effect of banking and insurance on the growth of capital and output [R]. Center for Risk Management and Insurance Working Paper, 2002 (2): 11 –13.

[138] Webb I P, Grace M F, Skipper H D. The effect of banking and insurance on the growth of capital and output [R]. Center for Risk Management and Insurance Working Paper, 2002: 6 –10.

[139] Weiss M A. International p/l insurance output, input, and productivity comparisons [J]. Geneva Papers on Risk and Insurance Theory, 1991, 16 (2): 179 –200.

[140] Yang S Y, Li H A, Fang H C. The non-linear relationship between economic and life insurance development in Asia: a panel threshold regression analysis [J]. Lecture Notes in Electrical Engineering, 2015 (330): 1281 –1290.

[141] Yew S L, Zhang J. Optimal social security in a dynastic model with human capital externalities, fertility and endogenous growth [J]. Journal of Public Economics, 2009 (93): 605 –619.

[142] Zhang J S, Zhang J. The effects of social security on population and output growth [J]. Southern Economic Journal, 1995 (62): 440 –450.